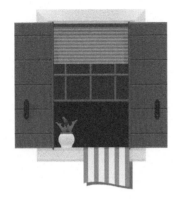

최태현

모두를 위한

사회연구

과학, 방법, 민주주의

法文社

아버지께

0.1. 연구가 무엇인지 궁금한 이들에게

이 책은 연구자가 되기 위해 연구방법을 전문 지식의 차원에서 공부하려는 학생 및 연구자 뿐 아니라, 논문이나 전문 서적들을 읽고 과학적 지식을 습득하거나 경험적 분석에 근거한 정책을 수립하고자 하는 공직자들, 활동가들, 그리고 일반 시민들을 위해 사회 연구에서 활용되는 연구방법의 기본적 내용 및 그것의 과학철학적·사회적 함의를 함께 다루는 책입니다.

방법론에 대해 자세한 내용을 다루는 좋은 교과서들이 이미 있는 상황에서, 이 책은 좀 다른 소통을 지향합니다. 이미 우리는 광우병 사태, 가습기 살균제 사태, 신고리 5·6호기 공론화위원회, 코로나-19 사태 등에서 보듯이 일반 시민들도 과학적 지식에 대한 기본적인 이해가 있어야만 개인적으로는 자신의 삶을 위해 더 나은 판단을 내리고 사회적으로는 민주주의가 잘 작동할 수 있는 시대를 살고 있습니다. 세대 갈등, 사회의 다양성 증가, 인간에 대한 관점 변화 등의 와중에 동료 인간과 사회에 대한 이해는 민주주의의 기반입니다. 한 명의 시민으로서 우리 모두는 자연이든 인간이든 지식이 전문가집단에 의해 독점되는 것이 아니라 마땅히 설명될 수 있는 형태로 공개되고 소통될 것을 요구할 정치적 권리가 있습니다. 그리고 우리 한 사람 한 사람도 공적인 자리에서 발언을 하거나, 댓글을 달거나, 봉사활동이나 불매운동을 하는 등 활동의 결과들을 숙고하면서 지식의 생산자와 전달자로서의 역할을 일상적으로 하고 있습니다. 이런 상황에서 또다른 교과서보다는 과학적, 그러니까 보다 엄밀한 지식을 생산하는 방법에 대해 보다 쉬우면서도 성찰적으로 이해할 수 있도록 돕는 책이 의미가 있다고 생각했습니다.

더욱이 저는 새로이 학계로 진입하고자 하는 학생들이 교과서적인 방법론 지식을 쉽게 이해하지 못하는 모습을 수년간 보아왔습니다. 스포츠 선수가 유튜브만 보고 단순히 동작을 따라한다고 훌륭한 선수가 되는 것이 아니라, 동작 하나하나의 의미를 이해하고 그것들이 어떻게 연결되어 하나의 전술과 전략이 되는지를 이해해야 하듯이, 연구자가 되고자 하는 사람도 방법론의 사이사이에 녹아 있는 여러 철학과 근거, 관행들을 이해해야 합니다. 따라서 이 책에서는 사회 연구 방법들의 각론적인 내용을 다루기보다는 과학적 지식의 성격과 그것의 소통방식에 대해 다룸으로써 우리에게 주어지는, 혹은 우리가 생산하는 과학적 지식이 무엇인지에 대한 이해를 돕고자 합니다. 이런 맥락에서 이 책에서는 논문을 쓰는 전 과정, 연구윤리, 과학과 민주주의 등의 문제를 연구방법과 함께 다루고자 합니다.

요컨대 이 책은 이제 막 인간과 사회에 대한 연구자의 길에 들어서는 이들을 중심에 놓되, 과학적 지식의 배경에 있는 지식의 생산 방법이 궁금한 일반 시민들, 그리고 그것을 응용하여 정책 혹은 세상을 바꾸는 일에 도움이 되고 싶은 공직자와 활동가들을 위한 하나의 강의라고 하겠습니다. 그렇다고 대중적이고 쉬운 내용만을 다룬다는 의미는 아닙니다. 내용이 쉽다기보다는, 본격적으로 특정 방법을 공부하기 전에 알아두면 좋은 배경 지식, 혹은 교양이라고 할 수 있을 것 같습니다.

이제부터 이 책을 읽을 독자분들을 저는 "여러분"이라고 부르겠습니다.

0.2. 사회 연구

이 책에서 저는 '사회과학'이라는 일반적으로 통용되는 말 대신 '사회연구'라는 말을 씁니다. 여기서 '사회 연구'라고 한 것은 사회과학 일반을 지칭하면서도 과학적 지식의 사회적 맥락의 중요성을 강조하고자 하는 의도입니다. 사회과학의 범위는 넓고, 연구방법도 다양하며, 그 배경에 깔린 인간과 사회에 대한 가정도 다릅니다. 따라서 이 책이 사회과학의 모든 방법을 포괄한다고 말할 수는 없습니다. 다만 첫째, '사회 연구'는 자연과학과 대상의 특징이 다르다는 점, 그래서 지식의 성격도 다르다는 점을 강조합니다. 둘째, 인간과 사회를 연구하지만 사회"과학"(social "science")이라는 용어를 선호하지 않는 연구자들도 있는 점을 고려하고자 하였습니다. 셋째, 이 책은 연구방법을 다루는 책이면서 그 지식의 사회적 성격을 또한 강조합니다. 이런 점에서 이 책에서는 '사회 연구'라는 용어를 쓰기로 합니다.

0.3. 교차로에 서서

이 책은 여러 연구방법의 구체적인 세부적 내용을 직접 다루지는 않습니다. 지금까지 방법론의 백과사전이라 할만한 좋은 책들이 많이 나왔습니다. 그리고 최신 기법들의 세부적인 내용들은 여러분이 전문 서적, 논문, 블로그 등을 통해 얼마든지 찾아보고 습득할 수 있습니다.

제가 대학에서 방법론 강의를 하면서 느낀 점은 방법론을 공부하려는 학생들이 몇몇 집단으로 분류될 수 있다는 점이었습니다. 첫째, 대부분은 처음 방법론을 공부하기 시작하면서 혼란을 느끼는 학생들입니다. 말하자면, "나는 과연 어떤 길을 가야 할까?"라는 고민을 하면서 이런 방법, 저런 방법들을 익히고 싶은 이들입니다. 이들에게는 지나치게 세부적인 방법적 지식보다는 여러 다른 방법들 간의 비교 및 전체적인 지

도(map)가 필요했습니다. 이들 중에는 또한 방법론 교과서의 내용이
어렵다고 느끼는 이들도 있었습니다. 실제로 자료를 다루고 연구를 수
행해보지 않은 경우 이러한 고민들은 매우 자연스러운 것입니다. 둘째,
또 다른 다수는 최소한 이미 설문 조사든 인터뷰든 방법에 대한 자신의
입장을 가지고서 전체적인 연구를 설계하는 법을 익히고 싶어하는 이들
입니다. 이들에게 필요한 것은 방법론 각론이 아니라 연구 설계를 잘
짜는 법에 대한 지식일 것입니다. 따라서 이들에게는 과학적 연구가 무
엇이고, 어떤 절차를 거쳐서 어떤 활동이 전개되어야 과학공동체에서
과학적 연구로 인정받을 수 있는지에 대한 길잡이가 필요합니다. 셋째,
이제 당장 석사 혹은 박사학위논문을 작성해야 할 학생들입니다. 이들
중에는 이미 방법론 지식을 어느 정도 갖추고 있으나, '학위논문'이라는
특정한 형태의 연구 프로젝트를 어떻게 진행하고, 논문 자체를 어떻게
하면 잘 쓸 수 있는지에 대한 지식이 필요한 이들이 있습니다. 넷째, 실
무와 공부를 겸하고 있는 이들의 경우 자신의 생각을 사로잡고 있는 여
러 사회문제들, 그리고 본인들이 대응하는 방식의 효과 등에 대해 보다
체계적으로 정리하고 소통하고자 하는 의지가 큰 이들이 있습니다. 이
들에게는 여러 가능한 연구방법들에 대한 고른 지식이 도움이 됩니다.
마지막으로, 최근 들어서 연구윤리가 강조되면서 도대체 인용은 어떻게
해야 하는 것인지, 쪽방촌에 들어가서 막 참여관찰을 해도 되는지 등을
궁금해하는 학생들입니다. 이들에게는 특정 방법이 아니라 과학적 연구
및 연구공동체 전반을 아우르는 윤리적 이슈들에 대한 길잡이가 필요합
니다.

　제 개인적인 경험을 돌아보면 구체적인 방법에 대한 지식은 결국 전
공이 정해지고 주제가 정해지면 얼마든지 익힐 수 있었습니다. 그러나
그 지점까지 가기까지, 그리고 전체적인 연구 설계를 적절히 하고, 연구
스케줄을 관리하고, 논문을 구성하는 등의 작업을 위한 지식은 쉽게 익

히기 어려웠습니다. 그런데 막상 중요한 지식은 바로 그런 '암묵지'였던 것 같습니다.

이 책은 감히 이 책을 읽는 여러분에게 이런 "길"에 관련된 소소한 질문들을 풀어드리는 것을 목적으로 합니다. 모쪼록 이러한 접근의 책이 도움이 되는 이들이 있기를 기대합니다.

0.4. 이 책의 구성

이 책은 편의상 다섯 개의 편으로 나누었습니다. 제1편 "과학, 그리고 관점들"에서는 과학이란 무엇인지, 과학적 지식은 무엇인지, 인간과 사회를 바라보는 관점들에는 무엇이 있고, 그들은 어떤 연구방법을 취하는지 등을 다룹니다. 즉 제1편은 우리가 생산해내는 과학적 지식을 한걸음 떨어져서 보면 과연 어떤 것인지를 생각해보기 위한 글입니다. 제1장에서는 과학의 본질에 대해 간략히 산책하고, 제2장에서는 인간과 사회에 대한 지식을 생산하는 공동체들의 철학적 기반이 서로 다르다는 것을 이야기합니다.

제2편 "경험적 연구의 방법적 기초"에서는 경험적 연구의 두 측면 중 논리의 측면에 초점을 두고 연구방법에 대한 기초적 내용들을 상세히 다룹니다. 제3장에서는 연구의 목적에 따라 연구의 모습이 달라질 수 있음을 설명합니다. 특히 여러분 가운데 막연히 "무언가를 개선하고 싶다"고 생각하는 분들은 그러한 목적을 위해 무엇이 선행되어야 하는지를 생각해볼 수 있을 것입니다. 제4장에서는 연구의 첫걸음으로서 좋은 연구문제를 구성하는 방법에 대해 이야기합니다. 좋은 연구문제는 연구의 절반임을 강조합니다. 이어지는 제5장은 연구문제의 쌍둥이로서 가설에 대해 설명합니다. 여기까지가 여러분이 논문을 통해 하고 싶은 이야기를 잘 정리하는 부분에 해당합니다. 제6장에서는 여러분의 주장을 정당화하기 위한 기초로서 '이론'에 대한 이해를 돕는 이야기들을 나

높니다. 여기서 여러분들은 왜 연구에서 이론이 필요한지를 이해하실 수 있기를 바랍니다. 제7장에서는 설명적 및 처방적 연구의 주된 초점으로 인과관계의 문제를 다룹니다.

제3편 "자료의 이해와 분석"에서는 이제 경험적 연구의 두 측면 중 경험의 측면에 초점을 두고, 경험적인 자료의 수집과 분석의 단계로 넘어갑니다. 제8장에서는 연구란 맨바닥에서 시작하는 것이 아니라 "거인의 어깨 위에서" 시작하는 것임을 일깨우고, 그러기 위해서 수행하는 선행연구 조사 및 분석방법에 대해 이야기합니다. 제9장에서는 추상적인 이론의 세계로부터 경험의 세계로 넘어가는 문제에 대해 이야기합니다. 마치 한강을 두고 남쪽과 북쪽으로 나뉘어 있으나 여러 다리를 통해 연결되어 있는 서울처럼, 이론의 세계와 경험의 세계가 올바르게 이어져야 좋은 연구가 될 수 있습니다. 제10장에서는 설문 조사, 인터뷰, 실험, 문헌 조사, 참여관찰 등 다양한 자료 조사 방법에 대해 설명합니다. 아울러 조사된 자료의 성격을 이해하는 것의 중요성에 대해 이야기합니다. 마지막으로 이 모든 것을 고려한 적절한 연구설계에 대해 이야기합니다. 여기까지가 여러분이 논문을 쓰기 전에 수행하는 연구활동과 관련된 부분입니다.

제4편 "연구에서 논문으로, 그리고 연구자의 길"에서는 연구에서 글쓰기로 넘어갈 때 알아두어야 할 것들, 그리고 그보다 더 넓게 "연구하는 삶"이라는 것에 대해 이야기하고자 합니다. 우선 제11장에서는 논문이라는 독특한 글을 쓰는 방법에 대해 논문의 기본 구조를 따라 상세히 설명합니다. 좋은 연구가 반드시 좋은 논문으로 옮겨지는 것은 아닙니다. 여러분은 연구자들 사이에서 어느 정도 약속된 논문 자체의 작성법을 익혀둘 필요가 있습니다. 제12장에서는 연구를 잘 마치고 그 결과를 바탕으로 학술대회에서 발표를 하고 논문을 쓰는 등 여러분이 생산한 지식을 세상과 소통하는 방법에 대해 우선 자세히 이야기합니다. 그리

고 후반부에서는 여러분이 학생이든 실무자든, 연구를 하는 삶의 여러 측면들에 대한 소소한 이야기들을 나누고자 합니다.

　제5편 "사회 연구의 사회적 의미"에서는 사회 연구와 사회 간의 상호작용에 대해 고찰합니다. 우선 제13장에서는 연구윤리의 문제를 다룹니다. 오늘날에는 아무 연구나 자기 마음대로 하는 것이 아니라 연구공동체와 사회가 수용할 수 있는 윤리 기준에 맞추어 연구해야 합니다. 따라서 연구윤리의 기본적 쟁점들을 이해하고 있어야 합니다. 제14장에서는 과학과 민주주의의 관계에 대해 이야기합니다. 오늘날 우리가 접하는 많은 사회 문제들에는 과학적 지식이 관련되어 있고, 시민과 전문가 간 올바른 소통은 민주주의를 위해 매우 중요합니다. 마지막으로 제15장에는 저에 대한 간략한 이야기와 마지막으로 나누고 싶은 이야기를 담았습니다.

　이 책의 각 장은 본문, 부록, 그리고 제가 "책갈피"라고 이름붙인, 본문의 내용과 관련된 주제이지만 관점이나 깊이가 조금 다른 짤막한 글로 구성되어 있습니다. 만일 여러분이 스스로 정말 초심자라고 생각하신다면, 우선 본문만 읽고 공부하시기를 추천드립니다. 즉 여러분은 본문을 읽으면서 공부를 하시고, 부록에서 제시된 주제어들과 "열 줄 요약"을 통해 내용의 핵심을 다시 파악하시면 됩니다. 그리고 나서, 혹은 처음부터 내키신다면, "책갈피"들을 함께 읽어보시기 바랍니다. 책갈피들은 본문의 내용처럼 정형화되어 있는 방법론 지식의 강의라기보다는 본문의 주제에 대해 제가 SNS에서 소통한(혹은 묵혀둔) 일종의 자유로운 단상입니다. 따라서 본문과는 문장 스타일, 용어, 심지어 관점도 좀 다르지만 그 또한 하나의 부가적 정보일 수 있다는 생각에 일부러 그대로 수록하였습니다. 또한 부록에 제시된 "더 생각해보기"는 공부를 하시면서 여러분 스스로 사고의 깊이를 더해나가도록 돕고자 하는 질문들로 구성되어 있습니다. 이 질문들에는 따로 정답이 없습니다. 아마도 여러분이 연구를 진행하면서 이따금 이 부분을 열어보고 질문들을 생각해보면 더 밀도있는 연구를 하실 수 있으리라 기대해봅니다. 어쩌면 여러분은 이 질문들에 대해 여러분만의 "책갈피"를 써보고 싶어지실지도 모릅니다. 마지막으로 제2편과 제3편에는 연구방법을 직접적으로 다루는 부분으로서 다른 편과 달리 부록에 "연습해보기"가 추가되어 있습니다. 사례를 읽고 해당 장의 내용과 연결시켜 더 생각해보거나, 시험이라 생각하고 풀어보는 시간을 가지면 도움이 될 것입니다.

당연히 여러분은 읽고 싶은 부분부터 읽으시면 됩니다. 다만 해당 목차는 대략적인 학습 순서를 고려하여 배치하였으니 시간이 있다면 첫 장부터 읽으시면 흐름을 이해하는 데 도움이 될 것입니다.

0.5. 감사의 글

이 책이 나오기까지 많은 분들의 도움을 직간접적으로 받았습니다. 우선 제가 현재의 직장에서 만난 이들입니다. 무엇보다 이 책을 내야 할지 주저하는 저에게 가치있는 일이라고 격려해주고 지금까지 여러 연구를 함께 하고 함께 논문을 발표한 연구실 학생들에게 감사를 전합니다. 특별히 대단하고 왕성한 연구를 하는 연구실은 아님에도 불구하고 저를 신뢰하고 함께 해온 이들입니다. 또한 제 조사방법론 강의를 수강한 수많은 풀타임 학생들, 정부 및 공공기관 구성원들, 활동가들, 석사과정생들 및 박사과정생들, 그리고 타 학과에서 온 분들, 모두 이 책에 담긴 내용을 살찌우게 해준 분들입니다. 이뿐 아니라 저에게 학위논문 심사를 받았던 수많은 석사, 박사들 역시 이 책에 담긴 여러 현실적인 이야기들을 할 수 있는 자양분을 제공해 준 이들입니다. 그리고 누구인지 알 수 없으나 저의 논문을 심사하고, 저에게 익명으로 심사를 받았던 수많은 연구자들께도 감사를 전합니다. 좋은 방법론 교과서들로 제가 학생 때 방법론을 익힐 수 있도록 도와주신 국내외 학자분들이 또한 있습니다. 책 여기저기 소개된 이분들의 지혜가 이 책이 딛고 서 있는 거인의 어깨입니다. 늘 지적 자극을 주었던 학교 및 학계의 동료들께도 감사를 드립니다. 어지러운 세상에 늘 등불처럼 학자의 길을 보여주시고, 연구방법론을 깊이 있게 공부하는 것의 중요성을 가르쳐주신 은사님께도 특별한 감사를 드립니다. 전형적이지 않은 책을 흔쾌히 출판하기로 동의하시고, 보완하는 과정에서 인내하고 기다려주신 법문사 관계자들께도 진심으로 감사드립니다. 마지막으로 가족들에게 감사합니다. 오로지 학교에서만 살았던 지난 나날들을 묵묵히 지켜봐 주신 네 분 부모님과 아내, 저를 기다리는 듯 몸만 커버리고 마음은 아직 아이같은, 책에 대한 여러 가지 아이디어를 제공해준 딸, 모두 사랑하고 감사합니다. 모두의 이름을 여기서 다 부를 수가 없습니다. 보잘것없는 책이지만 모두의 덕택입니다.

2021년 여름
관악캠퍼스에서
모두를 기억하며

제2편 경험적 연구의 방법적 기초

제4편   연구에서 논문으로, 그리고 연구자의 길

제5편 사회 연구의 사회적 의미

과학, 그리고 관점들

제1편에서는 본격적인 연구방법에 대한 이야기를 하기 전에 우리가 일반적으로 이해하고 있는 과학적 지식의 본질을 한번 성찰해 보고자 합니다. 우리가 어떤 집을 새로 구할 때, 당장 집의 거실과 방부터 보는 것이 아니라 그 집이 위치한 동네부터 살피듯이, 특정한 연구방법에 대해 이야기하기 전에 그러한 연구방법의 기초로서 과학의 본질에 대해 살펴보는 노력은 의미가 있을 것입니다. 이제 시작하는 연구자라면 여러분 앞에는 연구를 위한 수많은 길이 놓여 있습니다. 제1편의 이야기는 그 시작점에서 이 길들의 근원은 무엇인지에 대한 기초 지식을 여러분과 나누고자 하는 것입니다.

우선 제1장에서는 과학적 지식에 대한 여러 차원의 논쟁을 소개합니다. 이어서 우리가 무언가를 안다는 것은 무슨 의미인지, 과학은 어떤 전제에 기반해 있는 앎의 활동인지에 대해 이야기합니다. 다음으로 제2장에서는 인간과 사회를 연구하는 사회 연구 공동체에서 발견되는 두 가지 대조적인 입장에 대해 설명합니다. 각각 패러다임 1과 패러다임 2로 이름붙인 입장들은 인간과 사회의 본질 및 이들에 대한 지식을 생산하는 방법에 대해 철학적 차원에서 견해를 달리합니다. 이를 이해해두는 것은 중요합니다.

제1장

과학이란, 그리고 연구란

1.1. 가습기 살균제를 둘러싼 논쟁

한국사회를 떠들썩하게 했던 가습기 살균제 사건은 과학과 연구가 세상과 동떨어진 채 이루어지는 활동이 아니라는 것을 잘 보여줍니다. 아래의 <그림 1-1>은 가습기 살균제 사건이 언론에 회자된 시점

그림 1-1 가습기 살균제 판매 시기 전후 어린이 환자 추이

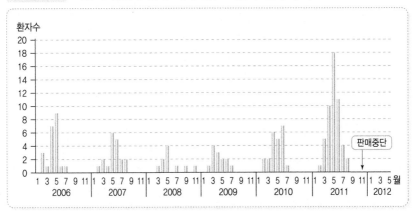

출처: 보건복지부. 2014.『가습기 살균제 건강피해 사건 백서: 사건 인지부터 피해 1차 판정까지』. 62쪽 그림을 참고하여 재구성. 이 그림의 원본은 서울아산병원 홍수종 연구팀이 *American Journal of Respiratory and Critical Care Medicine*에 2014년 1월 게재한 논문 "Humidifier Disinfectant-Associated Children's Interstitial Lung Disease"(48-56쪽)에 수록되었습니다. 여러분도 신문 기사에서 이를 보신 분이 있을 것입니다.

을 전후한 어린이 폐질환 환자들의 숫자 추이입니다. 그래프를 보면 폐에 이상이 발견된 어린이들의 숫자는 2006년부터 겨울과 봄에 급격히 증가하고 가을에는 거의 발생하지 않는 패턴이 반복되었습니다. 그러다가 가습기 살균제에 대한 논란이 발생하고 가습기 살균제 판매가 중단된 2011년 겨울부터는 전혀 발생하지 않았습니다.

만일 여러분이라면 이 수치를 보고 가습기 살균제와 어린이들의 폐질환 사이에 인과관계가 있다고 보겠습니까? 즉 가습기 살균제가 어린이들의 폐질환을 일으켰다고 볼까요? 만일 그렇다고 대답한다면 여러분은 사회역학의 인과관계 판단법을 따르는 셈입니다. 병의 근원을 사회적으로 추적하는 사회역학자들은 이러한 수치 및 실제 가습기 살균제를 사용한 사람들, 그들의 환경, 그들의 행태 등을 분석하여 이 어린이들의 폐질환은 가습기 살균제 사용 때문이라고 추정합니다.

반면, 여러분들 중에서는 법원의 판단에서 양자 간의 인과관계를 인정하지 않은 판결을 들어보았을 수 있습니다.[1] 그리고 스스로 보기에도 위의 그림을 통한 판단은 추정일 뿐 양자 사이의 인과관계를 인정하기는 어렵다고 보는 분들도 있을 것입니다. 저 그래프에 나타난 환자들은 과연 어떤 환경에서 얼마나 가습기 살균제를 사용했는가? 각자의 신체적 조건에는 어떤 차이가 있었는가? 실험용 동물을 대상으로 실험했을 때 동일한 결과를 얻었는가? 폐질환과 가습기 살균제 간 인과관계가 확실하지 않다고 보는 이들은 바로 이러한 질문에 대해 명확한 답이 없다는 점을 강조합니다. 이런 입장은 주로 실험 결과에 의존한 판단법을 따르는 셈입니다.[2]

---

1 2021년 1월 12일 서울중앙지법의 판결을 찾아보기 바랍니다(2019고합142). 또한 이에 대한 동아사이언스 2021년 3월 6일자 기사("가습기 살균제 '무죄 판결' 둘러싼 과학적 쟁점들")를 참고하기 바랍니다.
2 <그림 1-1>에서 인용한 보건복지부 백서를 보면 이러한 다양한 접근법에 따른

가습기 살균제 사례뿐 아닙니다. 예를 들어 담배와 폐암과의 관계는 어떠한가요? 어느 날 동네 하천 상류에 생긴 공장과 하류 지역에 사는 주민들의 암 진단 증가 간의 관계는 어떠한가요? 지구의 평균 기온이 상승하고 있는 것은 인간의 활동 때문인가요? 저출생 대응 정책이 실패한 것은 정책이 잘못되었기 때문인가요, 아니면 그 어떤 방법으로도 막을 수 없었던 것일까요? 여러분이 어떤 지식공동체에 속해 있느냐, 그리고 그 지식공동체가 어떤 방법과 지식을 승인하고 있느냐에 따라 동일한 현상에 대해 여러분과 유사한 결론을 내는 이들과, 다른 결론을 내는 이들이 있다는 것을 발견하게 될 것입니다. 그리고 이렇게 경쟁하는 '과학적' 지식들은 상징적이게도 '법원'이라는 국가기구에서 그 상대적 타당성이 검증되는 과정을 거치기도 합니다. 과학적 지식과 사회는 늘 모종의 관계를 맺어왔습니다.

1.2. 과학적 지식의 확실성

과학적 연구로 여러분들을 안내하려는 이 책이 이렇게 경쟁하는 과학적 지식과 사회적 조정의 사례로 출발하는 이유는 과학적 지식이 일반적으로 생각하는 것만큼 모두에게 자명하고 확실한 것은 아니라는 점을 우선 강조하기 위함입니다. 이는 (자연이든 사회든) 과학자가 되고자 하는 사람에게뿐만 아니라, 언론에 의해 한 번 걸러져서 대중에게 전달되는 과학적 지식을 올바르게 이해하고자 하는 사람들에게도 중요한 부분입니다. 그리고 "내 말이 맞다"고 확신하는 일상의 우리들에게도 그러합니다.

가습기 살균제의 영향은 결론을 내리기가 왜 이리 어려울까요? 이

조사 결과가 수록되어 있습니다.

문제와 관련된 "진실"이 존재할까요? 존재한다고 하면, 한 공동체로서 우리가 그것을 "발견"할 수 있을까요? 아니면 진실은 영영 알 수 없고 우리는 그저 "합의"에 도달할 수 있을 뿐일까요? 합의가 도출되는 과정은 과학적인가요?

여러분들이 특정한 과학공동체에 속해 있다면 이런 질문은 그리 중요하지는 않을 것입니다. 아니 던질 기회조차 별로 없을지도 모릅니다. 왜냐하면 여러분이 속한 공동체에서는 무엇이 진리이고 그것을 어떻게 발견할 수 있는지에 대해 이미 어느 정도 합의가 이루어져 있기 때문입니다. 그래서 "공동체"인 것이지요. 합의라는 표현이 무슨 음모론같은 느낌을 줄 수도 있지만, 그런 의미는 아닙니다. 수많은 연구자들이 사용해왔고, 갈고 다듬어져온 신뢰할만한 방법이기에 연구자들이 수용한다는 의미입니다. 사실 연구자로서 여러분이 저런 질문들을 지속적으로 던지면 도대체 연구 자체를 수행할 수 없어질 수도 있습니다. 논문의 형태로 정리되는 특정 연구라는 것은 수많은 암묵적 전제들 위에서 비로소 수행되는 것입니다. 그리고 그러한 전제에 동의한 저널에, 그러한 전제에 어느 정도 동의한 심사자들의 심사를 거쳐 게재되는 것입니다.[3]

그러나 한 걸음 떨어져서 그 공동체 바깥에서 보면 모든 것이 그리 확실한 것은 아닙니다. 특히 전제에 동의하지 않는 많은 사람들이 그 공동체 바깥에 존재합니다. "열 길 물 속은 알아도 한 길 사람 속은 모른다"는 속담이 있습니다. 사실 물 속은 누구든 들어가보면 비슷한 관찰을 할 가능성이 있지요. 깊어서 문제이지 들어가 볼 수만 있다면 우리는 '진리'에 가까운 지식을 발견할 수 있을 것입니다. 그래서

---

3 때로는 이러한 동의가 없는 경우 심사자들끼리 견해가 갈려 연구자가 절망에 빠지기도 합니다.

자연과학에는 확고한 지식들이 상대적으로 많고, 그것이 공학의 배경
이 되어 오늘날과 같은 놀라운 기술문명을 건설한 것이지요. 이러한
지식의 확실성과 과학적 성취는 우리 모두를 감탄하게 합니다.

　반면 한 길밖에 안되는 사람 속은 정말 모르는 일입니다. 우리 자신
도 "내가 왜 이러는지 몰라"라는 생각을 하곤 하지요. 그런데 그런 와
중에 누군가가 우리에게 "정부를 얼마나 신뢰하십니까"라고 물어오면
뭐라고 대답하시겠습니까? 잘 모르겠다거나, 그때그때 대답이 달라지지
않겠습니까? 속도위반 딱지라도 받고 나면 정부를 그다지 신뢰하지 않
을지도 모르지요. 반대로 누군가가 긴 줄에 끼어들었는데 저 앞에서 딱
지를 받고 있으면 정부에 대한 신뢰가 확 증가할 수도 있겠지요.

　이 책은 사회 연구에 초점을 두고 있습니다. 사회 연구는 크게 보
아 두 가지를 연구 대상으로 하고 있습니다. 하나는 사람이고, 다른
하나는 제도입니다. 사람은, 인간은, 우리가 "확실히 안다"고 말하기
어려운 존재입니다. 따라서 연구의 대상 자체가 확실성의 추구에 한계
를 드리웁니다. 물론 방법은 있습니다. 인간을 단순화하는 것입니다.
예를 들어 "인간은 합리적 존재다"라고 가정하고, "합리적"이라는 의
미를 정의해 놓으면, 그때부터는 다양한 이론들을 세울 수 있습니다.
합리적 인간이면 이러이러하게 행동할 것이라고 논리적으로 가정해놓
았으니까요. 아쉽게도 이런 인간에 대한 가정은 인간을 인간이 아닌
원자(atom) 혹은 논리로 취급하는 셈입니다. 사실 우리가 많은 사람들
의 평균적인 행동을 어느 정도 예측할 수는 있습니다. 제도는 그러한
예측에 기반한 규칙입니다. 동시에 제도로 인해 우리의 행동은 어느
정도 예측가능해집니다. 그럼에도 불구하고 인간은 본질적으로 확실성
과는 거리가 있는 존재입니다. 아니 최소한 그렇게 믿고 있는 사람들
이 있습니다.

과학적 지식의 확실성은 중요한 가치입니다. 그러나 최소한 사회 연구의 영역에서는 그리 쉽게 달성할 수 있는 가치가 아닙니다. 그래서 사회 연구자에게는 겸손이 필요합니다. 내가 생산해 낸 지식이, 최소한 주어진 전제들과 합의된 방법의 범위 안에서는 확실성이 확보되었지만, 그 범위를 벗어나 광대한 과학공동체 안에서, 그리고 여러분의 글을 우연히 본 어떤 정책가들 사이에서 논의될 때는 달리 취급될 수 있다는 점을 인식할 필요가 있습니다. 그것이 연구자의 윤리일 것입니다.

1.3. 안다는 것

과학적 연구란 인간과 세상에 대한 우리의 지식을 쌓아가는 활동 중 하나입니다. 그런데 우리는 어떻게 우리 자신과, 사람들과, 세상에 대해 알 수 있을까요? 아니 그 전에, 우선 도대체 "안다"는 것은 무슨 의미일까요? 이 책을 읽는 여러분은 무언가를 알거나 모른다는 것을 어떻게 아는 걸까요? 이 질문이 그리 중요하지 않다고 생각될지도 모르지만, 사실 매우 중요합니다. 그것은 우리가 무언가를 안다고 확신하는 것이 우리의 행동을 이끌기 때문입니다. 우리가 무언가를 잘 모른다고 생각하면 행동에 신중해지겠지요. 이를 사회 수준에서 말하면, 우리 사회에 통용되는 과학적 지식의 확실성에 대한 신념은 집단 행동을 이끌어낼 수 있기 때문에 "안다"는 것이 무엇인지에 대한 질문은 중요합니다.

고대 유대교에서는 "안다"는 말이 상당히 친밀한 의미를 지녔다고 합니다. 무엇을 안다는 말은 말하자면 부부가 서로를 "안다"는 말과 동의어였습니다.[4] 이것은 세상을 창조한 신이 그 피조물과 인격적으로 친밀한 관계를 맺는다는 말이었습니다. 이는 또한 경험한다는 의미도 담고 있습니다. 즉 무언가를 아는 기초로 경험, 친밀함이 강조되고 있는 것입니다. 우리가 무엇을 알기 위해서는 그 대상과 가까울 필요가 있습니다. 대상과 거리가 먼데 그것을 잘 알기는 어렵겠죠. 이따금 국민의 법감정과 동떨어진 판결이라고 생각되는 판결이 보도되면 SNS에서 세상사 모르는 판사라고 비판하는 경우가 있습니다. 우리는 우리가 경험한 존재를 더 잘 알 수 있습니다. 물론 알다가도 모를 것이 사람의 마음이지만요.

　동양의 성리학에서는 대학(大學)에 나온 '격물치지(格物致知)'를 강조했습니다. 이에 대한 해석은 분분하지만 사람이 수신－제가－치국－평천하하려면 세상을 경험하고 그 이치를 깨닫는 것이 선행되어야 한다는 의미라고 하겠습니다.[5] 여기서도 세상과의 접촉을 강조합니다. 다만 성리학에서 강조하는 '리(理)'의 보편적 속성을 생각해보면, 접촉하여 알게된 것을 넘어 그것의 근본 원리를 깨닫는 것이 보다 깊은 앎이라는 생각을 하는 셈입니다. 이렇게 되면 흥미롭게도 개개의 물(物)과는 자연스럽게 거리를 두게 되겠지요. 특정한 물(物)에 너무 가까워지면 리(理)가 보이지 않을 수 있으니까요. 조선시대 이기론(理氣論)이 복잡하게 전개된 것도 이해가 갑니다.

　성리학의 뒤를 이은 양명학에서는 '지행합일(知行合一)'을 강조했습니다. 아는 것과 행동하는 것이 하나라는 의미이지요. 매우 흥미로운 사고입니다. 우리가 무언가를 안다고 하면 행동으로 옮길 수 있어야 할 것입니다. 막상 행동하려니 주저된다면 충분히 알지 못하기 때문일 수 있지요. 정책결정자들이 어떤 정책을 결정하기를 주저하는 이유 중

---

4 "*yadah*"로 표기되는 히브리어의 의미를 찾아보기 바랍니다.
5 진덕수 지음. 김병섭 편집. 2018. 『대학연의 상/중/하』. 서울대학교출판문화원.

하나는 그 정책의 결과가 어떨지 충분히 안다고 생각하지 못하기 때문일 것입니다. 반대로 행동을 함으로써 알게 될 수도 있지요. 정책의 모든 결과들을 예측하지 못한다고 하더라도, 일단 좁은 범위에서 집행을 해보면 그 결과를 통해서 더 많은 것을 알게 되고, 따라서 정책의 성공가능성을 높일 수 있다고 보는 사고가 최근 확산되고 있습니다. 지행합일이 이해되는 또다른 방식은 미국식 실용주의 관점에서입니다. 실용주의 관점에서 진리란 세상에 대한 정확한 언어적 표현이 아니라 우리가 그것을 적용했을 때 원하는 결과를 얻게 하는 지식을 의미합니다.

서양 근대사상의 문을 열었다고 추앙되는 르네 데카르트는 "생각한다, 고로 나는 존재한다"라는 유명한 말을 남겼습니다. 데카르트가 안다는 것에 접근하는 전략은 오늘날 '방법적 회의'라고 불리는 것입니다. 즉 "일부러 모든 것을 의심해본다"라는 것이지요. 여러분도 지금 방법적 회의를 실천해보기 바랍니다. 지금 읽고 있는 이 책은 실제로 존재하는가? 내가 있는 이 방은 실제로 존재하는가? 나는 어떤 환영에 빠져 있는 것은 아닌가? 이게 꿈인가 생시인가? 확실하게 대답하실 수 있나요?[6] 데카르트는 확실하게 대답하기 어렵다고 생각했습니다. 나는 눈도 어둡고, 귀도 어둡고, 손의 감각도 둔하고 하니, 내가 세상을 이해하기 위해 동원하는 이 감각이라는 것을 신뢰하기 어려운 것이지요.

---

6 SF 영화 "매트릭스"가 이런 질문을 던진 매우 흥미로운 영화입니다. 이 영화의 설정은 기계의 지배를 받는 인간들이 육체적으로는 영양캡슐 속에서 잠을 자면서 정신적으로는 매트릭스라 불리는 가상세계를 실제 세계로 알고 살아간다는 것입니다. 이 영화에 대해 논평한 철학자들은 『우리는 매트릭스 안에 살고 있나』(글렌 예페스 엮음. 이수영·민병직 옮김. 2003)라는 책을 냈습니다. 이 책의 결론은, "이 질문에 확실히 답할 수 없다"였습니다. 이 책을 공부하고 매트릭스를 한 번 보시지요. 키아누 리브스가 주인공으로 활약합니다. 그리고 이 영화는 이 책 곳곳에 다시 언급됩니다.

그런데, 데카르트는 깨달았습니다. 지금 이 모든 것을 의심하고 있는 '나 자신'이 존재하고 있다는 것은 의심할 수 없다는 것을요. 내가 생각하고 있다는 것을 나는 지금 알고 있는 것이죠.[7] 즉 생각하고 있는 나는 의심의 여지가 없는 것입니다. 그래서 데카르트, 그리고 이후 근대에서 지식을 보는 관점은 '나'로부터 출발합니다. 안다는 것은 '나'의 속성이며 활동입니다. 그리고 그러한 나의 능력이 바로 '이성'입니다. 따라서 근대는 이성의 시대라고 불리는 것입니다. 문제는 우리가 "이성을 잃는다"는 표현을 쓰는 것처럼 인간이 반드시 이상적인 이성적 존재만은 아니라는 사실입니다. 그리고 역사 속에서 이성은 진리와 도덕을 향해 가는 이정표가 아니라 인간의 욕구를 충족시키는 도구로 취급되는 경우가 많았다는 사실입니다. 무엇보다 이성을 독점했다고 믿는 이들이 만들어내는 도그마에 사람들은 지쳐갔습니다.

다른 한편 서양 근대는 프랜시스 베이컨으로 대표되는 경험주의의 흐름도 가지고 있습니다. 경험주의자들은 말 그대로 지식의 기초로서 경험을 가지고 씨름합니다. 우리는 평소에 경험에 상당히 의존합니다. "내가 해봤는데..." 같은 표현들이 바로 우리 모두는 경험주의자라는 것을 상기시키는 말이지요. 우리는 경험이 많은 이들을 리더로 세우고, 전문가로 여깁니다. 안다는 것은 단순한 이성의 추론이 아니라 세상에 대한 다양한 경험에 기반한다는 생각을 분명히 보여주는 것입니다. 문제는 우리의 경험이란 제한적일 수밖에 없다는 것이지요. 개인의 경험은 말할 것도 없고, 우리의 집단적 경험도 제한되어 있으며, 심지어 서로 다르기까지 합니다. 오늘 경험했다 해서 내일도 동일한 경험을 하리라는 보장도 없습니다.

---

7 오늘날에는 뇌과학의 발전으로 '생각하는 나'도 생각처럼 그렇게 확실하지 않다고 봅니다.

이제 독일의 철학자 임마누엘 칸트는 데카르트의 합리주의와 베이컨의 경험주의를 결합하고자 시도하였습니다. 그리고 유명한 말을 남겼죠: "이론 없는 경험은 맹목적이고, 경험 없는 이론은 지적 놀이일 뿐이다(Experience without theory is blind, but theory without experience is mere intellectual play)." 그리고 이제 이 책 전반에서 설명할 오늘날의 과학적 방법이란 이렇게 합리주의와 경험주의가 결합된 방법입니다. 즉 우리가 안다는 것은 이성을 통해 추론하고, 경험을 통해 입증함으로써 가능하다는 생각입니다. 안다는 것이 무엇인지에 대해서는 다양한 관점이 있어왔지만, 오늘날 과학적 활동을 지배하는 관점은 이것이라는 것입니다.[8]

1.4. 과학의 기본 전제들

과학적 활동은 기본적으로 추론과 경험이 결합된 활동입니다. 그런데 여기서 한 가지 반드시 생각해 보아야 할 문제가 있습니다. 여러분은 혹시 로또를 사 본 적이 있나요? 로또는 1부터 46이라는 숫자에서 6개의 당첨번호를 무작위로 추출합니다. 그런데 여러분이 혹시 로또를 즐긴다면 여러분은 어떤 행동을 하게 될까요? 아마도 지난 수백 회의 당첨번호들에서 어떤 패턴이 있지 않은지 분석할지도 모릅니다. 분명히 당첨번호는 무작위로 추출된다는 것을 알고 있음에도 불구하고(음모론은 차치하고라도), 어떤 패턴이 있을지도 모른다는 생각을 떨치기 어렵습니다.

---

8 물론 이러한 표현은 크게 보아 그렇다는 것일 뿐, 과학철학자의 관점에서 보면 사정이 복잡합니다. 이론과 관찰이 관계맺는 방식에 대해서는 실증주의, 규약주의, 역사주의, 구성주의 등 다양한 관점이 있습니다. 이에 대해서는 다음 책을 참고하세요. 데이비드 헤스 지음. 김환석 옮김. 2004. 『과학학의 이해』. 당대.

과학적 연구를 하는 연구자의 마음 역시 마찬가지입니다. 세상은 로또처럼 무작위로 작동할까요, 아니면 일정한 규칙에 따라 작동할까요? 세상이 완전히 무작위로 작동한다면 아마도 과학적 활동은 가능하지 않을 것입니다. 과학적 활동은 이 세상에서 벌어지는 일들을 정확하게 기술하고, 그 일들이 왜 벌어지는지, 앞으로는 어떤 상황이 전개될지를 설명하고 예측하는 활동입니다. 이는 완전한 무작위 상황이 아니라 어느 정도 안정적인 세계가 존재하고, 늘 같지는 않더라도 그 안에 어느 정도의 규칙성이 있다고 믿고 이 세계로 들어가는 활동입니다. 이 책도 저의 생각이 여러분에게 마구잡이가 아니라 규칙적으로 전달된다는 믿음이 있기에 쓰여지는 것입니다. 그렇다면 여기에 놓인 근본 전제들은 다음과 같아야 합니다.[9]

첫째, 우리가 경험하는 이 세상에는 질서 혹은 규칙이 있다는 전제입니다. 로또가 무작위라면 당첨번호의 패턴을 연구하는 것은 무의미하듯이, 세상이 무작위로 작동한다면 세상의 질서를 연구하는 것 역시 무의미합니다. 우리가 세상을 연구할 수 있다는 것은 세상이 '동일한 질서를 반복해야' 가능한 것입니다. 우리가 과학적 지식이라고 알고 있는 중력, 물의 끓는 점, 근무조건과 동기(motivation) 등은 이 세상과 인간 마음의 질서를 전제합니다.

둘째, 모든 사건에는 원인이 있다는 전제입니다. 물론 모든 사회연구가 이러한 전제를 요구하지는 않습니다. 특히 인간의 자유의지와 선택의 가능성에 주목할 때 '원인'이라는 표현은 다소 어색합니다. 그러나 세상을 설명하고자 하는 연구는 우리가 경험하는 현상들의 원인

---

9 아래 논의는 과학의 전제들을 망라한 것은 아닙니다. 여러분이 "과학의 전제"라는 키워드로 검색을 해보시면 당장 "세상이 실재한다"는 전제부터 필요하다는 관점을 접할 수 있을 것입니다.

과 결과를 전제합니다. 앞서 언급한 "매트릭스"라는 흥미로운 영화에서는 기계적 인과관계 철학을 상징하는 "메로빈지언"이라는 캐릭터가 등장해서 "자 상존하는 유일한 세계가 있고, 유일한 진리는 이것이지: 인과관계, 행동, 반응. 원인, 결과"라는 대사를 내뱉습니다. 물론 뒤에서 보듯이 과학적 활동은 다양하지만, 인간과 사회를 이해하고자 하는 노력의 핵심에는 "우리가 보고 있는 이 현상의 원인은 무엇인가"라는 질문이 있습니다. 아리스토텔레스는 만물의 '목적'에 관심이 있었지만, 과학적 활동은 그에 관심있는 것이 아니라 '원인'에 있는 것입니다.[10]

셋째, 이 세상이 이해될 수 있다는 전제입니다. 생각해보면 이것은 놀라운 전제입니다. 여러분은 이세돌이나 이창호같은 바둑 고수들이 두는 수를 이해할 수 있습니까? 이해할 수 있다면 그들을 이길 수도 있겠지요. 그런데 이런 바둑 고수들조차 인공지능이 두는 수를 이해하지 못한다고 고백합니다. 그런데 과학자들은 이 세상을 우리가 이해할 수 있다고 말합니다. 열 길 물 속도 이해할 수 있고, 한 길 사람 속도 이해할 수 있다고 말합니다. 만일 이런 전제가 맞다면, 바둑의 비유에서처럼 우리는 세상을 이길—그러니까 통제할 수 있겠지요. 실제로 우리는 어느 정도 그리 하고 있습니다. 1969년 미국의 과학자들은 인간을 달에 착륙시켰고, 2차 대전 당시 괴벨스는 어떻게 하면 독일 국민들로 하여금 나치의 정책을 지지하게 만들지 알고 있었습니다. 시인의 눈에는 인간과 이 세상이 신비로 가득하지만, 연구자에게 인간과 세상은 분석하여 이해할 수 있는 대상인 것입니다. 물론 분석하고 보니 너무 아름답다는 것을 고백하는 이들도 있지만요.

---

10 이 차이를 한 번 깊이 생각해보기 바랍니다. "나는 왜 태어났는가"라는 질문과 "나는 어떻게 태어났는가"라는 질문의 차이는 고대 문명과 현대 문명의 차이를 함축하는 질문입니다.

1.5. 논쟁적 전제들

위의 세 가지가 다소 고전적 전제들이라면 다음의 세 가지는 비교적 최근에 주목받는 전제들이라고 할 수 있습니다. 논쟁적이라는 말은 19세기 프랑스의 사회학자인 오귀스트 꽁트가 주창한 실증주의부터, 20세기 논리실증주의, 그리고 역사주의 등 비교적 현대의 과학철학자들 사이에서 논의되고 실제 오늘날의 연구자들이 암묵적으로 취하지만, 꾸준히 논쟁의 대상이 되는 전제들이라는 의미입니다.

첫째, 과학적 지식은 경험할 수 있는 대상에 대한 지식이라는 전제입니다. 과학적 활동의 일부로서 합리주의적 추론이 있기는 하지만, 그 추론은 경험과 결합될 때 지식이 된다는 것입니다. 이는 다소 조심스런 관점입니다. 수학은? 도덕이론은? 이 전제에서 강조하는 것은 수학이나 이론물리학이 과학이냐 아니냐의 문제가 아니라, 일반적인 과학적 활동은 추론을 바탕으로 경험적 검증을 결합한 활동이라는 점입니다. 아마도 이 책을 읽고 있는 여러분 대다수가 이렇게 추론을 통해 가설을 도출하고 자료를 통해 경험적으로 검증하는 활동을 수행하고 있거나, 수행할 가능성이 높습니다. 그런데 사실 현대에 들어서 경험에 대한 강조는 과학적 활동의 본질이 무엇이냐보다는, 과학의 대상이 무엇이냐의 질문에서 "경험할 수 없는 것은 과학적 연구의 대상이 아니다"라는 자연주의적 사고가 보편화되어 온 것으로 나타납니다. 그러다보니 도덕과 가치를 논하는 규범이론의 경우 사회 연구 영역에서는 상대적으로 자율적인 공간이 있으나 그 규모는 그리 크지 않습니다.

둘째, 모든 과학적 지식은 잠정적이라는 전제입니다. '반증가능성'이라는 칼 포퍼의 주장으로 잘 알려진 이 전제는 과학적 지식이란 세계에 대한 확고한 지식이 아니라 확증되어가는 지식(확증주의) 혹은 그저 아직 반증되지 않은 지식(반증주의)이라는 것입니다. 이러한 반증주의의 대중적 형태로는 과학적 지식은 이 세상의 부분을 설명할 수는 있지만, 모든 것을 설명할 수는 없다는 입장도 있습니다. 만일 모든 것을 설명할 수 있다면 그것은 과학적 지식이 아니라 도그마라는 것이죠. 그런데 이 전제는 사실 과학의 본질에 대한 시대를 뛰어넘는 통찰이라기보다는, 누군가가 세상을 정확히 설명할 수 있다고 주장할 때, 그 주장을 의심하겠다는 입장입니다. 특히 칼 포퍼는 이러한 반증주의적 사고에서 혁명의 필연성을 주장한 마르크스와 인간 활동을 성적 욕망으로 환원시키는 프로이트를 비판했습니다.

셋째, 과학적 지식은 유동적이라는 전제입니다. 이는 만일 모든 과학적 지식에 한계가 있다면 과학적 지식이라는 것도 시대와 사회에 따라 지속적으로 변화해가는 것이라고 당연히 추론할 수 있을 것이고, 그러한 추론의 결과에 해당합니다. 우리는 천문학의 지식이 천동설로부터 지동설로 전환된 "패러다임 전환"을 이미 잘 알고 있습니다. 그리고 토머스 쿤이 자신의 책 『과학혁명의 구조』에서 이를 정식화하면서 과학적 지식이, 비록 기존의 모든 지식이 폐기되는 것은 아니지만, 유동적이라는 것에 우리는 대략 동의하고 있다고 하겠습니다. 이는 특히 사회 연구 영역에서는 더욱 그러합니다. 어떤 사회 연구자가 자신이 변하지 않는 진리(논리든 경험이든, 이 경우는 주로 논리입니다)를 발견했다고 주장할 수는 있으나, 한걸음 떨어져서 보면 인류가 가진 지식은 지속적으로 변화해간다는 것입니다.

1.6. 그래서 과학이란?

이 책의 목적이 과학에 대한 정의를 내리는 것은 아니기 때문에,

결론을 대신하여 질문을 드립니다. 여러분이 보기에 과학이란 그래서 무엇인가요? 지금까지 막연히 생각해오던 과학의 본질과, 이 장을 읽고 나서 든 생각은 다른가요? 왜 그러한가요? 여러분 중 연구자들은 그렇다면 앞으로 어떤 입장에 서서 과학적 연구 활동을 수행해야 할 것으로 생각되나요? 이 장은 이러한 질문들을 환기하는 것으로 마무리 하겠습니다.

마지막으로 강조하고 싶은 것은, 여러분이 읽게 되는 사회 연구방법론 교과서들은 과학에 대한 특정 관점에 입각해 있을 수 있다는 점입니다. 특히 조사 방법을 다루는 교과서들은 위에서 논의한 경험주의 및 확증주의적 전제들을 강하게 반영하고 있습니다. 조사 방법 자체가 경험을 조사하려는 의도이기 때문입니다. 어떤 교과서들은 과학을 바라보는 다양한 관점들을 소개하고 비판적 논리를 전개하기도 합니다.[11] 과학철학자들이 기술한 전문서적들은 보다 본격적으로 과학을 바라보는 다양한 관점들을 분석합니다. 사실 이런 다양한 관점들은 토머스 쿤이 참으로 재미있게 지적하였듯이 하나의 "종교들"이라고 볼 수 있습니다. 그리고 하나의 관점에서 다른 관점으로 옮겨가는 것은 "개종"과 유사한 것이라고 쿤은 말하였습니다. 이런 점에서 볼 때 이 책은 "금강경"이나 "기독교 강요"보다는 "종교학 개론"이라고 이해해 주시기 바랍니다. 저는 과학을 대하는 다양한 입장들이 있고, 저마다의 설득력을 지니고 있으며, 연구자로서 비록 하나의 입장을 채택하게 되더라도 어떤 다른 입장들이 있는지를 아는 것은 중요하다는 측면에서 이야기를 나누었습니다.

---

11 예로는 김광웅 지음. 1996. 『방법론강의: 기초·원리·응용』. 박영사.를 참고하세요.

주요 개념들

가습기 살균제	격물치지	경험
경험주의	과학	과학공동체
과학적 지식	논리실증주의	반증가능성
반증주의	방법적 회의	사람
사회 연구	실증주의	역사주의
원인	인간	인과관계
자연주의	전제들	지행합일
질서	확실성	확증주의

열 줄 요약

1) 모든 과학적 지식이 동일한 수준으로 자명하고 확실한 것은 아니다.

2) 특정 과학공동체 내에서는 무엇이 진리이고 그것을 어떻게 발견할 수 있는 지에 대한 일정 정도의 합의가 존재한다.

3) 인간은 우리가 확실히 안다고 말하기 어려운 존재이다. 사회 연구에서는 연구의 대상 자체가 확실성의 추구에 한계를 드리운다.

4) 우리가 무언가를 안다고 확신하는 것이 우리의 행동을 이끈다.

5) "이론 없는 경험은 맹목적이고, 경험 없는 이론은 지적 놀이일 뿐이다." (칸트)

6) 오늘날의 과학적 방법이란 기본적으로 합리주의와 경험주의가 결합된 방법 이다.

7) 과학적 연구에는 우리가 경험하는 이 세상에는 질서 혹은 규칙이 있고 그 것이 이해될 수 있다는 전제가 있다.

8) 과학적 연구에는 모든 사건에는 원인이 있다는 전제가 있다.

9) 과학적 연구에는 과학적 지식은 경험할 수 있는 대상에 대한 지식이어야 한다는 전제가 있다.

10) 과학적 연구에는 과학적 지식은 잠정적이고 유동적이라는 전제가 있다.

더 생각해보기

1) 과학적 지식의 한계에도 불구하고 우리가 과학을 신뢰할 수 있는 이유는 무엇인가?

2) 경쟁하는 과학적 지식들 간에 타당성을 사회적으로 판단하는 최선의 방법은 무엇일까?

3) 나는 '무엇을 안다'는 것을 어떻게 아는가?

4) 과학에서 중요한 것은 실체적 지식인가 그에 이르는 방법인가?

제2장

사회 연구의 기초: 인간과 사회를 보는 눈들

2.1. 말이란 무엇인가

"비쩌," 토머스 그래드그라인드가 말했다. "말에 대해 정의해보아라." "네발짐승. 초식동물. 이빨은 마흔 개로 어금니 스물네 개, 송곳니 네 개, 그리고 앞니 열두 개. 봄철에 털갈이를 하고 습지에서는 발굽갈이도 함. 발굽은 단단하지만 편자를 대어붙여야 함. 나이는 입 안쪽의 표시로 알 수 있음." 비쩌는 이런 식으로 (그리고 더 많이 보태서) 말을 정의했다. "자, 20번 여학생," 그래드그라인드 씨가 말했다. "이제 말이 어떤 동물인지 알았지."

찰스 디킨스. 『어려운 시절』 중. 마사 누스바움 지음. 박용준 옮김.
2013. 『시적 정의』 49쪽에서 재인용.

이 장을 읽기 시작한 여러분들은 말에 대한 위의 묘사를 읽고 이제 말이 무엇인지 알게 되었나요? 만일 여러분이 말의 생물학적 특징에 관한 세부적인 내용을 제시한 비쩌의 대답에 만족했다면 여러분은 아마도 경험적 사실을 중시하는 냉정한 관찰자일 것입니다. 그런데 여러분들 중 만일 '말'이라고 하면 영화 "호스 위스퍼러"처럼 인간과 말과의 교감 같은 것을 떠올린다면 여러분은 아마도 인문주의자에 가까울 것입니다. 또 여러분들 중 만일 "저 부분은 찰스 디킨스가 당시에 막 유행하던 실증주의적 이해를 희화화하고 있는거야"라고 생각했다면 여러분은 아마도 비판이론가에 가까울 것입니다. 단순히 말해서 그렇다는 것입니다.

　이 장에서 이야기하고자 하는 바는 과학의 정의 뿐 아니라 우리가 아는 사회 연구의 지식 형태가 단순하지 않고, 그러한 지식을 생산해 내는 공동체와 그들의 철학적 기반이 동일하지 않다는 것입니다. 여러분들 중에서는 왜 누군가는 설문조사를 중시하고, 누군가는 인터뷰를 중시하는지 궁금해한 적이 있을지도 모르겠습니다. 설문조사를 중시하는 연구자 중에서는 "대여섯 명 인터뷰한 결과로 우리가 과연 무슨 객관적 지식을 얻을 수 있겠는가"라고 비판하고, 인터뷰를 중시하는 연구자 중에서는 "피상적인 설문으로 1,000명을 조사한들 무슨 소용이 있겠는가"라고 비판합니다. 여러분 생각에는 어떤가요?

　여러분의 생각은 이제 방법론을 공부하고 나면 정립이 되겠지만, 여기서 중요한 것은 특히 사회 연구에서는 똑같이 대학이라는 기관과 동일한 학과에서 연구를 하더라도 인간과 사회에 대한 철학적 근거가 전혀 다른 입장에서 연구를 하는 사람들이 공존한다는 점을 이해하는 것입니다. 그리고 이들이 각자 그럴듯한 근거를 가지고 있다는 점을 이해하는 것입니다. 여러분이 언젠가 (혹은 이미) 어느 연구실 혹은 학파에 소속되어 그 집단의 학문적 분위기에 익숙해지고 나면, 그것과는 다른 철학적 전제를 가지고 있는 다른 집단의 연구를 잘 이해하지 못하거나, 비판하거나, 심지어 비난하게 될지도 모릅니다. 네 그럴 수 있습니다. 앞서 말했듯이 패러다임은 종교적 성격을 지니니까요. 그러나 알고 비판하는 것과, 모르고 그냥 자기 연구만 하는 것은 다릅니다. 모름지기 과학자라면 자신이 하는 말이 완전한 진리는 아닐지라도 최소한 무슨 말을 하고 있는 것인지는 알아야 하겠죠. 즉 자신만의 전제와 이론, 방법을 결정하기 전에 보다 큰 지식의 사회학을 익혀두는 것이 필요합니다.

이는 일반 시민들에게도 마찬가지로 적용됩니다. 과학공동체가 어떤 사회문제에 대해 단 하나의 합의된 견해를 가지고 있는 것으로 생각하기 쉽지만, 결코 그렇지 않다는 것입니다. 칼 포퍼에 따르자면, 여러분이 여러 매체를 통해 접하는 과학적 지식은 "아직 반박되지 않은" 지식일 따름입니다. 다른 논리실증주의자들에 따르자면 과학적 지식은 "완전하지는 않지만 지금까지 반복해서 검증되고 있는" 지식입니다. 좀더 급진적인 구성주의자들에 따르자면 과학적 지식은 단순히 사회와 문화의 산물입니다. 요는 이렇게 다양한 과학적 지식들이 상호 경쟁하면서 우리에게 인간과 사회를 이해할 수 있는 보다 정교한 지식을 제공해줄 가능성을 높인다는 것입니다. 따라서 일반 시민들도 사회 연구의 지식을 논란이 완결된 최종적 지식이 아니라 지속적으로 수정되어가는 과정에 있는 지식으로 이해할 필요가 있습니다.

2.2. 패러다임

패러다임(paradigm)이라는 말은 이제 유명하고 익숙한 말이 되었습니다. 그만큼 정의도 다양합니다. 그리고 정의가 다양하다는 것은 패러다임이라는 개념이 여러 상황을 지칭하기 위해 쓰인다는 것과, 그 와중에도 각 정의마다 초점이 다르다는 것을 의미하지요. 패러다임이라는 말을 대중화한 토머스 쿤도 자신의 책에서 패러다임을 스무 가지가 넘는 의미로 썼다고 합니다.[1] 패러다임은 어떤 경우는 서로 의존하는 이론의 집합을 의미할 수도 있고, 그러한 이론을 생산하는 연구 프로그램을 의미할 수도 있고, 이러한 활동에 종사하는 공동체를 의미

---

1 데이비드 헤스의 앞의 책(『과학학의 이해』)을 보세요.

할 수도 있습니다. 어쨌든 어떤 연구 프로그램을 공유하고 이론을 확장해가는 연구공동체의 활동 과정이 어느 정도 안정적으로 재생산될 때, 그 전체를 크게 보아 패러다임이라고 부를 수 있습니다.

패러다임을 이해하기 위해서는 우선 특정한 과학공동체들이 존재한다는 점을 이해해야 합니다. 과학공동체가 동일한 생각을 하는 사람들로 구성되어 있다는 것은 선입견일 따름입니다. 종합대학을 생각해보면 이 점이 잘 보입니다. 인문대학 교수들, 자연대학 교수들, 사회대학 교수들, 공과대학, 의과대학 등 서로 다른 대학의 교수들의 학문활동을 보면 모두 다릅니다. 심지어 논문의 스타일도 다릅니다. 그리고 하나의 과 안에서도 인간과 사회에 대해 전혀 다른 접근을 하는 연구자들이 공존하고 있습니다. 세상에는 다양한 형태의 과학공동체들이 존재합니다. 이 과학공동체들은 특정한 세계관과 신념을 공유하고, 표준적이라고 인정하는 연구과정의 체계를 가지고 있습니다. 중요한 것은 이들이 서로 양립하기 어려운 경우들도 있다는 것입니다.

특히 이른바 "두 문화 논쟁"은 이를 잘 보여줍니다.[2] 찰스 스노우가 1959년 강연에서 제기한 "두 문화와 과학혁명"의 문제를 정리한 임마누엘 월러스틴에 따르면,[3] 근대의 대학은 우선 근대 이성주의와 자연과학의 폭발적 성장을 통해 등장한 계몽주의 및 "자연과학"이라는 축과, 프랑스혁명과 산업혁명에 대한 반작용으로 등장한 낭만주의 및 "인문학"이라는 축이 지식의 패권 경쟁을 벌이던 장이었습니다. 여기서 말하자면 "자연대학"이 승리함으로써 과학은 "자연과학"을 의미하게 되었고, 철학은 인문학적 의미에서 좁게 이해되기 시작했다는 것

---

2 이 문단의 내용은 브루노 라투르 외 지음. 홍성욱 엮음. 2010. 『인간·사물·동맹: 행위자네트워크 이론과 테크노사이언스』. 이음.이라는 책의 제10장에 김환석 교수님께서 쓰신 "'두 문화'와 ANT의 관계적 존재론"을 참고하였습니다.

3 이매뉴얼 월러스틴 지음. 유희석 옮김. 2007. 『지식의 불확실성』. 창비.

입니다. 그리고 이 와중에 마침 당시 폭발적으로 성장하던 사회를 관리하기 위한 연구로서 사회학이 등장하면서, 당시 패권을 쥐었던 자연과학적 모델을 따르게 되었다는 것입니다. 그러나 모두가 그러했던 것은 아니고 일부는 자연과학, 일부는 인문학에 보다 가깝게 다가섰습니다. 이러한 사회과학의 사정을 월러스틴은 다음과 같이 요약합니다.

> "사회과학은 자연과학과 인문학이라는 두 거인이 벌이는 싸움에서 찢기었고, 두 거인은 중립적 태도를 용인하지 않았다."
>
> 월러스틴, 2007; 김환석, 2010: 312쪽에서 재인용.

패러다임은 변합니다. 보다 정확히 말해서 한 과학 영역의 지배적 패러다임은 역사적으로 변화합니다. 대표적인 예가 바로 천문학에서 천동설이라는 지배 패러다임이 쇠퇴하고 지동설이 지배 패러다임으로 등장한 것이지요. 경제학에서 고전파 경제학과 케인즈주의 경제학도 패러다임 변화의 특성을 보여줍니다. 이와 동시에 개별 패러다임도 변합니다. 경제학의 케인즈주의도 고전적 형태로부터 시간이 지나면서 고전파 경제학자들과 이론적 경쟁을 하면서 수정된 형태로 등장합니다. 소위 "신" 혹은 "neo-"가 붙은 학파 이름들은 이렇게 패러다임 내의 변화를 반영한 이름입니다. 마지막으로 개별 패러다임들 가운데는 사라져버리는 패러다임도 있습니다. 시대적 변화, 연구방법의 변화, 그리고 지배 패러다임의 탄탄한 지식체계 등과 전면적으로 거리를 둘 경우 새로운 신진학자들을 자신들의 공동체로 불러들이기 어려워질 수 있습니다. 이런 상황이 지속되면 단순히 학문공동체에서 사라져버릴 가능성이 있습니다.

마지막으로, 어떤 영역은 아직 패러다임이라고 할만한 탄탄하게 공유된 지식체계가 부재하는 경우도 있습니다. 상대적으로 새로운 연구 영역, 응용학문, 최근 등장하는 융복합적 연구의 일부, 가치의 문제가 중요한 영역 등에서는 과학적 지식이 표준적 과정에 따라 생산되는 것이 아니라, 다소 중구난방으로 보일 수 있는 탐색적 방식으로 생산됩니다. 과학사적 관점에서 볼 때 학문 자체가 여러 가지를 시도하고 다듬어가는 단계, 그리고 후속세대를 막 형성해가는 단계에 놓여 있는 것이지요.

2.3. 사회 연구의 사조들

이제 사회 연구로 영역을 좁혀서 이야기를 해봅시다. "두 문화 논쟁"에서 보듯이 방법론의 관점에서 사회 연구에는 크게 두 가지 사조가 있습니다. 하나는 객관주의, 실증주의, 일반법칙적 접근 등으로 불리는 사조이고, 다른 하나는 주관주의, 해석학적 접근, 개별사례적 접근 등으로 불리는 사조입니다. 앞으로 이 책에서는 앞의 것을 "패러다임 1," 뒤의 것을 "패러다임 2"로 이름붙이겠습니다.[4]

2.3.1. 패러다임 1

우선 패러다임 1을 봅시다. 패러다임 1에서는 과학적 연구란 연구자와 별개로 객관적으로 존재하는 '사실'을 발견하는 활동이라고 봅니다. 우리가 산에 오르기 전에도 산길 옆에는 꽃이 피어 있듯이, 연구자의 역할은 그렇게 저기 있으면서 발견되기를 기다리고 있는 사실을 발견하는 것입니다. 그리고 다른 연구자들이 동일한 사실을 발견하면

---

4 대니얼 카너먼은 사람들이 사고하는 두 가지 방식에 대해 내용을 대표하는 이름 대신 '시스템 1'과 '시스템 2'라는 담담한 이름을 붙였습니다(이에 대해서는 대니얼 카너먼 지음. 이진원 옮김. 2012. 『생각에 관한 생각』. 김영사.를 참고하세요). 이런 방식을 따라봅니다.

결국 지식 자체가 너와 나의 경험에 기반한 사실에 대한 객관적 지식인 것입니다. 그러한 지식은 특정 연구자의 인식에 속한 것이 아니라 누구라도 동일한 경험을 할 수 있기에 객관적이고, 주로 세상이 작동하는 원리에 대한 지식을 추구한 결과물이기 때문에 보편적이고 일반 법칙적 성격을 지닌 것으로 이해됩니다. 인간의 유전자는 대부분의 경우 23쌍이라고 합니다. 누구라도 동일한 방법으로 인간의 유전자를 분석하면 23쌍임을 발견할 수 있습니다. 인간이 달에 로켓을 쏘아 올릴 수 있는 것은 이 세계에 대한 이러한 패러다임 1의 지식에 힘입은 것입니다. 깊이 파고 들어가면 한이 없지만 우리가 어느 정도 신뢰할 수 있는 '사실'이 존재하는 것이지요.

그런데 이러한 접근이 사회 연구의 영역으로 오면 문제가 그리 단순하지 않습니다. 한 언론사에서 대통령에 대한 지지를 1,000명의 시민들에게 설문을 통해 물었더니 52%가 "지지한다"고 대답했다고 합시다. 이러한 발견은 대통령의 지지도에 대한 어떤 사실을 발견한 것일까요? 52%라는 것 자체가 그냥 사실이라고 보아야 할까요? 52%의 사람들은 그 마음에 대통령을 100% 지지하는 것일까요? 아니면 52%의 사람들이 각자 한 80% 정도의 확신으로 대통령을 지지한다면 "실제" 지지율은 41.6%(52×0.8)인 것일까요? 만일 한 주 후 동일하게 물었더니 이번에는 49%가 "지지한다"고 대답했다면, 도대체 사실은 무엇일까요? 지지율이 떨어졌다? 지지율은 변한다? 혹은 지지율에 별 차이가 없다? 아니면, 그냥 "49%가 지지한다"가 사실인가요? 다른 예로, 한국의 한 해 일인당 국민소득이 3만 달러라고 합시다. 그 수치 자체는 사실이라고 볼 수도 있겠지만, 엄밀히 말해서 그 수치는 어떤 사실을 반영하는 지표일 뿐입니다. 그렇다면 일인당 국민소득 3만 달러에 내포된 사실은 무엇일까요? 우리 국민들이 그만큼 잘 산다는 의미인가

요? 우리 국민들이 그만큼 행복하다는 의미인가요? 여기서 사회 연구
에서 다루는 사실은 매우 복잡하다는 것을 알 수 있습니다.

어쨌든 패러다임 1에서는 사실에 대한 지식이 존재할 수 있고, 그
러한 지식 위에 다른 지식을 계속 쌓아나갈 수 있다고 봅니다. 2010
년대 우리나라의 경제성장률이 2~3%대에 머물렀다는 것, 동일 시기
아동학대 신고 건수가 지속적으로 증가했다는 것, 아프리카 어린이들
이 단지 깨끗한 물에 접근하기 어려워 질병으로 사망한다는 것, 2020
년 20대 국회의원선거 투표율이 60대에서 가장 높았다는 것, 이런 것
들은 우리가 사실로 다룰 수 있는 것들이라 하겠습니다. 이러한 사실
을 접할 때 우리가 거의 즉각적으로 어떤 의미를 덧붙이는 작업을 시
작하거나, 방법을 달리 해서 파악하면 수치가 달라질 것이라거나 하는
논쟁을 제시할 수는 있지만, 이러한 관찰이 사실조차 아니라고 주장하
는 것은 어려운 일입니다. 방법을 달리 했을 때는 다른 사실을 발견
하게 될 것이라면, 방법을 달리 해서 다른 사실을 발견하면 되는 것
이지요. 이런 과정을 통해 우리의 지식은 증가합니다.

2.3.2. 패러다임 2

이제 패러다임 2를 봅시다. 패러다임 2는 객관성이라는 개념 자체
를 의심합니다. 다시 우리 속담 "열 길 물 속은 알아도 한 길 사람
속은 모른다"를 떠올려 봅시다. 열 길 물 속은 패러다임 1에서 잘 할
수 있는 영역입니다. 그런데 한 길 사람 속은? 우리가 과연 다른 사람
의 마음을 알 수 있을까요? 여러분들은 설문조사를 통해서 누가 대통
령을 지지할 가능성이 높은지 알 수 있다고 생각할 수 있지만, 막상
다른 사람이 "당신의 나이와 소득수준, 교육수준으로 보아 당신은 대

통령을 지지할 확률이 높습니다"라고 말한다면 과연 어떤 생각이 들까요? 당신이나 친구의 연봉이 동일한데, 왜 당신은 자신의 삶이 유난히 팍팍하다고 느낄까요? 패러다임 2에서는 이런 개개인의 서로 다름, 개개인의 주관적 판단이 여러 사람의 평균적인 마음에 대한 지식보다 중요하다고 봅니다. 일리가 있지요. 그런 '평균적인 마음'은 존재하지 않습니다. 우리가 만들어낸 (유용하지만) 구성물일 뿐이지요. 실제 존재하는 것은 각자의 마음입니다. 더욱이 이러한 마음에 연구자가 접근하려 하면 그 마음 자체가 변화되기도 합니다. 사람은 접촉하는 순간 서로가 서로에게 영향을 미치니까요.

따라서 패러다임 2에서는 연구자의 역할도 중요시합니다. 패러다임 1에서 연구자는 사실과 동떨어져 있고, 사실의 바깥에서 사실에 접근합니다. 그러나 패러다임 2에서는 연구자가 사실의 일부이거나, 사실에 접근하는 순간 사실을 변화시키거나, 아예 사실이란 연구자에 의해 구성되는 것이라고 봅니다. 인류학자가 어느 마을공동체에 들어가 살면 바로 그 연구자 때문에 그 마을은 더 이상 애초에 연구하려던 마을공동체가 아닐 가능성이 높습니다. "에린 브로코비치"라는 영화에는 인근 공장의 오염물질 배출로 인한 발병이 의심되는 한 마을 사람들을 인터뷰하는 두 인물이 등장합니다. 주인공인 에린 브로코비치는 그들에게 친숙하고 인간적인 방식으로 접근한 반면, 한 변호사는 직업적으로 접근합니다. 그리고 영화는 이 둘에 대한 마을 사람들의 완전히 다른 반응을 묘사합니다(심지어 어떤 마을 주민은 변호사의 방문을 받은 이후 에린 브로코비치에게 뭐 이런 사람을 보냈냐고 항의전화까지 할 정도였습니다). 그런데 누가 더 정확하고 풍부한 정보를 얻었겠습니까? 당연히 에린 브로코비치라고 생각할지 모르지만, 방법론적 관점에서는 그것이 그리 단순하지 않습니다. 어쨌거나 두 사람 모두 마을 주민들과 접촉하면서 그들의 관점과 기억, 그리고 그에 대한 스스로의 해석에 무언가 영향을 미쳤을 것이 분명합니다. 그리고 우리는 그 영향의 효과를 정확히 알 수 없습니다. 요는 연구자와 연구참여자 간의 상호작용이 연구의 발견에 영향을 미친다는 것입니다. 물론 결과가 크게 다르지 않다고 할 수도 있습니다. 사람들의 마음을 이해해준다고 해서 그들의 암이 어느 정도 진행되었는지, 그들의 경제적 피해가 어느 정도인지에 대한 "객관적" 진단이 크게 달라질 것은 아닙니다. 오히려 그들의 마음을 배제했을 때 더 정확한 진단을 할 수 있다고 주장할 수도 있습니다. 그렇다면 패러다임 1의 입장에서 접근하는 것이지요. 하지만 결과도 달라질뿐더러 이는 인간에 대한 근본적인 접근과 이해의 문제라고 생각하면 패러다임 2의 입장에서 접근하는 셈입니다.

 연구자와 연구참여자 간의 상호작용에 더하여 '맥락'이라는 문제도 존재합니다. 예를 들어 여러분이 인문학적 관심에서든 정책적 관심에서든 서울역 근방에 머물고 있는 노숙자들의 삶에 대해 연구한다고 합시다. 당신은 한 노숙자를 설문조사나 인터뷰할 때 그가 어떤 상황에 놓여있는지에 따라 반응이 달라질 것이라는 점을 짐작할 수 있을 것입니다. 범죄 피의자가 검찰에서 조사를 받을 때와 법정에서 증언할 때 태도나 증언이 달라질 가능성이 있습니다. 맥락의 힘입니다. 실험실에서 이루어진 많은 심리학 연구들의 타당성이 의심받는 이유 중 하나는 실험실 실험이 사람이 실제 행동하는 맥락을 지워버린다는 점 때문입니다. 사람은 모두 특정 맥락에서 사고하고 행동한다는 것, 그래서 맥락이 달라지면 동일한 사람도 다른 사고와 행동을 할 것이라는 것, 이것이 패러다임 2의 기본 사고입니다.

2.3.3. 패러다임 1과 패러다임 2

이제 정리를 해봅시다.[5] 이하의 정리 내용은 대조를 위해 다소 과장한 것임을 염두에 두고 읽기 바랍니다. 말하자면 "자연과학"과 "인문학"이라는 두 거인이 끌어당기는 힘이라고 해둡시다. 첫째, 패러다임 1은 패러다임 2에 비해 세상을 규칙적인 존재로 보고, 그 규칙을 발견하려 합니다. 이런 접근은 아무래도 인간의 마음보다는 정형화된 행태나 사회의 구조를 연구하는 데에 유리합니다. 그리고 인간을 연구할 때도 인간을 예측가능한 원자로 보는 경향이 있습니다. 이러한 연구의 결과는 어떤 보편적 혹은 통계적 '법칙'을 발견했다는 주장입니다. 누구라도 그 법칙을 신뢰하고 어떤 일을 할 수 있습니다. 반면 패러다임 2는 세상을 의미로 가득한 존재로 보고, 그 의미를 발견하려 합니다. 이런 접근은 구조보다는 인간의 동기와 의미에 초점을 두거나, 인간 내면에 있는 구조를 발견하려 합니다. 세상과 사람의 마음은 끊임없이 변하고, 상호작용과 맥락에 따라 달라지기 때문에, 법칙보다 중요한 것은 인간의 '의도'입니다. 인간은 어느 정도 법칙에 복종하기도 하지만 중요한 것은 의지에 따른 개별 행동의 의미라는 것입니다.

둘째, 패러다임 1은 세상과 인간의 그러함의 원인과 결과가 무엇인지에 주로 관심을 둡니다. 그래서 이것이 원인이고 저것이 결과라는 식의 설명을 추구합니다. 설명이 되면 자연스럽게 어느 정도 예측도 가능하지요. 설명과 예측이 가능하면 궁극적으로 이 세상과 인간에 대한 통제도 가능합니다. 어느 정도 규모의 보너스면 직원의 이직률을

---

5 보다 폭넓은 내용에 대해서는 깁슨 버렐·가레스 모오간 지음. 윤재풍 옮김. 1993.『사회과학과 조직이론』. 박영사.의 제1장을 읽어보시면 도움이 됩니다. 또한 다음의 책도 여러분의 사고를 넓혀줄 것입니다: 강신택 지음. 2000.『사회과학 연구의 논리』. 개정판. 박영사.

10% 포인트 낮출 수 있는지 안다고 하면 직원들의 마음을 통제할 수 있게 되는 셈이지요. 평균적인 이직의도에 대한 지식은 조직과 개인 모두에 있어서 지출하지 않아도 될 사회적 비용을 낮추는 데에 중요한 지식입니다. 반면 패러다임 2는 세상과 인간의 그러함 자체를 충실히 이해하는 데에 관심을 둡니다. 인간이 법칙의 지배를 받지 않는 존재라면 통제는 생각할 수조차 없습니다. 그저 어떤 사람이 세상을 보는 방식과, 어떤 행동의 이유로서 그의 의지와, 다양한 상호작용을 거쳐 발생한 결과에 대한 다양한 해석, 이것들이 중요해집니다. 보너스가 직원들의 평균적인 이직의도에 미치는 영향의 정도를 분석하여 이직률을 관리하는 것보다는 이직을 원하는 이들의 마음을 이해하는 것이 중요하다는 것입니다. 이렇듯 패러다임 1과 패러다임 2는 지식의 초점과 목적에서 다릅니다.

셋째, 패러다임 1은 사실과 가치를 분리할 수 있다고 전제합니다. 프랑스의 사회학자 에밀 뒤르켐은 통계 분석을 통해 구교 국가와 신교 국가 국민들의 자살률에 차이가 있다는 것을 발견하였습니다. 개개인의 자살 이유는 다양하겠지만, 어쨌든 구교 국가와 신교 국가의 자살률에 차이가 있다는 것은 사실인 것이죠. 가치판단은 그 다음 문제이구요. 반면, 패러다임 2는 사실과 가치를 분리할 수 없다고 봅니다. 자살을 '사회적 타살'이라고 부를 때, 우리는 자살이 단순한 현상이 아니라고 주장하는 셈이며, 자살이라는 행동을 파악하는 활동 자체부터 사실과 가치를 분리할 수 없다고 보는 셈입니다. 그렇다면 무언가가 사실이라는 것이 과연 무슨 의미가 있겠습니까? 최소한 사회적 현상에 대해서는 사실과 가치를 분리할 수 없거나, 분리하여 무언가를 사실이라고 주장하는 것은 지식으로서 큰 의미가 없다는 것이 패러다임 2의 입장입니다.

미술의 극사실주의와 사회과학

　미술의 한 사조인 극사실주의에 대한 평가는 사진 시대의 돈키호테라는 조롱부터 압도적인 기교 혹은 저항정신에 대한 찬사까지 다양하지만, 내가 극사실주의에 끌린 부분은 현실에 대해 분노하면서도 현실을 천착하는 길을 제시할 수 있는 가능성에 있었다.

　극사실주의는 우리가 알고 있다고 생각하는 사실에는 미처 눈치채지 못하고 있었던 부분이 많다는 것을 깨닫게 해준다. 화자에 의해 의도된 직접적인 메시지가 아니라, 지독한 경험을 하게 하는 기법을 통한 일상적 경험의 확장, 극사실주의의 비판 능력은 여기에서 온다. 그래서 관객이 중요하다. 와~ 하고 끝나면 극사실주의는 사진보다 나을 것이 별로 없다. 사실의 디테일에 대한 경외감과, 나에게 주어져 온 미적지근한 혹은 걸러진 사실들에 대한 반성적 자각에 이를 때 극사실주의의 저항 정신이 구현되는 것이다. 그리고 극사실적 묘사는 작가의 감정이 질서정연하게 표출되고 해소될 수 있는 방법을 제시해준다. 현실에 대한 모든 폭발적 감정을 디테일의 묘사로 승화시키는 것이다.

　물론 모든 작가들이 이런 입장에서 작업한다기보다는, 내가 극사실주의를 추구한다면 이런 이유일 것이라는 의미이다. 그리고 진짜 하고 싶은 말은 이것이다. 사회과학에서 극사실주의는 가능할까. 우리는 사회과학에서 사실이라고 하면 가치와 사실의 분리 혹은 통합 같은 이야기를 우선 떠올리게 된다. 그런데 이 질문은 "가치로부터 사실을 분리해낼 수 있는가?"라는 질문에 제한되는 경향이 있다. 사회과학에서 사실과 가치를 분리하는 것은 어려운 일이다. 그러나 극사실주의라면 그 극사실성으로 인해 독자에게는 마치 가치로부터 사실이 분리되어 제시되고 있는 것 같은 느낌을 줄 것이다. 어떤 경험이, 이런 수준의 묘사를 할 가치가 있을 때 극사실주의는 선택될 수 있다.

　극사실주의적 접근은 그 대상이 무엇이냐에 따라 상당히 불편할 수도 있다. 우리의 많은 사회적 경험들에 대한 극사실주의적 묘사를 우리는 아마도 견뎌내지 못할 것이다. 극사실적 묘사는 혐오감을 불러일으키거나 상당히 폭력적일 수 있다. 사실을 미분해 들어가다보면 선과 악의 경계가 모호해지고, 주체가 사라지고 전복되는 경험을 하게 될 수도 있다. 그런데 바로 이 지점에서 저항의 정신이 적소를 찾게 된다. 그 불편함이 극사실주의의 목적이다. 이제 독자들은 본능적으로 인지적 편안함을 찾으려 노력하겠지만, 이미 그들에겐 극사실적 묘사가 주어졌기 때문에 그 자극에 노출된 이들은 쉽게 다른 평범한 '사실'에 안주할 수 없다. 한번 시작된 파문은 끊임없이 이어지는 것이다.

극사실주의에 대해 가능한 비판 중 하나는 아마도 이론의 부재일 것이다. 사회과학은 설명을 요구하는 학문이다. 극사실주의에 이론이 있을까? 완성도가 높은 극사실주의 연구라면 아마도 인과관계 따위는 잊게 만드는 힘이 있을 것이다. 다른 한편으로 이론은 바로 그 묘사에 다 들어있다고도 할 수 있다. 묘사적 풍부함이 쏘아올리는 폭발적인 유레카의 순간들은 직관적인 이론의 포착에 다름 아니다. 마지막으로 극사실주의가 현실 비판에 성공한다면 그것은 비판이론이 말하는 이론 그 자체가 되어 있는 셈이다. 따라서 이론의 부재는 반박될 수 있다.

경험이란 극사실주의자들이 주로 의존하는 사진처럼 시간을 뚫고 존재할 수 없기에 사회과학의 극사실주의는 매우 매우 어려울 것이다. 경험의 편린들을 포착하고, 그것들을 해상도 높은 스크린에 모으는 과정이 필요한데, 이러한 작업은 "집단적 경험에 대한 부검"과 같은 것이 될 것이다. 자기 앞에 놓인, 말없는, 죽임 당한 사실에 대한 아무런 심리적 부착 없이 냉정하게 부검을 행하는 부검의와 같은 사회과학자가 존재할 수 있을까?

2.4. 인간과 사회를 연구한다는 것

지금까지는 과학 일반에 대한 과학철학적 기반에 대해 설명하면서 자연과학과 사회 연구를 모두 포함하는 설명을 하였습니다. 이 책의 대상은 인간과 사회에 대한 연구입니다. 자연과학의 대상에 비해 사회 연구의 대상에는 사실과 가치가 혼재된 상황이 더 많고, 반복되는 법칙을 특정하기가 쉽지 않으며, 경험적 관찰의 대상이 연구자와 완전히 동떨어져 있지 않으며, 기계적으로 반응하는 물체가 아니라 복잡한 사람의 마음이 연구의 대상이 됩니다. 그러나 이런 조건 하에서 어떤 이들은 이를 주어진 것으로 보고 인간과 사회를 "이해"하고자 하고, 다른 이들은 이 주어진 조건 하에서도 가능한 한 법칙적인 지식을 발견하는 방법을 찾으려 합니다. 따라서 사회 연구 내에서도 다양한 접근의 학자들이 있습니다. 이는 우리가 "두 문화 논쟁"의 중간지대에 놓여있다는 것을 의미하며, 패러다임 1과 패러다임 2의 연속선 상에서 지속적으로 움직인다는 것을 의미합니다. 그리고 그들은 모두 일리 있는 지식을 생산하고 있습니다. 당신은 어떤 지식을 생산하고 싶습니까? 당신은 어떤 지식을 생산하고 있습니까?

이제 다음 편에서는 철학으로부터 구체적인 연구방법으로 주제를 바꾸겠습니다.

주요 개념들

가치	구성주의	논리실증주의
두 문화 논쟁	사실	사회학
설명	예측	의도
의미	인문학	자살
자연과학	통제	패러다임

패러다임 1: 객관주의, 실증주의, 일반법칙적 접근

패러다임 2: 주관주의, 해석학적 접근, 개별사례적 접근

열 줄 요약

1) 사회 연구의 지식 형태는 동질적이지 않고, 그러한 지식을 생산해내는 공동체와 그들의 철학적 기반은 동일하지 않다.

2) 대학에는 인간과 사회에 대한 철학적 근거가 전혀 다른 입장에서 연구를 하는 사람들이 공존한다.

3) 패러다임은 서로 의존하는 이론의 집합, 그러한 이론을 생산하는 연구 프로그램, 그러한 활동에 종사하는 공동체 등을 의미할 수 있다.

4) 다양한 형태의 과학공동체들은 특정한 세계관과 신념을 공유하고, 표준적이라고 인정하는 연구과정의 체계를 가지고 있다.

5) "사회과학은 자연과학과 인문학이라는 두 거인이 벌이는 싸움에서 찢기었고, 두 거인은 중립적 태도를 용인하지 않았다."(월러스틴)

6) 패러다임 1에서는 과학적 연구란 연구자와 별개로 객관적으로 존재하는 사실을 발견하는 활동으로서, 사실에 대한 지식이 존재할 수 있고, 그러한 지식 위에 다른 지식을 계속 쌓아나갈 수 있다고 본다.

7) 패러다임 2에서는 객관성이라는 개념 자체를 의심하며, 개개인의 의미와 맥락의 서로 다름, 연구에 있어서 연구자와 대상의 관계를 강조한다.

8) 패러다임 1은 패러다임 2에 비해 세상을 규칙적인 존재로 보는 반면, 패러다임 2는 세상을 의미로 가득한 존재로 본다.

9) 패러다임 1은 세상과 인간의 그러함의 원인과 결과가 무엇인지에 관심이 있는 반면 패러다임 2는 세상과 인간의 그러함 자체를 충실히 이해하는

데에 관심이 있다.

10) 패러다임 1은 사실과 가치를 분리할 수 있다고 전제하는 반면, 패러다임 2는 사실과 가치를 분리할 수 없다고 본다.

더 생각해보기

1) 나는 인간과 세상을 패러다임 1의 관점에서 보는가, 패러다임 2의 관점에서 보는가?

2) 나는 나 자신을 패러다임 1의 관점에서 보는가, 패러다임 2의 관점에서 보는가?

3) 나의 연구는 패러다임 1에 가까운가, 패러다임 2에 가까운가?

4) 나는 나 자신을 보는 관점, 인간과 세상을 보는 관점, 연구의 수행 방법에 있어 일관성을 확보하고 있는가?

5) 사실과 가치의 분리가능성 혹은 분리불가능성을 어느 수준까지 밀어붙일 수 있는가? 그것으로부터 얻을 수 있는 것과 잃어야 할 것은 무엇인가?

제 **2** 편

경험적 연구의 방법적 기초

제1편에서는 과학, 그리고 과학적 지식에 대한 과학철학적 이야기들을 나누었습니다. 아마도 흥미롭게 읽은 분도 있을 것이고, 나는 당장 연구방법에 대한 지식이 필요한데 이런 이야기는 복잡하고 잘 모르겠다고 생각한 분도 있을 것입니다. 어느 쪽이든, 사회현상을 이해하거나 설명하려는 사람, 다른 연구자의 저작을 제대로 이해하려는 사람이라면 한 번쯤은 공부하고 생각해볼만한 이야기인 것은 분명합니다.

제2편에서는 이제 우리가 패러다임 1과 패러다임 2 사이 어딘가 위치해 있다고 전제하고 구체적인 경험적 연구방법의 논리적 기초가 되는 가설, 이론, 인과관계 등에 대한 이야기를 나눕니다. 그리고 그에 앞서 모든 연구의 출발점으로 연구의 목적과 연구문제를 설정하는 방법에 대해 이야기합니다. 여러분은 이 편의 내용을 통해 여러분이 하고자 하는 목적에 부합하는 연구문제를 설정하고, 논리와 이론에 기반하여 그 연구문제에 대한 잠정적 답을 내리는 과정을 학습하시기 바랍니다.

제3장

왜 연구를 하려는가?

3.1. 연구의 목적은 다양하다

이 책을 읽고 있는 분이라면 아마도 무언가 연구를 하고 싶어하는, 좀더 일반적으로 말하자면 세상을 더 이해하고 싶고, 설명하고 싶은 분일 것입니다. 여러분이 연구를 하려 한다면 우선 스스로에게 물어야 할 것은 무슨 목적으로 연구를 하려 하는가입니다. 물론 연구의 목적이 "먹고 살려고"일 수도 있지만,[1] 그런 질문이 아니라, 연구를 통해서 생산하려는 지식이 무엇인가에 대한 질문입니다. 기본적으로 인간과 사회에 대한 경험적 연구 목적에는 크게 보아 다섯 가지가 있습니다: 탐색, 기술·묘사(description), 설명, 규범, 처방. 이 목적들 각자는 한 연구의 유일한, 혹은 가장 중요한 목적이 되기도 합니다. 즉 어떤 연구는 탐색을, 어떤 연구는 설명을 주된 목적으로 합니다. 그러나 대부분의 연구들은 어느 정도 탐색적 부분, 기술적 부분, 그리고 설명적 부분을 포함하고 있습니다. 그리고 결론 부분에 이르러서는 규범적 주장이나 실천적 처방을 포함하기도 하지요. 그리고 여러분이 수행할 연구의 주된 목적이 무엇이냐에 따라 연구의 방법도 달라집니다. 이에 대해서는 아래에서 보다 자세히 이야기할 것입니다.

---

1 이는 농담만은 아닙니다. 이와 관련하여서는 제12장을 보기 바랍니다.

요컨대 여러분이 연구를 할 때, 주된 목적이 무엇이냐에 따라 여러분의 연구의 성격이 달라집니다. 엄밀히 말해서 하나의 연구에도 탐색, 기술, 설명, 가치 지향, 처방이 모두 포함되어 있는 경우가 많지만, 주목적이 무엇인지는 매우 중요합니다.

3.2. 탐색적 연구

어린 시절에는 가는 곳마다 새로웠죠. 긴장되기도 하고 기대되기도 하고, 모든 풍광이나 사물이 한눈에 들어오기보다는 마치 스냅사진처럼 부분부분들이 뇌리에 박히는 그런 경험들이 있었을 것입니다. 그리고 그런 경험들 가운데는 주로 함께 간 사람들과 공유한 경험이 더 많이 기억에 남기도 합니다. 그리고 돌아와서는 사람들에게 우리가 한 경험에 대해 신나게 이야기를 하곤 했죠. 연구도 마찬가지입니다. 과학공동체의 전체적인 결과들 중 다수를 차지하는 것은 아니지만, 어떤 연구에든 존재하는 측면, 바로 탐색을 목적으로 하는 연구입니다.

탐색을 주목적으로 하는 연구는 특정한 연구 결과를 강하게 주장하려 하기보다는, 다음 연구를 위한 사전 지식을 습득하는 것에 초점을 둡니다. 즉, 어떤 연구 대상이 궁금한데 그에 대한 사전 지식이 부족하여 어디부터 시작해야 할지 잘 알지 못하는 경우에 우선 그 연구 대상에 대한 개괄적인 지식을 습득하여 보다 본격적인 연구를 하기 위함입니다. 여러분이 쪽방촌 거주자들의 생활 패턴에 대한 연구를 하고 싶다고 합시다. 그런데 여러분들은 어릴 때부터 아파트에서 나고 자랐다면 일단 쪽방촌 거주자들은 둘째치고라도 쪽방촌이라는 물리적 공간에 대한 이해가 매우 부족하다고 판단할 것입니다. 이때 본격적인 연구를 수행하기 전 쪽방촌과 그 거주자들에게 익숙해지는 작업이 선행되어야 하는데, 그 과정에서 탐색적 연구가 수행됩니다.

탐색은 기술이나 설명을 목적으로 하는 연구의 일부가 되기도 합니다. 예를 들어 현재 많은 지방자치단체들이 출산장려금을 지급하고 있는데, 그 조건이나 액수가 제각각입니다. 그렇다면 여러분은 과연 어떤 지방자치단체가 더 적극적인 출산장려금 정책을 추진하는지 알아보고자 할 수 있습니다. 이때 여러분이 먼저 할 것은 그럴듯한 모형을 구축하는 것이 아니라 우선 이 정책이 얼마나 도입되어 있는지, 출산장려금의 규모는 어느 정도인지, 지방자치단체별로 얼마나 다른지 등 기초적인 지식을 모아야 합니다. 그래야만 최종 결과를 보다 정확하게 해석할 수 있습니다. 이때 탐색은 연구의 주목적은 아니지만 반드시 선행되어야 할 활동이 됩니다.[2] 그리고 이런 경우 탐색의 결과물은 아래에서 서술하는 기술적 연구의 결과물과 유사합니다. 다만 그것은 결과물을 보여주는 차원에서 유사한 것이고, 탐색적 연구는 기술적 연구처럼 반드시 체계적인 설계에 따라 수행되는 것은 아니라는 점에서 구별됩니다.

탐색적 연구는 향후 좋은 연구를 위해 매우 가치있는 연구입니다. 탐색만을 목적으로 하는 연구의 결과물로 나온 책이나 논문을 발견하기는 쉽지 않지만, 탐색 활동 자체는 어떤 연구에든 녹아있는 기초적인 활동입니다. 새로운 연구 대상을 한걸음 한걸음 알아나갈 때의 짜릿함, 그것을 선사하는 것이 바로 탐색적 연구입니다.

---

2 만일 어떤 연구자가 이 작업만을 이미 해놓았다면(아마도 어떤 국책연구원의 기초연구보고서에서 찾을 수도 있겠지요), 여러분은 이러한 탐색적 연구 결과에 기초하여 여러분의 목적을 추구하면 되겠지요. 이런 도움을 받을 가능성이 늘 있기 때문에 선행연구 조사가 필요한 것이고, 이런 식으로 학문공동체는 서로에게 기여하는 것입니다.

3.3. 기술적 연구

기술적 연구는 말 그대로 어떤 현상을 충실히 기술·묘사(describe)하는 것이 주목적인 연구입니다. 2.1절에서 인용된 말에 대한 묘사를 그린 디킨스 소설의 한 장면으로 돌아가보면 바로 알 수 있습니다. 좋은 기술적 연구를 위해서는 탐색적 연구와는 달리 대상에 대한 기본적인 지식이 갖추어져 있고, 따라서 대상을 총체적으로 기술할 수 있는 역량이 연구자에게 있어야 합니다. 기술적 연구는 그 대상이 어떠한지를 기술하는 데 초점이 있을 뿐, 그 대상이 왜 그러한지를 설명하려는 연구는 아니라는 점에서 설명적 연구와 구별됩니다. 다만 설명적 연구는 설명의 전단계로서 충실한 기술을 수반하는 경우가 많습니다. 따라서 기술적 연구 역시 기술만을 목적으로 하는 연구도 있고, 탐색 및 설명 활동과 결합된 연구도 있습니다.

기술적 연구는 특히 인간과 사회를 연구하는 분야에서 중요한 의미를 지니고 있으나 현재 한국의 학문 풍토에서 다소 과소평가되고 있기도 합니다. 현재 어떤 유형의 산업재해가, 어떤 계절에, 어떤 규모의 사업장에서, 얼마나 발생하고 있는지, 그것들의 심각성에는 얼마나 차이가 있는지 등을 충분히 파악하지 못한 채 산업재해가 발생하는 원인을 제대로 설명하기는 어려울 것입니다. 우리는 과연 이 사회에서 실제로 아동학대가 얼마나 일어나는지, 누구에 의해, 어떤 상황, 어떤 조건에서 일어나는지, 어떤 유형들이 있는지(혹은 어떻게 유형화를 해야 하는지), 어떤 조치들이 벌어지고 있는지 등에 대해 아직 충실한 자료와 기술적 지식이 부족합니다. 이러한 기초 지식은 올바른 행동을 위해 반드시 필요한 기반입니다. 기술을 목적으로 하는 연구는 이렇게 우리에게 필요한 기초 지식과 그것을 알려주는 자료의 필요성을 우리에게 제시해줄 수 있습니다.

　만일 여러분들이 논문을 작성하려 한다면 기술적 연구의 결과를 제시하는 부분이 매우 중요하고 의미있다는 점을 기억하기 바랍니다. 특히 학위논문은 소논문에 비해 분량의 제한이 적다는 장점을 십분 활용하여 현상에 대한 다양한 기술을 독자들에게 제시한다면 보다 흥미있고 효과적인 연구가 될 것입니다. 만일 여러분들이 활동가이거나 정책담당자이고, 여러분들이 다루어야 하는 사회문제가 상대적으로 새롭거나 복잡하다면, 기술적 지식의 습득이나 생산은 매우 중요한 활동일 것입니다. 요는 이것입니다. 처방을 내리려 하기 전에 그 문제를 둘러싼 세상을 보다 정확히 이해해야 한다는 것입니다.

책갈피

기술적 연구의 의의

　좀 뒤늦게 토마 피케티의 "21세기 자본"을 읽게 되었다.* 아주 많은 내용이 담겼지만 얼른 눈에 들어온 흥미로운 부분은 사회과학의 방법에 대한 저자의 따끔한 비판이다.

　"나는 세계 경제 문제들에 관해 아는 것이 전혀 없다는 사실을 너무나 잘 알고 있었다(나도 한국의 행정 문제들에 대해 그러하다). 내 논문은 몇 가지 비교적 추상적인 수학적 정리들로 구성된 것이었다(내 논문 일부 역시 컴퓨터 시뮬레이션에 기반했다). 그러나 학계는 이 연구를 좋아했다(내 경우도 그런 것 같다). 그곳[미국]에서는 쿠즈네츠 이후 불평등의 동학에 관한 역사적 데이터를 모으는 의미 있는 노력이 전혀 없었으며, 그런데도 학계는 어떤 사실들이 설명되어야 하는지 알지도 못한 채 순전히 이론적인 결과들을 계속 쏟아내고 있다는 것을 나는 금세 깨달았다. … 수학에 집착하는 것은 우리가 살고 있는 세계가 던지는 훨씬 더 복잡한 문제들에 대한 해답을 내놓을 필요가 없이 과학성의 겉치레를 손쉽게 입힐 수 있는 방법이다. … 사회과학은 전체적으로 볼 때 학문 분야에 관한 어리석은 언쟁으로 시간을 낭비하기에는 아는 것이 너무 없다."

조사방법론을 강의할 때면, 행정·정책 연구가 설명적 연구에 치중하는 경향이 있는데, 기본적인 기술적 연구가 기반이 되지 않아서는 사실에 대해 정확히 이해하기 어렵다는 점을 강조하곤 했다. 나는 진심으로 건조한 모델 분석 결과의 너머에 있는 그 진실을 잘 모르겠다. 어떻게 그런 결과가 나왔다고 생각하는지 묻는 질문에 돌아온 한 대답이 아직도 기억에 남아있다. "I don't know. The model shows. Anyway, it's published.(글쎄? 어쨌든 게재되었는걸.)" 그래서 학위논문을 심사하거나 지도할 때도 설명적 분석 전후에 가급적 다양한 원자료의 특성들을 보여달라는 요청을 한다.

중요한 것은, 이런 식의 연구가 적을 뿐, 학계는 얼마든지 이런 작업에 열려있다는 사실이다. 결국 피케티도 걸맞는 명성을 얻었다. 중요한 건 연구의 질이다. 그리고 내가 아는 한 학계는 열려 있다.

*토마 피케티 지음. 장경덕 외 옮김. 2014.『21세기 자본』. 글항아리.

3.4. 설명적 연구

설명적 연구는 어떤 현상을 둘러싼 인과관계를 규명하는 것을 목적으로 하는 연구입니다. 설명과 예측이 동일하지는 않으나, 설명이 가능하다면 어느 정도 예측도 가능하다고 볼 수 있기 때문에 설명적 연구는 예측을 목적으로 하는 연구를 포함합니다. 아동학대의 예를 다시 생각해보면, 설명적 연구는 예를 들어 왜 2010년대 중반부터 아동학대가 급증했는지를 설명하고자 하는 것입니다. 이를 위해서는 우선 2010년대 전체에 걸친 아동학대 자료가 확보되어 기술적으로 분석이 되어 있어야 하겠죠. 이를 통해 우리는 2010년대 중반부터 통계상 아동학대가 증가했다는 것을 우선 발견합니다.[3] 그렇다면 다음 단계는

---

3 정확히 말하자면 통계적으로는 전국 지역아동보호전문기관에 신고된 아동학대 신

도대체 왜 이런 현상이 발생했는가를 묻게 되고, 이에 대해 대답하는
활동이 되겠죠. 이것이 설명적 연구입니다.

훌륭한 설명적 연구는 굉장히 강력한 지식을 우리에게 제공해주게
됩니다. 즉 세상을 바꿀 수 있는 힘, "아는 것이 힘"이라는 그 힘을
우리에게 줍니다. 따라서 오늘날 과학적 지식이라고 하면 설명적 연구
를 통해 생산된 인과관계에 대한 지식과 동일시하기도 합니다. 그것이
적절한 관점은 아니지만 그만큼 설명적 연구의 의미를 강조하는 셈입
니다.

3.5. 규범적 연구

사회 연구에는 경험적 연구 외에도 규범적 목적의 연구가 있습니
다. 경험적 연구의 목적은 위에서 보았듯이 탐색, 기술, 설명이 있습
니다. 규범적 연구의 목적은 어떤 현상을 둘러싼 가치의 문제를 규명

고가 증가했습니다(<그림 3-1>). 신고를 통해 알게 되는 사건들이 대부분 그
러하듯이, 신고의 이면에 어떤 진실이 있는지는 쉽게 알기는 어렵습니다.

그림 3-1 2010년대 아동학대 신고 현황

출처: 보건복지부 『전국아동학대현황보고서』 자료를 재구성.

하는 것입니다. 즉 특정한 혹은 보편적인 상황에서 인간은 어떤 가치
를 추구하는 것이 정당한가, 혹은 특정 상황에서 누군가가 취한 행동
을 과연 윤리적으로 어떻게 평가할 수 있는가 등이 주된 연구의 목적
입니다. 예를 들어 내부고발자의 현황에 대한 연구는 경험적 연구에
해당하고, 내부고발이라는 행동은 윤리적으로 정당한가 하는 문제에
대한 연구는 규범적 연구에 해당합니다. 자율주행차를 개발하는 경험
적 연구의 일부에는 사고 발생이 임박한 상황에서 자율주행차가 어떻
게 움직여야 하는가의 문제를 다루는 규범적 연구가 포함될 수 있습
니다.

　이렇게 개념적으로 구분한다 해도, 실제로 규범적 연구와 경험적
연구는 화학적으로 결합되어 있는 경우가 많습니다.[4] 규범적 논의는
경험적 사실에 근거해야 한다고 보는 이들이 있고, 경험적 연구 결과
로부터 규범적 논의를 끌어내는 것이 다반사이기 때문입니다. 반대로
특정한 규범적 관점에서 경험적 연구를 수행하기도 합니다. 특히 여
성, 장애인, 소수민족 등의 권리를 강조하는 규범적 입장에서 지금 사
회가 그 권리를 얼마나 보장하고 있는지에 대해 경험적 연구를 하는
경우가 이에 해당합니다. 우리가 최저임금에 대해 연구한다고 합시다.
어떤 가치판단도 배제된 "최저임금에 대한 오롯이 경험적인 연구"가
가능할까요? "최저"라는 개념요소에 이미 가치가 깔려 있습니다
(value-laden). 따라서 좋은 규범적 연구는 좋은 경험적 연구의 기반이
됩니다.

---

4 이는 2.3.3절에서 다룬 사실과 가치의 구분 문제와 연결됩니다.

3.6. 처방적 연구

덧붙여 학문 분과에 상관없이 처방적 목적의 연구들도 많이 있습니다. 즉 어떤 바람직한 상태가 정의되고, 그러한 상태를 달성하지 못하고 있는 상황이 진단되고, 그러한 상황이 전개되고 있는 원인이 밝혀졌다면, 그 원인을 통제하여 바람직한 상태를 달성할 수 있는 방법을 찾아내는 목적의 연구가 처방적 연구입니다. 우리나라에서 70대 이상 노인들의 자살률은 타 연령대 자살률에 비해 훨씬 높습니다. 이러한 현상과 원인을 발견하는 연구와는 별개로, 우리는 무엇을 하면 이 문제를 해결할 수 있는가에 대한 연구는 처방적 목적을 지니고 있고, 그 방법을 고안하거나 평가하는 등의 지식을 생산합니다. 하나의 정책은 이러한 처방적 연구의 결과물이라고 할 수 있습니다. 정치인들이 마음대로 정한 것이 아니라면 말이죠. 따라서 정책도 기술처럼 과학에 근거한 지식입니다. 그리고 과학이어야 합니다. 그 안에는 경험적 지식과 규범적 지식, 그리고 실제로 인간과 사회에 대한 통제력을 행사할 처방적 지식이 모두 포함되어 있어야 합니다.

처방적 지식이 설명적 연구로부터 자연스럽게 도출되리라 생각할 수도 있으나 현실은 그리 만만치 않습니다. 우리나라에서 지난 십 수 년 간 추진해온 저출산 대책들의 효과가 미미한 것은 이를 잘 보여줍니다. 수많은 중앙부처와 지방자치단체에서 저마다의 정책실험을 했으나 그 가운데 효과가 있었다고 알려진 것이 거의 없습니다. 도대체 어디서부터 잘못된 것일까요? 단순히 처방이 잘못된 것일까요? 아니면 인간에 대한 가정이 잘못된 것일까요? 코로나 팬데믹 상황에서 각 국가들은 저마다의 방역 대책을 집행하고 있습니다. 우리나라처럼 모임을 제한하는 정책을 도입한 국가도 있었고, 자유로운 모임과 완전한 셧다운을 반복하는 국가도 있었고, 집단면역을 실험하는 국가도 있었습니다. 코로나 바이러스의 특성이 밝혀졌다 하더라도, 실제로 사회를 대상으로 어떤 정책적 처방을 내리는 것은 하나의 답이 있는 단선적인 작업이 아닙니다. 처방적 지식에는 설명적 연구에서 얻은 지식과, 아직 모르는 부분을 추론하는 상상력, 그리고 가치판단이 모두 녹아 있습니다.

🖥️ 주요 개념들

규범적 연구   기술적 연구   설명적 연구
연구 목적   정책   처방적 연구
탐색적 연구

📋 열 줄 요약

1) 인간과 사회에 대한 경험적 연구 목적에는 다섯 가지가 있다: 탐색, 기술·묘사, 설명, 규범, 처방.

2) 탐색적 연구는 특정한 연구 결과를 강하게 주장하려 하기보다 본격적 연구를 위한 사전 지식을 습득하고자 하는 데에 목적이 있다.

3) 기술적 연구는 어떤 현상을 충실히 기술·묘사하는 데에 목적이 있다.

4) 좋은 기술적 연구를 위해서는 대상에 대한 기본적인 지식이 갖추어져 있고, 대상을 총체적으로 기술할 수 있는 역량이 연구자에게 있어야 한다.

5) 학위논문에서 기술적 연구 결과의 충실한 제시는 중요하다.

6) 설명적 연구는 어떤 현상을 둘러싼 인과관계를 규명하는 데에 목적이 있다.

7) 좋은 설명적 연구는 세상을 바꿀 수 있는 강력한 지식을 제공한다.

8) 규범적 연구는 어떤 현상을 둘러싼 가치의 문제를 밝히는 데에 목적이 있다.

9) 처방적 연구는 문제의 원인을 통제하여 바람직한 상태를 달성할 수 있는 방법을 고안하는 데에 목적이 있다.

10) 하나의 정책은 과학에 근거한 처방적 연구의 결과물로서, 경험적 지식, 규범적 지식, 그리고 처방적 지식이 모두 포함되어 있어야 한다.

🧑 더 생각해보기

1) 내가 하려는 연구의 목적은 무엇인가?

2) 내 연구의 목적에서 경험적 부분과 규범적, 그리고 처방적 부분은

서로 어떻게 연결되어 있는가? 규범적 부분과 처방적 부분이 존재하는가?

연습해보기

본문 〈그림 3-1〉을 보고 아래 물음에 답해보세요.

그림 3-1 2010년대 아동학대 신고 현황

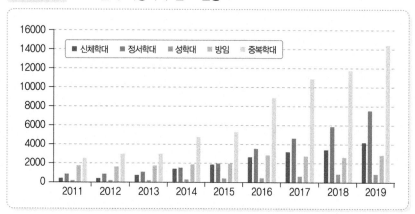

출처: 보건복지부 『전국아동학대현황보고서』 자료를 재구성.

1) 이 통계를 보고 더 알아야 할 점이 무엇이라고 생각되나요?

2) 그것을 알기 위한 연구는 어떤 성격의 연구인가요?

3) 왜 그 지식이 가장 중요하다·급하다·필요하다고 생각하나요?

제4장

연구의 첫걸음: 연구문제

4.1. 연구문제

연구의 출발은 호기심입니다. 동료 인간과 이 세상에 대한 호기심이지요. 그들을 알고 싶은 것입니다. 그들을 사랑하기 때문에도 알고 싶고, 그들을 통제하고 싶기에도 알고 싶어합니다. 지식은 중립적일지 모르지만, 지식을 얻고자 하는 의도는 다른 것이죠. 어쨌든 지식의 추구 자체는 호기심에서 출발합니다. 우리가 순수한 과학자라고 머리 속에 그리는 모습은 보통 고색창연한 대학 캠퍼스 연구실에서 두꺼운 안경을 쓰고 책 속에 파묻히거나, 알 수 없는 물질들이 부글부글 끓고 있는 실험실 같은 곳에서 가운을 입고 실험을 하는 연구자를 떠올리죠. 이러한 이미지가 상징하는 것은 바로 다른 모든 삶을 포기하고서라도 인간과 세상에 대해 알고 싶다는 순수한 호기심, 그것일 것입니다.[1]

호기심이 발현된 결과는 연구문제로 나타납니다. 한 예는 "왜"라는 질문입니다. 어린 아이들은 어느 순간 부모에게 사사건건 "왜?"라고 묻기 시작합니다. 그 질문에 답해주면 다시 "왜?"라고 묻습니다. 그

---

[1] 이런 이미지가 유발하는 오해 중 하나는 과학적 연구라는 것이 세상과 격리된 채 실험실에서 이루어지는 것이라는 인식입니다.

질문이 끝없이 이어지기도 하죠. 연구자도 마찬가지입니다. 일단 우리
는 "왜?"라고 묻게 됩니다. 정치학자라면 왜 정권교체가 일어났는가를
물을 것이고, 경제학자라면 코로나-19 이후의 세계경제는 어떻게 될
것인가를 물을 것이고, 사회학자라면 소셜네크워크서비스가 사회적 소
통의 지형을 어떻게 바꾸는지 궁금할 것입니다. 그리고 이제 막 연구
를 시작하는 분들이라면, 여러분이 던지는 질문에 대한 기존의 대답이
충분하지 않아 다시 "왜?"라는 질문을 던지게 될 것입니다. 여러분이
독자라면 여러분이 품고 있는 질문과 유사한 질문을 던진 연구자의
저작을 찾아볼 것입니다.

연구문제란 여러분을 독립적인 연구자로 만드는 것입니다. 연구자
란 인간과 세상에 대한 자신만의 의문과 씨름하는 사람이라고 한다면,
연구방법을 알고 모르는 문제가 아니라 자신만의 연구문제가 있고 없
음이 여러분이 연구자인지 아닌지를 결정할 것입니다. 연구문제를 품
고 연구하고 있다면 여러분은 연구자인 것이고, 연구문제 없이 어떤
연구활동을 하고 있다면 여러분은 연구보조원일 것입니다. 연구문제는
연구를 주체적으로 이끄는 힘입니다.

4.2. 좋은 연구문제란?

제가 한참 학위과정에 있는 동안 저에게 익숙하지 않은 전공 영역
의 새로운 주제를 탐색하면서 어떤 박사후과정에 있는 분을 만난 적
이 있습니다. 이야기를 나누다가 혹시 새로 연구할만한 재미있는 연구
주제가 없는지를 무심결에 물었습니다. 그랬더니 그 분이 정색을 하면
서 "당신은 지금 나한테 백만불짜리 질문(million dollar baby)을 알려달
라고 하는군요"라고 대답하는 것이었습니다. 이 경험 이후로 저는 동

료에게 좋은 연구주제·문제 없냐는 질문을 절대 하지 않습니다. 좋은 연구문제는 연구자에게 "백만불짜리"입니다. 바둑의 고수가 혼신의 장고 끝에 한 수를 떠올리듯이, 누구라도 감탄할만한 연구문제는 그만큼 귀한 것입니다. 그리고 그러한 연구문제를 발견해내는 것이 좋은 연구자가 되는 출발점입니다.

연구자들이 비공식적인 대화에서 자주 하는 말이 있습니다. 가장 좋은 연구는 바로 재미있는 연구라는 것입니다. 아무리 잘 짜여진 소설이라고 해도 재미가 없으면 읽지 않겠죠. 연구도 마찬가지입니다. 연구라는 것도 다른 사람이 읽을 때 비로소 의미가 생기죠. 다른 사람이 내 연구를 읽는 이유는 유용한 지식을 얻기 위해서이겠지만, 기본적으로는 재미가 있어야 머리에 더 잘 들어오겠죠. 그리고 재미있는 연구는 기본적으로 재미있는 연구문제에서 출발합니다. 즉 좋은 연구문제는 재미있는 연구문제입니다. 저 자신도 논문을 심사할 때 방법이 좀 어설프더라도 연구문제가 재미있다는 이유만으로 긍정적 평가를 하기도 합니다.

그렇다면 좀더 일반적으로 어떤 요건을 갖춘 연구문제가 좋은 혹은 재미있는 연구문제일까요? 사람마다 재미를 느끼는 영화의 장르가 다르듯이 연구도 사람마다 재미를 느끼는 부분이 다를 것이기 때문에 일률적으로 말하기는 어렵습니다.[2] 다만 과학공동체는 좋은 연구(연구주제 포함)의 기준을 대략 세워놓고 있습니다.

---

2 제 개인적인 경험에서도 보면 제 논문에 대해 어떤 이들은 "너무 재미있게 읽었다"고 하는 반면, 어떤 이들은 재미없다는 말을 여러 방식으로 완곡하게 표현해주기도 했습니다.

4.2.1. 독창성

우선 좋은 연구문제는 독창적이어야 합니다. 다른 사람들이 생각해
보지 못한 관점, 우리가 인간과 세상을 보는 관점을 바꿀만한 새로운
관점, 그러면서도 우리가 늘 알고 싶어했던 부분에 대한 답을 제시하
는 관점, 이러한 관점을 드러내는 연구문제가 독창적 연구문제입니다.
말이 쉽지, 독창적 연구문제를 세운다는 것은 쉬운 일이 아닙니다. 이
런 연구문제를 제시하고 설득력있는 답을 제시하는 연구를 수행한다
면 여러분들은 틀림없이 학계에서 인정받는 연구자가 될 것입니다.

최근 유행하는 행동경제학 영역의 기초를 닦았던 아모스 트버스키
와 대니얼 카너먼은 '전망이론'이라는 이론을 제기했습니다.[3] 인간이
불확실한 이익과 불확실한 손실에 대해 느끼는 효용이 같은 액수라도
다르다는 것이 요지인데, 이 이론은 두 학자가 "사람들은 기대되는 이
익과 손실을 동일하게 평가하지 않는 것 같다"라는 의문으로부터 나
온 것이었습니다. 20세기 초 로널드 코즈라는 경제학자는 "세상에 시
장이 존재하는데 왜 굳이 조직이 존재할까?"라는 질문을 던졌습니다.[4]
생각해보면, 여러분들은 특정한 대학에 소속할 것 없이 그저 유튜브나
무크 같은 강의 시장에서 원하는 강사의 강의를 그때그때 사는 것이
최선 아니겠습니까? 사업가 입장에서는 그때그때 필요한 근로자를 노
동시장에서 매일 계약을 통해 고용하면 되는데, 굳이 기업을 만들어서

---

3 Kahneman, Daniel and Amos Tversky. 1979. Prospect Theory: An Analysis
of Decision under Risk. *Econometrica* 47(2): 263－292. 이 논문도 참고하세요:
Tversky, Amos and Daniel Kahneman. 1992. Advances in Prospect Theory:
Cumulative Representation of Uncertainty. *Journal of Risk and Uncertainty*
5: 297－323.

4 Coase, Ronald Harry. 1993[1937]. *The Nature of the Firm: Origins,
Evolution, and Development*. Oxford University Press.

봉급을 올려가면서 근로자를 장기 고용할 이유가 무엇인가 하는 것이
지요. 여러분들이 보기에 어떨지 모르지만 이러한 질문들은 대단히 독
창적인 질문들이었고 이 학자들은 모두 노벨경제학상을 수상하였습니
다.[5]

4.2.2. 명확성

둘째로 좋은 연구문제는 정확히 무엇을 연구하려는 것인지 잘 드
러난 연구문제입니다. 우선 범위입니다. 학위논문 심사를 하다보면 의
욕이 앞서 지나치게 거창한 연구문제를 들고 오는 분들이 있습니다.
거창한 연구문제는 연구 대상 시기가 너무 길거나, 연구 대상이 너무
광범위한 경우입니다. 다음으로 내용입니다. "저는 사법행정의 발전을
위한 방안을 연구하고 싶습니다"라는 문제의식은 동기는 훌륭하나 그
내용은 좀더 구체화할 필요가 있습니다. "사법행정의 고객만족도가 낮
은 원인에 대해 연구하고 싶다"와 같은 경우 보다 구체적이라는 점에
서 낫습니다. 거창한 연구문제와 씨름하는 이유는 보통 그와 관련된
사회문제가 거대하기 때문일 것입니다. 한 번에 해결해보고 싶어지는
것이지요. 그러나 진정 그 문제를 해결하고자 한다면 벽돌을 쌓듯이
작지만 확실한 연구를 위한 연구문제를 고심해야 합니다.

4.2.3. 이론적 실천적 기여

셋째로 좋은 연구문제는 이론적 혹은 실천적 기여가 분명한 연구
문제입니다. 우선 너무 작은 연구문제는 막연하고 거창하기만 한 연구
문제보다 나을지도 모르지만 그 기여도가 낮아 큰 의미가 없는 경우

---

5 안타깝게도 아모스 트버스키는 일찍 세상을 떴습니다.

가 있습니다. 반대로 너무 거창한 연구문제는 모든 것을 설명하려다
아무 것도 설명하지 못하는 우를 범할 수 있습니다. 패러다임이라는
관념에서 보자면 좋은 연구문제는 학문공동체가 전통적으로 품고 있
는 질문에 부분적으로 답할 수 있는 연구문제입니다. 이렇게 보면 독
창성은 기존 연구와의 대화가 단절된 독창성이 아니라 기존 연구와의
관계 속에서 기존 연구와 접근법이 다르면서도 기존 연구의 문제의식
을 공유하는 것을 의미합니다. 좋은 연구문제는 또한 실천가들이 참고
하여 현실에 적용할 수 있는 지식을 제공하는 연구문제입니다. 좋은
연구는 자신을 만족시키는 연구이기도 하지만 학문공동체와 이 사회
에 필요한 연구이기도 합니다.

4.2.4. 연구의 수행 가능성

　마지막으로 좋은 연구문제는 연구의 수행 가능성이 높은 연구문제
입니다. 연구자는 한 인간으로서 시간과 자원, 그리고 연구윤리의 한
계 내에서 연구를 하는 존재이지, 질문만 떠올리면 그 답을 찾는 데
문제가 없는 인지적 독재자의 위치에서 연구하는 존재는 아닙니다. 연
구의 수행 가능성은 여러분들이 연구자로서 보유하는 시간, 자원, 역
량, 그리고 연구문제의 정확한 정의에 따라 달라집니다. 당장은 수행
이 어려워도 장기적으로 가능한 연구문제가 있고, 시간의 문제는 없더
라도 연구비가 필요할 때 자신의 연구를 지원해줄 지원자가 없어 연
구를 수행하지 못하는 경우도 있습니다.[6] 모든 것이 갖추어져 있더라
도 예를 들어 정부가 관련 자료를 법적으로 공개하지 않는다면 이 역

---

6 영화 "쥬라기공원"에 보면 연구밖에 모르는 주인공 고생물학자가 쥬라기공원의 평
　가자로 참여해 달라는 낯선 요구를 탐탁지 않게 여기다가 자신의 향후 3년 연구
　비를 지원해주겠다는 말에 수락하는 장면이 나옵니다. 연구비는 현실입니다.

시 연구를 수행할 수 없는 상황이 됩니다. 여러분들도 각자의 상황에서 결국은 수행 가능한 연구를 하게 됩니다. 박사과정생이라면 연구만을 하는 것이 아니라 많은 경우 과정 중에 결혼과 출산 등을 경험하게 됩니다. 지도교수의 연구비는 늘기도 하고 끊기기도 할 것입니다. 트위터의 트윗들을 대상으로 연구를 수행하다가 트위터가 갑자기 트윗 자료의 공개정책을 바꾸기도 합니다. 한정된 시간 안에 박사학위논문을 쓰면서도 여러 소논문을 위한 연구를 동시에 진행해야만 학위 취득 이후 연구를 이어갈 수 있는 직장을 얻을 수 있습니다. 연구의 수행 가능성은 현재진행형입니다.

참고로 아래 <표 4-1>은 한국연구재단에서 연구비 지원을 받기 위해 제출된 연구계획을 평가하는 기준입니다. 표에 따르자면 연구주제의 창의(독창)성이 100점 만점 중 40점을 차지합니다. 좋은 연구문제가 연구의 절반이라는 의미지요.

표 4-1 좋은 연구의 평가기준: 한국연구재단

평가항목	배점
연구의 창의성(원천성) 및 도전성 ※ 융합분야의 경우 융합성도 포함	40점
연구내용 및 방법의 적합성	20점
연구비 및 연구기간의 적정성	10점
연구자(연구팀)의 우수성	20점
연구성과의 활용 및 기대효과	10점
합계	100점

출처: 한국연구재단 2021년도 개인기초연구사업 하반기 사업별 신청요강 7쪽.

책갈피

연구라는 것의 의미

강의 중에 한 학생이 물었다. 주의주의적 접근에 기반한 연구의 실천적 의미가 무엇인지를. 좋은 질문이다. 그뿐이겠는가. 많은 사람들이 묻는다. 이 연구에 무슨 현실적 의미가 있는지를.

사실 나는 아무 현실적 의미를 기대하지 않은 채, 시를 읽고, 소설을 읽고, 철학을 읽고, 역사를 읽고, 심지어 논문을 읽는다. 나는 내가 읽는 글에 실천적 의미가 명시적으로 있기를 기대하지는 않는다. 함부로 실천적 의미를 길게 강의하는 부분에 그리 눈이 가지는 않는다. 그건 독자인 내가 알아서 판단할 일이다.

연구라는 활동은 본질적으로 인간과 세상에 대한 호기심이라고 생각한다. 그저 내가 살아가는, 나를 둘러싼 이 세계를 이해하고 싶은 동기인 것이다. 이런 활동의 결과물에 실천적 의미를 요구하는 것은, 이 사회의 자원이 투입되는 활동인 이상 중요한 질문인 것은 분명하다. 그러나 사회의 자원이 반드시 실천적 의미를 찾기 위해 쓰이는 것만도 아니다. 관광수입에 하등 도움이 안되는 문화재를 보존하는 것은 어떤 실천적 의미가 있어서가 아니라 인간적 의미가 있어서일 것이다. 그것은 우리의 문제를 해결해주지는 않지만 우리가 누구인지는 알려준다.

나는 연구란, 심지어 행정·정책학 같은 소위 실용학문도 우리 자신이 누구인지를 이해하기 위한 인간 활동이라고 생각한다. 이해하지 못한 채 실천적 의미를 찾으면서 무언가를 통제하려는 지식에 대한 욕구는 결국 약자들에 대한 칼날이 되는 지식을 생산하고 만다. 대학은 정신적 무기고가 아니라 서고이다.

내가 속한 학과는 논문, 책, 연구의 실천적 의미에 대한 질문으로부터 자유로울 수 없는 학문을 한다. 따라서 그 질문의 가치를 부정하지 않는다. 다만, 한 명의 연구자로서 내가 생산하는 지식은 우리 자신에 대한 이해를 먼저 지향하고 싶다. 내가 생산하는 지식이 무기가 된다면, 차라리 무딘 지식을 생산하여 무기가 되지 못하게 하겠다.

그리고 연구의 실천적 의미를 찾는 작업은 연구자 뿐 아니라 독자의 몫이기도 하다. 우리가 인생에서 수많은 충고를 듣지만, 결국 그 중 어떤 충고를 따를 것인지, 아니면 그냥 내 길을 갈 것인지는 자신이 숙고하여 결정하듯이, 연구도 자신의 실천적 의제에 대한 인식이 분명할 때, 비로소 어떤 연구가 어떻게 자신에게 도움이 될지도 분명히 알 수 있을 것이다.

나는 윤동주의 서시를 사랑한다. 이 아름다운 시는 누구에게나 있을 법한 마음을 자신을 비추어 노래하는 가운데, 그 어떤 윤리이론보다도 서늘한 윤리적 함의를 남긴다.

나는 탐색과 심화라는 개념을 좋아한다. 그냥 조직이 학습을 할 때 탐색을 하기도, 심화를 하기도, 균형을 추구하기도 한다는 개념인데, 일상의 선택과 심지어 이 세계의 변화까지도 다 담아내는 개념처럼 보인다. 이 개념을 처음 제시한 논문*에 직접적인 처방은 없지만, 이를 어떻게 응용할지에 대한 독자의 고민만으로 무한정한 실천적 의미를 찾을 수 있다.

반면 많은 사람들이 좋아하는 논문들 가운데는 아무리 보아도 별로 느낌이 없는 논문들이 있다. 그러나 그것을 그 논문들 탓으로 돌리지는 않는다. 그것은 내 관심의 문제일 뿐일 테니까.

연구의 실천적 의미는 방법이나 특정한 장에 종속되는 것이 아니다. 그것이 우리 자신을 이해하는 데에 얼마나 기여했느냐에 달려있는 것이다. 그리고 결국은 얼마나 '밝히고자 하는 바에 충실한' 연구에 기반한 논문이냐에 달려있는 것이다.

연구를 하고 실천적 의미를 도출할 수는 있겠지만, 반드시 실천적 의미를 앞세우기 위해 연구할 필요는 없다. 그래도 되고, 때로는 그래야 하고, 그러고 싶으면 하면 되지만, 반드시 그럴 필요는 없다. 각자의 호기심에 충실한 연구를 하자. 그 호기심이 당신만의 호기심은 아닐 것이고, 당신의 연구의 실천적 의미는 바로 그 호기심의 질에서 자연히 배어나올 것이다. 당신이 훌륭한 호기심을 가질수록, 당신의 순수한 연구는 더 풍부한 실천적 의미를 담고 있을 것이다.

이런 신념은 오늘날의 사회에서 멸종해나갈지도 모르겠다. 우리 사회가 대학이라는 제도에 쏟는 자원의 기회비용을 생각하면 읽는 이에 따라서는 화가 날 수도 있다. 그조차 이해할 수 있다. 나는 이런 신념이 주류가 되기를 원하지도 않고, 그렇게 될 시대도 아님을 잘 알고 있으며, 정말 세상과 동떨어진 '상아탑'이 될 것 같으면 그때는 입장을 바꿀지도 모른다. 그

저 이런 신념이 아예 사라지지만은 않기를 원할 따름이다. 이런 연구가 학문이라는 바다에서 이제 멸종할 마지막 고대종이 되어도 상관없다. 멸종이라는 표현이 시장의 흐름과 윤리적 판단을 모두 담고 있기에, 마음은 아프지만 저항할 일은 아니다. 그저, 다양한 바다가 더 건강한 바다라는 것을 기억하고 조용히 글을 써나갈 따름이다.

* March, James G. 1991. Exploration and Exploitation in Organizational Learning. *Organization Science* 2(1): 71−87.

4.3. 연구문제 표현하기

연구문제는 연구 목적에 따라 조금씩 달라집니다. 너무 당연한 이야기를 굳이 여기 쓰는 데는 이유가 있습니다. 연구문제는 연구자가 자신의 연구를 통해 대답하고자 하는 질문입니다. 따라서 연구문제는 연구의 목적에 맞게 설정되어야 합니다. 예를 들어 연구의 목적이 한국의 2010년대 아동학대의 변화 양상에 대한 기술이라면 연구문제는 "2010년대 한국의 아동학대는 어떻게 변해왔는가?"와 같이 설정할 수 있습니다. 그런데 만일 연구문제를 "2010년대 한국의 아동학대가 증가한 이유는 무엇인가?"로 설정한다면 무슨 일이 발생할까요? 독자 입장에서는 여러분이 1) 일단 2010년대 우리나라에서 아동학대가 증가했다고 보고 있고, 2) 그 증거를 제시할 것이며, 3) 최종적으로 아동학대가 증가한 원인을 찾아낼 것이라고 기대할 것입니다. 그러나 정작 여러분이 규명하려는 것이 단지 아동학대의 변화 양상이라면 연구문제 자체가 여러분의 연구를 제대로 나타내고 있지 않은 것이지요.

다시 한 번 강조합니다. 여러분은 연구문제의 설정을 절대 과소평가해서는 안됩니다. 여러분이 논문을 쓰고자 한다는 이야기를 듣고 친구가 "연구문제가 뭔데?"라고 물었을 때 여러분이 우물쭈물한다면 그것은 여러분이 정확히 어떤 논문을 쓰고자 하는 것인지 아직 명확한 아이디어를 세우지 못했다는 것을 의미합니다. 여러분이 쓰려는 논문의 목적이 분명하다면 여러분은 분명한 연구문제를 한 문장으로 말할 수 있어야 합니다.

연구문제를 언어로 잘 표현하는 것도 중요합니다. "2010년대 한국의 아동학대는 어떻게 변해왔는가?"라는 연구문제로 다시 돌아가 봅시다. 아래와 같은 예시는 보완이 필요한 연구문제들에 해당합니다.

예시 1) "한국의 아동학대는 어떻게 변해왔는가?"
예시 2) "2010년대 아동학대는 어떻게 변해왔는가?"
예시 3) "2010년대 한국의 아동학대는 어떤 식으로 증가해왔는가?"

예시 1은 특정한 시기에 대한 정보가 부재합니다. 이렇게 되면 한국의 전 역사를 포함하여 분석하겠다는 것인지 궁금해집니다. 예시 2는 특정한 대상에 대한 정보가 부재합니다. 전세계 국가를 대상으로 하겠다는 것인지 궁금해집니다. 예시 3은 아동학대가 증가해왔다는 전제가 담겨 있습니다. 연구자가 이를 이미 알고 있다면 문제가 없고 오히려 더 나은 연구문제일 수 있으나, 증가했는지 감소했는지 증감을 반복했는지를 미리 알지 못한다면 잘못된 표현이 됩니다. 연구 결과 감소했다면 사회적으로는 다행이지만 연구자는 큰 실수를 한 셈이지요.

마지막으로, 최근의 경향 중 하나는 연구문제를 논문의 제목으로 삼는 것입니다. 위의 예를 사용하자면 여러분은 논문의 제목을 "2010년대 한국의 아동학대는 어떻게 변해왔는가?"로 붙이는 것입니다. 호불호가 있을 수 있으나[7] 독자 입장에서는 이 논문이 무엇을 하려는 논문인지를 한눈에 알 수 있다는 장점이 있습니다. 논문의 제목이나 연구문제의 설정은 그래서 마치 시를 쓰는 것과 유사합니다. 잘 설정된 연구문제는 여러분의 논문이 더 많이 읽힐 수 있도록 이끄는 힘이 됩니다.

4.4. 나만의 연구문제 찾기

자 그럼 이제 여러분은 여러분만의 백만불짜리 연구문제를 찾아나설 시간입니다. 그런데, 좀 막막하죠. 마치 놀이동산의 매표소를 막 통과하여 들어오니 어느 놀이기구부터 타야할지 모르는 상황같습니다. 각 놀이기구마다 줄도 길고, 여러분에게 주어진 시간은 한정되어 있습니다. 연구문제를 찾는 방법에는 네 가지가 있습니다.[8]

4.4.1. 기존 지식으로부터

우선 연구문제는 기존의 지식으로부터 찾을 수 있습니다. 디즈니랜드에서 오직 하나의 놀이기구만 타볼 수 있다면 과연 무엇을 타면 좋을까요? 최선의 방법 중 하나는 경험자들에게 묻는 것입니다. 온라인 리뷰를 찾아볼 수도 있겠지요. 연구도 마찬가지입니다. 보통 연구자들은 논문을 쓰고, 결론의 맨 마지막 문단에 "향후 연구 과제"를 몇 가지 예시로 제시합니다. 즉 이 부분에 제시된 연구문제들은 아직 연구가 되어 있지 않다는 뜻입니다. 그리고 그 연구문제들은 앞으로 연구

---

7 예를 들어 어떤 이들은 이런 식의 제목을 지나치게 도전적이라고 보기도 합니다. 무난하게는 "한국의 아동학대 변화 양상에 대한 연구: 2010년대의 경험"과 같은 제목이 전형적입니다.

8 이하 첫 세 가지 방법은 김병섭 지음. 2010. 『편견과 오류 줄이기: 조사연구의 논리와 기법』. 제2판. 법문사. 93-100쪽의 아이디어를 참고하였습니다.

될 가치가 있다는 것을 그 저자와 심사자들, 편집자가 공인한 셈입니다. 그렇지 않은 시시한 주제라면 심사자나 편집자가 수정하라고 지적했을 것입니다. 따라서 여러분은 관심있는 주제와 관련된 기존 문헌들을 찾아보고, 기존의 연구들이 제시하는 "아직 탐험되지 않은 땅"으로 걸어가보는 것입니다.

혹은 여러분들이 기존의 지식을 습득하는 과정에서 여러분만의 새로운 연구문제를 떠올릴 수도 있을 것입니다. 여러분이 완전히 새로운 영화를 찍는 것은 어려울지 몰라도, 예를 들어 여러분이 "스타워즈"의 결말을 바꿀 수 있다면 어떻게 바꾸시겠습니까? 연구도 마찬가지입니다. 기존의 연구들을 읽다 보면 여러분은 아마도 "아니, 이래저래 한번 살짝 바꾸어보면 어떨까?"라는 생각이 떠오를 때가 있을 것입니다. 그것을 주제로 삼고 연구문제를 설정하면 됩니다.

4.4.2. 사회적 요청으로부터

둘째, 연구문제는 사회적 요청으로부터 설정할 수도 있습니다. 여러분이 만일 여러분의 연구가 단순히 상아탑에 머무는 것이 아니라 사회적 의미가 있어야 한다고 믿는다면 여러분은 당장 사회적 요청에 부응할 수 있는 연구문제를 설정하고 싶을 것입니다. 무엇이 사회적 요청인지 아는 일은 그리 어렵지 않습니다. 여러분이 속한 학회의 세미나들은 학문적 요청 뿐 아니라 사회적 요청에 맞추어 기획되는 경우들이 많습니다. 또한 여러분은 신문을 읽으면서 자신의 전공과 관련된 사회적 사건들을 계속 마주치게 됩니다. 혹은 여러분이 연구비를 받기 위해 정부의 연구용역 공고를 보면 어떤 사회적 요청이 있는지 알 수 있습니다. 아래 <그림 4-1>은 지난 2021년 5월에 개최된 한국행정학회 행정사상과방법론연구회 기획세미나의 주제입니다. 한국 사회의 위기, 문화적 변화, 그에 대한 국가적 대응과 같은 문제의식이 담겨 있는 것을 알 수 있습니다. 여러분은 이러한 학술대회의 주제들을 통해 현재 학문적 연구의 흐름을 짚어볼 수 있습니다.

그림 4-1 학술대회 주제를 통한 연구문제의 탐색 예

출처: 2021년 5월 21일 한국행정학회 행정사상과방법론연구회 기획세미나 포스터.

4.4.3. 개인적 경험으로부터

셋째, 연구문제는 개인적 경험으로부터 설정할 수도 있습니다. 마치 좋은 사업가는 일상의 경험 가운데서 많은 사람들이 필요로 하는 재화나 서비스에 대한 아이디어를 떠올리듯이, 연구자도 개인적 경험 가운데서 많은 사람들에게 도움이 될만한 연구문제를 설정할 수 있습니다. 이는 특히 전임 연구자가 아닌 실무에 종사하면서 학위과정이나 개인적 동기에 따라 연구를 하는 분들의 경우 자주 볼 수 있습니다. 평소에 업무를 하면서 흥미로웠던 경험, 답답했던 부분, 개선책을 찾고 싶었던 부분에서 자연스럽게 연구문제를 도출하는 것이지요.

4.4.4. 소속된 연구실로부터

마지막으로, 만일 여러분이 전임 연구자라면 현실적으로 연구문제는 여러분이 속한 연구실에서 공동으로 만들어질 수도 있습니다. 앞서 이야기한 패러다임이라는 것이 그렇습니다. 어떤 전공 영역에 패러다임이 성립했다는 것은 소소한 연구문제들이 안정적으로 생산된다는 것을 의미합니다. 연구실 단위에서도 그러합니다. 여러분이 막 시작하는 연구자라면 굳이 여러분만의 독창적인 연구문제를 만들어내느라 끙끙거릴 필요 없이, 이미 해당 패러다임 내에서 연구되기를 기다리고 있는, 연구실에서 파고 있는 연구문제들을 선택할 수 있습니다. 다만 그렇더라도 여러분 스스로 '독창적' 질문을 던져야 할 때가 곧 올 것입니다.

주요 개념들

독창성	명확성	수행 가능성
연구문제	연구자	한국연구재단
호기심		

열 줄 요약

1) 연구의 출발은 호기심이며, 그 결과는 연구문제로 나타난다.

2) 연구자란 인간과 세상에 대한 자신만의 의문과 씨름하는 사람이며, 자신만의 연구문제가 있을 때 연구자가 된다.

3) 연구문제는 연구자가 자신의 연구를 통해 대답하고자 하는 질문이다.

4) 좋은 연구문제는 생각보다 쉽게 떠오르지 않으며, 값을 매길 수 없다.

5) 좋은 연구문제는 독창적이며, 이는 다른 사람들이 생각해보지 못한 관점, 우리가 인간과 세상을 보는 관점을 바꿀만한 새로운 관점, 그러면서도 우리가 늘 알고 싶어했던 부분에 대한 답을 제시하는 관점을 드러내는 연구문제이다.

6) 좋은 연구문제는 정확히 무엇을 연구하려는 것인지 잘 드러낸 연구문제이다.

7) 좋은 연구문제는 학문공동체가 전통적으로 품고 있는 질문에 부분적으로 답할 수 있거나 실천가들이 참고하여 현실에 적용할 수 있는 지식을 제공하는 이론적·실천적 기여가 분명한 연구문제이다.

8) 좋은 연구문제는 연구의 수행 가능성이 높은 연구문제이다.

9) 연구의 목적에 부합하는 연구문제를 언어적으로 잘 표현해야 한다.

10) 연구문제는 기존의 지식, 사회적 요청, 개인적 경험, 그리고 소속된 연구실로부터 끌어낼 수 있다.

더 생각해보기

1) 나는 인간과 세상에 대한 문제의식을 분명한 하나의 의문문으로

표현할 수 있는가? 사람들이 그것을 읽고 무엇을 떠올릴 것인가?

2) 나의 연구 관심을 이끄는 것은 나의 개인적 경험인가, 사회적 요청인가?

3) 나는 실제로 연구가 가능한 연구문제를 고민하고 있는가?

4) 나는 나만의 연구문제를 가슴에 품고 있는 연구자인가?

 **연습해보기**

아래 〈그림 4-2〉의 통계를 보고 최소한 두 가지 연구문제를 추출해 보세요.

그림 4-2 청년고용동향

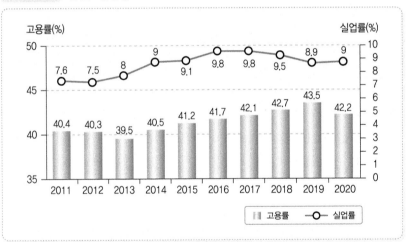

출처: 통계청 「경제활동인구조사」.

제5장

가   설

5.1. 가설이란

여러분의 연구에서 핵심 요소이면서 연구문제와 함께 이해하면 좋은 것이 바로 가설(hypothesis)입니다. 연구문제가 의문문의 형태로 표현된 연구의 주제라면 가설은 평서문의 형태로 표현된 연구의 주제라 할 수 있습니다. 또한 가설은 연구문제에 대한 잠정적 답입니다. 예를 들어 최근 유행하는 주제인 "밀레니얼 세대는 이전 세대보다 권위적 리더십하에서 근무의욕이 낮아지는가?"라는 연구문제를 설정했다고 합시다. 이 문제에 답하기 위해서 연구자는 보통 자신만의 잠정적 대답인 가설을 세웁니다. 이런 형태입니다. "밀레니얼 세대는 이전 세대보다 권위적 리더십하에서 근무의욕이 낮을 것이다." 연구문제와 동일한데 물음표로 마치느냐 마침표로 마치느냐의 차이만 있지요? 말하자면 연구문제와 가설은 단짝입니다(<그림 5-1>). 다만 위의 예처럼 극단적으로 유사할 필요는 없습니다. 보통 연구문제는 열려 있는 추상적 질문이지만, 가설은 기존의 연구들을 면밀히 검토하고 논리적으로 사고한 끝에 얻은 나름 그럴듯한 구체적 대답들 중 하나라는 점에서 다릅니다. 말하자면 위의 가설은 "권위적 리더십하에서 세대 간 근무의욕에 차이가 있는가?"같이 더 열려 있는 연구문제의 가설로도 가능합니다.

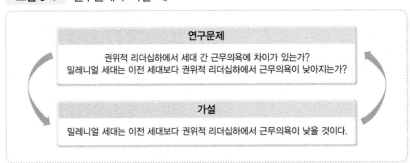

그림 5-1 연구문제와 가설 예

5.2. 경험적 연구와 가설

가설은 경험적으로 탐구할 수 있는 것이어야 합니다. 따라서 순전히 선언적이거나 논리적인 전제(proposition)는 가설과 구분됩니다. 예를 들어 "민주주의에서 주권은 국민에게 있다"라는 문장의 내용은 어떤 경험에 따라 그 진위가 결정된다기보다는 논리적 작업의 결과입니다. 마음에 들지 않을 수 있고, 논리적으로 반박할 수도 있지만, 어쨌든 우리의 특정한 경험을 가리키는 것을 목적으로 한 진술이 아닙니다. 대조적으로 가설이라고 하면 "지방선거 투표율이 높을수록 주민의 조례제정청구건도 많을 것이다"와 같은 진술문입니다. 이는 경험적 자료에 대한 분석을 통해 검정(test)할 수 있는 진술문입니다.

그런데 오늘날 사회 연구에서 가설이라고 하면 보통 패러다임 1에서 사용하는 것으로 이해되고 있습니다. 즉 가설은 상당히 기술적(technical)인 용어입니다. 이론이나 논리로부터 인간과 사회에 대한 어떤 잠정적 답을 도출하고, 그 답이 경험에 부합하는지 아닌지를 주로 통계적 기법을 사용하여 검정할 수 있는 진술문을 일반적으로 가설이라고 합니다. 반면 패러다임 2에서는 보통 이렇게 잠정적 답을 세워놓고 자료를 수집하고 분석하지는 않습니다. 패러다임 2에서는 대상에 대한 이해가 목적이기 때문에 연구문제에 대한 잠정적 답보다는 보다 세부적인 연구문제를 던지는 방식으로 가설과 유사한 접근을 취합니다. 예를 들어 "청소년기 사회운동 활동 경험은 성인이 된 후 정치 이데올로기의 형성에 어떤 영향을 미치는가"라는 연구문제를 패러다임 1에 따라 연구한다면 "청소년기 사회운동단체에 소속된 경험이 있는 사람은 그렇지 않은 사람보다 진보적 정치 이데올로기를 가지고 있을 것이다"라는 가설을 설정하고 아마도 설문조사를 통해 이 가설을 검정할 것입니다. 반면 동일한 연구문제를 패러다임 2에 따라 연구한다면 이런 잠정적 답 대신 "진보 이데올로기를 지닌 사람은 청소년기 사회운동 활동을 어떻게 회고할 것인가? 보수 이데올로기를 지닌 사람들과 그 회고의 방식이 다를 것인가?"와 같은 보다 세부적인 연구문제를 세울 것입니다. 이에 따라 연구결과도 패러다임 1에서는 가설을 채택 혹은 기각하기로 결정하는 반면, 패러다임 2에서는 여러 자료를 활용한 발견들을 연구자가 요약하고 해석하는 형태로 제시됩니다.

5.3. 가설의 구성

패러다임 1에 따른 가설은 상당히 형식화된 구조를 가지고 있습니다. 가설에 대한 이런저런 의견들을 모아 볼 때 좋은 가설은 다음과 같은 구조적 특성을 가지고 있어야 합니다.

1) 가설은 특정 대상의 상태에 대한 진술이다(기술적 연구).

2) 가설은 원인과 결과 간의 관계에 대한 진술이다(설명적 연구).
3) 가설에는 단 하나의 상태 혹은 관계만이 진술되어 있다.
4) 가설은 구체적으로 진술되어 있다.

예를 들어서 봅시다. "1990년대 출생한 한국 남자의 형평성 인식은 1960년대 출생한 한국 남자의 형평성 인식보다 강할 것이다"라는 가설은 특정 대상들의 상태 한 가지를 비교하는 진술문이며, 잠정적 답이 포함되어 있으며, 특별한 원인을 따지지 않고 단지 상태에 대한 짐작만을 하고 있습니다. 이는 특성 1과 특성 3을 충족합니다. 만일 위의 가설을 "1990년대 출생한 한국 남자의 형평성 인식은 1960년대 출생한 한국 남자의 그것보다 강하지만, 2000년대 출생한 한국 남자의 그것보다는 약할 것이다"라고 설정하면 이는 특성 3의 위반입니다.[1] 이를 이해하는 것은 중요합니다. 보통 패러다임 1에 해당하는 연구는 가설의 기각 혹은 채택으로 결론짓습니다. 그런데 만일 연구를 해보니 1990년대 출생한 한국 남자의 형평성 인식이 1960년대 출생자와 2000년대 출생자 모두에 비해 더 강하다면 위의 가설은 반은 채택가능하고 반은 기각가능한 상황입니다. 그러면 이 가설에 대해 어떻게 결론을 내려야 할까요? "반은 채택, 반은 기각"이라고 결론내릴까요? 즉, 위의 가설은 처음부터 두 개의 가설로 설정하는 것이 좋습니다. 가설 1은 1990년대생과 1960년대생을 비교하고, 가설 2는 1990년대생과 2000년대생을 비교하도록 나누어 설정하는 것이지요.

특성 2를 위해서는 5.2절에서 든 예를 다시 봅시다. "청소년기 사회운동단체에 소속된 경험이 있는 사람은 그렇지 않은 사람보다 진보적 정치 이데올로기를 가지고 있을 것이다"라는 가설에는 원인(청소년

---

1 이는 의도적으로 복수의 원인을 포함시킨 복합가설(complex hypothesis)의 문제와는 다른 경우입니다.

기 사회운동단체 소속 경험)과 결과(진보적 정치 이데올로기)가 포함되어 있습니다. 즉 두 가지 현상의 관계에 대한 진술입니다. 그리고 이 두 가지 현상 간 오직 하나의 관계에 대한 진술입니다(특성 3의 충족). 만일 이 가설을 "청소년기 사회운동단체에 소속된 경험이 있는 사람은 그렇지 않은 사람보다 진보적 정치 이데올로기를 가지고 있고, 진보적 언론을 구독할 것이다"라고 설정하면 역시 '반반' 문제가 생겨 곤란합니다. 이 역시 두 개의 가설로 나누는 것이 좋습니다.

마지막으로 특성 4가 요구하는 것은 가설에 포함된 요소들이 가능한 한 구체적이어야 한다는 것입니다. 다시 위의 예를 가져오면 연구문제는 "청소년기 사회운동 활동 경험은 성인이 된 후 정치 이데올로기의 형성에 어떤 영향을 미치는가"라는 식으로 다소 추상적으로 진술되어 있습니다. 이에 따른 가설을 "청소년기 사회운동단체에 소속된 경험이 있는 사람은 그렇지 않은 사람보다 진보적 정치 이데올로기를 가지고 있을 것이다"로 설정하면 첫째, 연구문제에서 청소년기 사회운동 활동 경험이라는 추상적 표현이 청소년기 사회운동단체 소속 여부로 구체화되어 있습니다. 둘째, 정치 이데올로기의 형성이라는 추상적 표현이 진보적 정치 이데올로기로 구체화되어 있습니다. 사실 이조차도 더 구체화될 수 있습니다. 예를 들어 "청소년기 사회운동단체를 통해 정기적으로 봉사활동을 한 경험이 있는 사람은 그렇지 않은 사람보다 소수자정책에 대한 인지도가 높을 것이다"라고 설정할 수도 있습니다. 이때 구체화라는 의미는 가설에 포함된 표현을 측정할 수 있다는 의미로 해석 가능합니다. 사회운동단체 소속 경험은 있다/없다로 분류할 수 있고, 진보적 정치 이데올로기는 보수(1) – 진보(10)의 연속선상에 자신의 위치를 표시하도록 할 수 있고, 소수자정책에 대한 인지도는 매우 낮음/낮음/높음/매우 높음으로 분류할 수 있습니다.[2]

요컨대, 좋은 가설의 덕목은 가설의 내용이 단순하고 구체적이라는 것입니다. 둘 이상의 잠정적 답이 포함되어 있으면 좋지 않습니다. 답을 구성하는 개념들이 구체적일수록 좋습니다. 말이 쉽지, 실제 학위 논문을 작성하는 분들 중 이러한 가설 설정의 기본 원칙을 제대로 적용하지 못해서 심사 과정에서 지적을 받는 경우를 볼 수 있습니다. 여러분은 그런 시행착오를 가능한 한 줄일 수 있기를 바랍니다.

5.4. 가설의 종류

가설에는 두 가지 종류가 있습니다. 이 또한 패러다임 1에서의 약속입니다. 하나는 '영가설(null hypothesis)'이라고 하는 것이고, 다른 하나는 '대립가설(alternative hypothesis),' '연구가설,' '작업가설'이라고 하는 것입니다. "청소년기 사회운동단체에 소속된 경험이 있는 사람은 그렇지 않은 사람보다 소수자정책에 대한 인지도가 높을 것이다"라는 가설로 돌아가 봅시다. 이 가설은 지금 사회운동단체 소속 경험을 기준으로 두 집단을 비교하고 있습니다. 그리고 이미 두 집단 간 차이가 있을 것이라는 잠정적 답을 세운 것입니다. 이것이 대립가설입니다. 그럼 이 가설이 무엇과 대립하기에 대립가설이라는 것일까요? 바로 영가설입니다. 영가설은 기본적으로 두 집단 간 차이가 없다는 의도적인 잠정적 답입니다. 즉 "청소년기 사회운동단체에 소속된 경험이 있는 사람은 그렇지 않은 사람과 소수자정책에 대한 인지도에 차이가 없을 것이다"라는 가설입니다. 그리고 실제 경험적 연구는 대립가설을 직접 기각하거나 채택하는 것이 아니라, 틀릴 수 있다는 가능성을 감안하고서 이 영가설을 기각하거나 하지 않음으로써 결론을 내리는 방

---

2 이에 대한 보다 구체적인 내용은 제9장을 참고하세요.

식으로 이루어집니다.[3] 만일 자료 분석 결과 청소년기 사회운동단체 소속 경험 여부에 따른 소수자정책에 대한 인지도의 차이가 발견되었다고 합시다. 그 차이가 통계적으로 크지 않다면 영가설을 기각하지 않는 것(즉 청소년기 사회운동단체 소속 경험 여부가 소수자정책에 대한 인지도의 차이를 가져오지는 않는다)이고, 통계적으로 충분히 크다고 판단되면 영가설을 기각하기로 결정하는 것입니다.

대립가설은 한 가지 종류만 있는 것은 아닙니다. "청소년기 사회운동단체에 소속된 경험이 있는 사람은 그렇지 않은 사람보다 소수자정책에 대한 인지도가 높을 것이다"라는 가설에 대해 혹시 거부감이 들지는 않는지요? 그것을 어떻게 그렇게 미리 단정할 수 있지? 무슨 근거로? 기존의 연구나 논리가 특정한 방향을 지지하지는 않을 때는 다른 형태의 대립가설을 세웁니다. 즉, "청소년기 사회운동단체에 소속된 경험이 있는 사람은 그렇지 않은 사람과 소수자정책에 대한 인지도가 다를 것이다"라고 가설을 설정하는 것이지요. 이 가설은 그저 다를 것이라고만 진술하고 있습니다. 어느 쪽이 높을지는 쉽게 예단할 수 있는 문제가 아닐 수 있습니다. 따라서 여러분들은 한 사람의 연구자로서 결정해야 합니다. 나는 양자의 비교에 있어서 한쪽이 다른 쪽보다 '크다·높다·세다'고 가정할 것인지, 그저 양자가 다르다고 가정할 것인지.[4] 여러분이 논문 심사를 받다 보면 어느 쪽이든 지적받을 가능성이 있습니다. 단순히 다르다고 하는 경우 좀 심심하다는 지적을 받을 수도 있고, 어느 한쪽이 더 높다고 하는 경우 위험하다거나 근거가 부족해 보인다는 지적을 받을 수도 있습니다. 이런 부분에

---

3 보다 정확한 이해를 위해서는 통계학을 따로 공부하셔야 합니다.
4 그리고 이렇게 가설을 달리 설정함에 따라 통계적 검정의 기준도 달라지게 됩니다. 통계학 교과서에서 양측검정, 단측검정을 찾아보시기 바랍니다.

서 논문이란 바로 여러분의 것입니다. 정답이 있는 것이 아니라 여러분이 설정하고 그것을 정당화하시면 됩니다.

5.5. 가설의 검정[검증]과 결과의 해석

패러다임 1에 속한 연구는 보통 가설들에 대한 검정 결과를 제시하고 이에 대해 토론함으로써 끝맺습니다.[5] 영가설을 기각하거나 채택하는 것은 복잡한 통계학적 논의의 영역이라 여기서는 자세히 설명하지 않겠습니다. 요는 패러다임 1에서의 연구활동은 특정 가설을 세우고 그것의 검정을 향해 나아간다는 것을 이해하는 것입니다. 그런데 단순히 기각이냐 채택이냐보다 중요한 사항이 있습니다. 바로 그 결과의 해석입니다.

예전에 미국 메이저리그에서 활약한 페드로 마르티네스라는 투수가 있습니다. 현역 시절 별명이 "외계인"이었습니다. 평균적인 투수들보다 너무 잘 던져서 인간이 아닐 것이라는 호사가들의 표현이지요. 인간같지 않다고 해서 반드시 외계인일 필요는 없는데 말입니다. 좀 우습긴 하지만 방법론적으로 말하자면 연구문제는 "페드로 마르티네스는 외계인인가"보다는 "페드로 마르티네스는 특별한 투수인가," 더 정확히 말해 "페드로 마르티네스의 성적은 특별한가"하는 것이고, 이를 풀기 위한 잠정적 답으로 "페드로 마르티네스는 외계인이다"라는 (대립)가설보다는 "페드로 마르티네스의 성적은 다른 선수들의 성적과 별

---

5 가설을 검정하는 것인지 검증하는 것인지에 대한 논란이 있습니다. 이 책에서는 일단 검정으로 표현합니다만 검증으로 표현하는 연구자들도 많다는 것 정도만 알아두시면 되겠습니다. 보통 통계학에서는 전통적으로 '검정'이라는 표현을 써왔고, 일반적으로는 '검증'이 보다 흔한 표현인 것 같습니다. 한국통계학회는 공식적으로 "*가설검정/검증/*"이라고 쓰고 있습니다.

반 다르지 않다"라는 (영)가설을 가지고 갑론을박하는 것이 보다 정확하고 신중한 형태의 지식이라 할 수 있습니다. 다시 강조하지만 그래서 영가설을 기준으로 연구하는 것입니다. 페드로의 정체를 알 수는 없을지 몰라도, 평범한 선수라 할 수 있는지 여부는 우리가 가지고 있는 자료로 따져볼 수 있는 것이지요.

어쨌든 저도 페드로 마르티네스가 과연 외계인인지 궁금하여 나름 분석을 해보았습니다. 페드로의 전성기 시즌을 하나 골라 그 시즌에 투구한 모든 투수의 방어율 자료를 구해서 간단한 통계분석을 했더니, 페드로의 방어율은 통계상 너무나 예외적인 것으로 나타났습니다. 페드로가 인간일 가능성은 매우 낮은 것으로 나타난 것이지요. 그래서 저는 페드로는 외계인이라고 결론지었습니다?!

여러분은 이 우화에서 몇 가지를 배울 수 있을 것입니다. 첫째, 연구의 자료를 기준으로 볼 때, 보다 정확한 가설은 페드로가 인간인지 여부가 아니라 페드로의 방어율이 특별한지가 되어야 합니다. 둘째, 방어율에 대한 판단을 가지고 페드로가 인간인지에 대해 답할 수는 없다는 것입니다. 이건 하나의 우화이니 그 오류가 분명히 보이지만, 사회 연구에서 적지 않은 경우 이런 오류가 숨어 있습니다. 즉 가설에 대한 결론을 내렸다고 해서 연구문제에 답한 것은 아닌 경우가 있다는 것입니다. 셋째, 위에서 언급했듯이 페드로가 인간이라는 영가설을 기각하기로 했다고 해서 페드로가 외계인인 것도 아니고, 여전히 페드로가 인간일 가능성도 있다는 것입니다. 통계가 말해주는 것은 "자료에만 근거해 봤을 때" 페드로의 방어율이 나타날 가능성이 매우 매우 낮다는 것입니다. 가능성이 낮다는 것이지 페드로가 인간이 아니라는 확증은 아니지요. 더욱이 페드로가 인간이 아니라 해도 반드시 외계인일 것이라는 보장은 없습니다. 미래에서 온 기계일 수도 있잖아요?

　연구자는 자신의 가설의 강점과 한계를 분명히 알고, 자신의 가설을 검정하기 위해 의존하는 자료의 속성을 분명히 알아야 합니다. 그래야 어떤 경험적 근거에서 자신의 주장을 하는지, 그 주장이 과연 그 경험적 근거로부터 도출될 수 있는 것인지, 그 한계에도 불구하고 자신의 주장을 믿어야 한다고 말할 수 있는지를 사람들에게 설득력있게 제시할 수 있습니다. 영가설 하나를 기각할 수 있는 결과를 얻었다고 해서 세상 모든 것을 알게 된 것처럼 결론을 지으면 안된다는 것입니다. 연구자는 결론을 내림에 있어서도 신중함과 겸손함을 유지해야 합니다.[6]

---

6 사실 이런 덕목 때문에 문제가 발생하기도 합니다. 의료나 환경오염 문제로 인한 재판에서 과학적으로 훈련받은 전문가들은 보통 매우 완곡한 표현을 사용합니다. 바로 위의 덕목을 따르는 자세이지요. 그것이 판사에게는 인과관계의 불명확성으로 해석되어 다소 당혹스런 판결로 이끌 수도 있습니다. 제1장에서 가습기 살균제 사례 관련 소개한 기사를 참고하세요. 또한 다음의 책을 참고하세요: 캐런 메싱 지음. 김인아 외 옮김. 2017. 『보이지 않는 고통』. 동녘.

주요 개념들

가설	검정[검증]	구체화
대립가설	연구가설	영가설
작업가설	잠정적 답	전제
패러다임 1	패러다임 2	

열 줄 요약

1) 연구문제가 의문문의 형태로 표현된 연구의 주제라면 가설은 평서문의 형태로 표현된 연구의 주제이다.

2) 가설은 연구문제에 대한 잠정적 답이다.

3) 가설은 순전히 선언적이거나 논리적인 전제와 구별된다.

4) 가설은 이론이나 논리로부터 인간과 사회에 대한 어떤 잠정적 답을 도출하고, 그 답이 경험에 부합하는지 아닌지를 주로 통계적 기법을 사용하여 검정할 수 있는 진술문이다.

5) 가설은 특정 대상의 상태, 원인과 결과 간의 관계 등에 대한 구체적 진술이다.

6) 영가설은 기본적으로 두 집단 간 차이가 없다는 의도적인 잠정적 답이다.

7) 대립가설은 연구자가 직접적으로 관심을 가진 가설이다.

8) 대립가설은 동일한 연구문제에 대해서도 여러 형태로 표현할 수 있다.

9) 경험적 연구는 대립가설을 직접 기각하거나 채택하는 것이 아니라, 영가설을 기각하거나 하지 않음으로써 결론을 내린다.

10) 연구자는 자신이 의존하는 자료의 속성에서 기인하는 자신의 가설의 강점과 한계를 분명히 알아야 한다.

더 생각해보기

1) 나의 가설은 가설의 요건들을 충족시키고 있는가?

2) 나의 가설은 대상에 대해 정확히 어떤 지식을 생산할 수 있는가?

3) 나의 결론은 나의 가설에 대한 검정 결과로부터 도출될 수 있는 결론인가?

연습해보기

다음의 연구문제에 대한 가설을 하나 세워보고 질문들에 답해보세요.

> **연구문제**: 코로나 팬데믹에 대응하는 각 국가들의 방역정책 결정에 해당 국가의 정치문화는 어떤 영향을 미치는가?

1) 이 가설은 단순한가?

2) 이 가설은 구체적인가?

3) 이 가설은 연구문제와 잘 맞는가?

4) 이 가설은 흥미로운가? 당연하지 않느냐는 지적을 받지 않을까?

제6장

이 론

여러분들이 동료들에게 평가받는 저널 논문이나 학위논문을 작성한다면 아마도 '이론'을 강조하는 평을 듣게 될 것입니다. 이론적 근거가 약하다느니 하는 것이지요. 실제로 제 강의를 수강한 학생들 중에서도 왜 방법론에서 그렇게 이론을 강조하는 것인지를 묻는 학생들이 있습니다. 연구방법과 이론은 별개의 문제가 아닌가 생각할 수 있습니다. 실무의 세계에 있는 분들도 이론적 논의의 의의가 생소하게 느껴질 것입니다. 이론은 뭔가 하늘에, 실무와 경험은 땅에 있는 것으로 생각할 수 있습니다.

이 장에서는 왜 이론이 중요한지, 이론이 도대체 무엇인지, 연구에서 이론은 무슨 역할을 하는지 등을 다루고자 합니다. 결론부터 말하자면 이론은 연구에 있어서 등대와 같은 것입니다. 여러분의 길을 비춰주는 등대이기도 하고, 여러분의 연구가 결국 누군가에게 등대가 되게 하는 힘, 그것이 이론입니다.

6.1. 왜 이론, 이론 하는가

여러분들이 어떤 논문을 펼치면 대부분 서론이 등장한 이후 곧이어 이론에 대한 논의가 등장하는 것을 볼 수 있을 것입니다. 여러분들이 만일 (특히 박사)학위논문을 작성한다면 "이 논문에서의 분석과 주장을 이끄는 기초가 되는 이론은 무엇이냐"는 질문을 반드시 받을 것입니다. 여러분들이 저널에 논문을 투고하면 심사자들은 게재불가의 사유로 "이 논문은 이론적 기여가 부족하다"는 요지의 심사평을 보낼 지도 모릅니다.

왜들 이렇게 이론, 이론 하는 것일까요? 여러분들은 사진과 동영상 의 차이를 이해하실 것입니다. 동영상은 어떤 대상을 실시간으로 촬영 한 것입니다. 물론 특정한 시각으로 그 대상에 접근한 것이긴 하지만 어쨌든 동영상은 시간적 흐름이 녹아있기 때문에 이해하기 쉽습니다. 그러나 사진은 그 대상의 어떤 순간을 포착한 것입니다. 사진에는 움 직임도 없고, 시간의 흐름도 없습니다. 그러나 잘 찍은 사진은 우리에 게 동영상만큼, 혹은 동영상보다 훨씬 인상적인 메시지를 우리에게 전 달합니다.[1] 논문도 이와 같습니다. 세상은 넓고 계속 변하는데, 논문이 란 그런 세상의 일부에 대한 하나의 스냅샷과 같습니다. 그런데 논문 은 애초에 포부가 큽니다. 이런 스냅샷만으로도 세상의 많은 부분을 보여줄 수 있다는 것이지요. 왜냐면, 과학적 연구란 이 세상의 어떤 원리를 발견하는 활동이라고 여기기 때문입니다.

이론이란 바로 이 세상의 원리를 발견하기 위한 추리이자, 발견의 결과물입니다. 예를 들어 여러분이 "나는 이 논문에서 저소득층 자녀 들에 대한 교육지원이 강화되어야 한다는 주장을 전개하려 한다"는 목적으로 논문을 작성한다고 합시다. 독자를 포함하여 심사자 입장에 서는 "왜 하필 저소득층 자녀인가? 예산과 인력이 한정되어 있음을 감 안할 때 가장 급한 대상에 지원하는 것이 바람직할텐데, 무슨 근거와 논리로 저소득층 자녀에 대한 지원을 지지하는가?"라고 물을 것입니 다. 이때 여러분에게는 두 가지 대답이 필요한데, 저소득층 자녀에 대

---

1 퓰리처상을 받은 사진들을 한 번 보시기 바랍니다.

한 지원을 정당화하는 규범적 이론과, 그 긍정적 효과를 예상하는 경험적 이론입니다. 연구 결과 "저소득층 자녀들에 대한 교육지원이 다른 계층 자녀들에 대한 교육지원에 비해 효과가 컸다"는 증거를 발견했다고 합시다. 막상 기대한 결과를 받아들었다 해도, 왜 이런 현상이 나타났다고 보는지를 논문에서 설득력있게 설명하는 것이 쉬운 일은 아닙니다. 여러분이 제대로 설명하지 못하면 우연히 그랬다거나 연구가 잘못되었다거나 하는 비판을 극복할 수 없습니다. 바로 이 "왜 이런 현상이 나타났는가"에 대해 "이것은 이러저러하기 때문인 것으로 볼 수 있다"는 대답을 제시해주는 것이 바로 이론입니다. 그래서 이론은 독자와 연구자 간 대화에서 중요한 요소입니다. 우리는 세상이 왜 이런가에 대한 설명을 원하는데, 이론 없는 발견에는 설명이 없기 때문입니다.

여기서 한 가지, 여러분 가운데 연구에 조금 익숙한 분들은 의문을 가질지도 모릅니다. "그럼 내가 이론을 개발하면 되지 않나? 꼭 기존의 이론을 조사해서 굳이 논문에 보고를 해야 하나?" 네 정당하고 도전적인 의문입니다. 그러나 현실은 좀 다릅니다. 첫째, 해 아래 새 것이 없다는 말처럼, 고대 그리스나 춘추전국 시대의 학자가 아닌 한, "지금 내가 생각할 수 있는 논리라면 지금까지 누군가가 생각을 했을 가능성이 높다"고 보는 것이 좋습니다. 혹 정확히 동일한 논리가 아니라 하더라도 심사자가 보기엔 본질적으로 유사하다고 볼만한 이론이 어딘가 개발되어 있을 가능성이 높다는 것이지요. 그리고 많은 경우 그 사고의 폭과 깊이가 큰 도움이 됩니다. 둘째, 설령 여러분의 전공 영역에 그러한 이론이 없다고 하더라도 타 전공 영역에서 유사한 논리의 이론을 개발해 두었고, 이미 많은 학자들이 원용하고 있을 가능성도 높습니다. 여러분도 공부를 해나가다가 다른 학문 분과의 연구를 읽어보면 놀랄 때가 있을 것입니다. 셋째, "거인의 어깨 위에서 바라본다"는 말처럼 여러분이 설령 독자적인 이론을 개발한다 해도, 그 작업은 기존하는 이론을 확장하거나, 수정하거나, 전복하는 작업을 통해 훨씬 효과적으로 이루어질 수 있습니다. 논문이 발표된 이후 여러분의 주장을 방어하기에도 좋습니다. 수 십 년에서 수 천 년의 지혜가 여러분과 함께 하는 셈이니까요. 마지막으로, 새로운 이론을 개발했다고 주장을 하려면 기존 이론은 무엇이고, 여러분의 이론은 어떤 점에서 다른가를 보여주어야 하는 것이죠. 즉 기존 이론들의 검토는 새로운 주장을 위한 첫걸음입니다.

이제 이론에 대해 보다 자세히 알아봅시다.

책갈피

이론의 힘

어떤 이론이 힘이 있는 것은 사람들이 그 이론을 통해 세상을 이해했다고 느끼기 때문이고, 어떤 이론이 아무 힘이 없는 것은 사람들이 그로부터 세상을 이해하는 데 도움이 되지 않기 때문이다.

세상이 혼란할 때 연구자는 과연 내 연구가 무슨 의미인가 고민하게 된다. 나부터도 이번에 나오게 될 여성정책 영역에서의 무의사결정에 대한 논문* 최종본을 들고 만감이 교차했다. 이 거대한 사회적 현실 앞에서 이런 논문이 도대체 자기만족 이상의 의미가 있는 것일까.

그런데 생각해보면 논문이라는 글이 힘이 없는 것이 아니라, 이론이 힘이 없는 것이다. 이론이 힘이 없는 것은 내가 거기까지이기 때문이다. 내가 거기까지인 것은 더 치열하지 못했기 때문이다.

그러나 연구란 순간의 치열함만으로 되는 것이 아니다. 한걸음 디딜 때마다 한걸음 더 치열해져야 한다. 그렇더라도 이 고민이 끝나지는 않을 것이다.

* 최태현·선소원·부성필. 2020. 비결정상태로서 다중흐름의 이론적 모색: 여성정책 의제의 무의사결정 인식을 중심으로. 한국정책학회보 29(1): 177－209.

6.2. 이론이란 무엇인가

그럼 이론이란 무엇일까요? 이론에 대한 정의는 너무도 많습니다. 남궁근 교수님은 이론을 다음과 같이 정의하였습니다: "현상을 설명하고 예측할 목적으로 변수들간의 관계를 구체적으로 밝힘으로써 현상에 대한 체계적 견해를 제공하는 일단의 상호관련된 개념, 정의, 명제들."[2] 구체적이고 종합적인 좋은 정의입니다. 또 다른 학자들은 이론을 "'왜'라는 질문에 대한 모든 설명"이라고 정의하였습니다.[3] 이 정의도 좋은 정의입니다. 짧고, 이론의 본질이 무엇인지를 담고 있습니다.

이런 정의들에 따르면 이론이란 우선 상호관련된 개념, 정의, 명제로 구성되어 있습니다. 즉 레고블럭을 조립하듯이 개념들을 이어붙여 '왜'에 대한 어떤 대답으로서 명제를 만들고, 그 명제를 보완하는 다른 명제들을 점점 더 덧붙여 하나의 논리구조를 이룬 것이 이론인 것입니다. 올리버 윌리엄슨이 제시한 거래비용이론이라는 유명한 이론이 있습니다. 이 이론은 거래비용이라는 개념을 만들어내고, 이것과 기존하던 시장 및 조직이라는 개념을 연결시켜 "거래비용이 높을수록 시장보다는 조직을 활용할 것"이라는 명제를 구성하였습니다. 그리고 "자산특정성이 높으면 시장을 활용한 거래 유인이 작다"는 추가적이고 보완적인 명제를 개발하여 위의 기본 명제에 덧붙이는 등의 확장을 통해 이 전체가 '거래비용이론'이 되는 것입니다.[4]

---

2 남궁근 지음. 2010. 『행정조사방법론』. 제4판. 법문사. 130쪽.
3 Sutton, Robert I. and Barry M. Staw. 1995. What Theory is *Not*. *Administrative Science Quarterly* 40: 371－384.

그런데 논문지도와 심사를 하다보면 학생들이 "이론적 배경"에 이론이라고 생각하고 적은 내용이 이론이 아닌 경우가 있습니다. 현실에서는 이 부분을 주의해야 합니다. 앞서 각주에서 언급한 서튼과 스토우는 이를 몇 가지로 정리하였는데, 네 가지만 살펴보겠습니다.

첫째, 단순한 문헌의 목록 혹은 선행연구 분석은 여러분의 이론을 제시한 것이 아닙니다. 이를 이해하기는 어렵지 않습니다. "어떤 학자는 무엇을 발견했고, 어떤 학자는 무엇을 발견했다"는 정리를 주욱 나열한 것은 유용한 정보일 수는 있지만, '왜'에 대한 대답이 아니기 때문입니다. 여러분은 이 분석에 이론이 녹아 있지 않냐고 반문할 수 있습니다. 네, 바로 그 "녹아 있"다고 생각되는 것을 명시적으로 글로 표현해야 합니다. 선행연구 분석에 녹아있는 것만으로는 불충분합니다.

둘째, 자료 분석을 통해 찾은 관계 역시 이론이 아닙니다. 특히 통계학에서 상관관계로 부르는 두 현상 간의 관계가 나타날 수 있는데, 고전적 예로서 화재 사건들에 대해 분석해보니 출동한 소방차 수가 많은 경우 피해액의 규모도 컸다고 합시다. 그러면 소방차가 많이 출동할수록 화재 피해가 커진다는 의미인가요? 아니죠. 화재 규모가 크다 보니 소방차도 많이 출동했고, 그럼에도 불구하고 화재 피해가 클수 있습니다. 이렇게 자료 간의 관계 자체만으로는 우리에게 "왜"에 대한 설명을 해주지 않습니다. 나쁜 경우 얼토당토 않은 메시지를 전달할 가능성마저 있습니다. 이때 현상의 본질에 대한 통찰인 이론이 필요한 것입니다.

셋째, 개념들을 단순히 나열한 것도 이론이 아닙니다. 여러분이 이론적 배경으로서 "민주주의란 무엇이고, 자유민주주의란 무엇이고, 사

---

4 보다 자세한 사항은 Williamson, Oliver, E. 1975. *Markets and Hierarchies: Analysis and Antitrust Implications.* New York: The Free Press.를 참고하세요.

회민주주의란 무엇이고, 법치주의와는 어떻게 다르고, 공화주의와는
어떻게 다르다"라고 열심히 설명했다고 해서 이론을 제시한 것은 아
니라는 의미입니다. 이렇게 개념들을 나열한 것에는 "왜"에 대한 설명
이 결여되어 있습니다. 다만 여기서 주의할 것은 이는 설명이론을 의
미할 때 성립하는 비판이라는 점입니다. 규범이론의 입장이나, 경험적
이론을 재구성하려는 입장에서는 이러한 작업도 이론적 작업의 일부
로 볼 것입니다.

　넷째, 가설도 이론이 아닙니다. 이론은 형식적으로 볼 때 추상적인
개념과 개념 간의 관계에 대한 진술입니다. 반면 가설의 형식은 어떤
현상과 어떤 현상 간의 관계를 표현할 수 있는 이른바 '관찰어'들로
구성됩니다. 또한 가설은 일단 "왜"라는 설명 자체는 아닙니다. "밀레
니얼 세대는 이전 세대보다 권위적 리더십하에서 생산성이 낮을 것이
다"라는 가설을 읽으면 바로 "왜 그렇게 생각하지?"라는 질문이 떠오
르지 않습니까? 가설에는 추가적인 설명이 필요한 것이지요. 그러니
가설 자체가 이론은 아닙니다. 따라서 여러분은 논문에서 가설을 제시
하고서는 "이론이 여기 있잖습니까"라고 말해서는 곤란합니다. 가설은
이론적 검토 후에 이론의 어떤 측면을 자료와 대응시키기 위해 만드
는 것이고, 이론은 그런 가설을 설정할 수 있는 논리적 배경입니다.
심사자가 "이 가설에 대한 이론이 어디 있는가?"라고 묻는 것은 바로
그 배경에 대한 내용이 논문에 빠져 있다는 의미입니다.

6.3. 이론의 쓸모

　연구에서 이론이 중요함에도 불구하고 적지 않은 연구자들이 이론
적 배경 부분을 작성하는 것에 불만을 표하기도 합니다. 쓸데없이 너

무 많은 것을 쓰게 한다는 것이지요. 저는 전에 조직이론을 공부하면서 "바다에 빠진 소금인형"이 된 듯한 기분을 느꼈습니다. 공부하면 할수록 그 깊이에 매료되어 저 자신이 사라지는 것 같은 느낌이 드는 것이지요. 그런데 그 깊이를 불과 몇 쪽의 논문에 담아내야 하니 어렵고, 그냥 대충 가장 직접적으로 연관된 몇 편만 소개하고 싶은 충동을 느낄 때도 있지요. 그러나 그렇게 냈다가는 심사자가 "기존 이론적 작업에 대한 검토가 부족하다"고 게재불가 판정을 돌려줄 것입니다.

　여러분이 이론의 쓸모를 이해하면 이론적 배경을 다듬고 작성하는 것이 훨씬 즐거운 작업이 될 것입니다. 첫째, 이론은 여러분이 자료 분석을 끝마치고 자료로부터 어떤 관계를 발견했을 때 그 관계의 의미를 해석할 때 쓸 논리를 제공해 줍니다. 이에 대해서는 앞서 강조한 바 있습니다.

　둘째, 좋은 이론은 여러분에게 좋은 개념들을 제공해 줍니다. 특정한 분야의 이론들을 공부하다 보면, 반드시 "왜"에 대한 명쾌한 설명은 아니더라도 여러분이 세상을 좀더 잘 이해할 수 있는 개념들을 배우게 됩니다. 앞서 예로 든 '거래비용'같은 개념도 흥미롭습니다. 여러분이 오랜 친구와의 관계를 유지하는 것은 정 때문이라기보다는 이제 와서 다른 친구를 만나기에는 여러모로 '거래비용'이 많이 들기 때문이라고 거래비용 개념에 사로잡힌 사람은 말할 것입니다. 여러분이 조직행태론을 공부하다보면 '감정노동'이라는 멋진 개념도 발견할 수 있습니다. 감정노동자들은 감정노동이라는 개념이 통용되기 전부터도 존재하고 있었을 것입니다. 그러나 그 개념, 즉 그 '이름'을 얻기 전까지는 감정노동자들은 주목받지 못했습니다. 어느날 감정노동이라는 개념이 등장하자, 갑자기 세상은 감정노동자들을 알게 되었지요. 여러분은 그동안 살면서 감탄할만큼 유용한 개념을 접한 적이 있나요?

셋째, 이론을 정확하게 사용하면 여러분은 자연스럽게 연구 목적을 명확화하는 셈이 됩니다. 즉 여러분의 연구가 과연 어떤 이론, 즉 인간과 세상에 대한 기존의 어떤 설명(이런 설명은 아마도 사람들의 머릿속에 알게 모르게 각인되어 있겠지요)과 씨름하고 있는 것인지가 분명해집니다. 그리고 여러분의 연구가 어떤 새로운 공헌을 하는지도 명확해집니다. 나아가 여러분의 연구가 과연 누구와 대화를 하고 있는지도 분명해집니다. 이들은 모두 논문에서 중요한 요소들입니다. 그러니 이러한 일들을 도와주는 이론은 매우 중요한 것이지요.

6.4. 좋은 이론

좋은 논문에는 좋은 이론이 담겨있습니다. 그럼 좋은 이론은 어떻게 알아보고 어떻게 개발할 수 있을까요. 사실 가장 좋은 이론은 여러분의 마음에 든 이론일 것입니다. 아무리 좋은 집도 여러분에게 편하지 않으면 소용없듯이 좋은 이론은 여러분의 흥미를 끌고, 도전해보거나 검증해보고 싶게 만드는 이론입니다. 다만 여러분이 어떤 이론에 든 열려 있거나, 새로운 이론을 개발하려 한다면 좋은 이론의 요건을 생각해보는 것은 의미가 있습니다. 이런저런 논의들을 모아볼 때 대략 세 가지를 들 수 있습니다: 정확성, 확장성, 간명성.

첫째, 정확성은 이론이 가능한 한 인간과 세상에 대한 사실을 정확히 반영하거나 설명해야 한다는 요건입니다. 음모론을 생각해봅시다. 아주 그럴듯하고 흥미진진하기까지 한 것이 음모론입니다. 그러나 대부분의 음모론은 정확성이라는 기준에서는 좋지 않은 이론일 것입니다. 설명은 그럴듯한데 그것이 말의 향연일 뿐, 그 설명과 부합하는 실제 경험이 존재하지 않는다면 그것은 정합성이 높을지는 몰라도 정

확한 이론은 아닙니다. 다만 이렇게 세계를 정확하게 반영하는 이론이
가능한지는 과학철학의 논의 대상입니다. 예를 들어 구성주의자들은
세계는 발견되는 것이 아니라 우리의 관점에 의해 구성되는 것이라고
봅니다. 이때는 정확성보다는 논리의 정합성이 더 중요할 것입니다.

아래 <그림 6-1>에서 이론의 정합성은 왼쪽 "이론" 부분의 구
성요소들인 A부터 E의 관계가 상호 논리적인가 하는 문제입니다. 이
론의 정확성은 왼쪽 "이론" 부분의 구조와 오른쪽 "경험" 부분의 구조
가 상호 부합하는가의 문제입니다. 보다시피 이론의 정확성을 위해서
는 각 요소들(A, B, C 등)을 정확하게 지칭할 수 있는 개념이 필요하
고, 이론이 각 요소들을 망라할 수 있어야 하며, 각 요소들 간의 관계
를 정확하게 묘사할 수 있어야 합니다.

둘째, 확장성은 이론이 가능한 한 인간과 세상의 더 많은 부분을

그림 6-1 이론의 정확성과 정합성

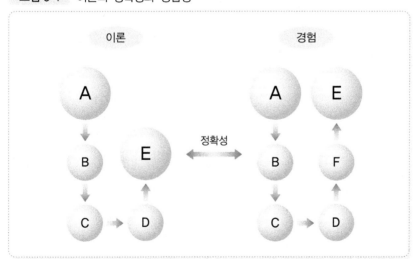

출처: 저자 작성.

설명할 수 있다면 더 나은 이론이라는 요건입니다. 뉴턴의 물리법칙들은 그 강력한 보편성으로 인해 후대에 세계관의 위치로까지 올라섰습니다. 우리가 현실을 있는 그대로 보기보다 이론을 통해서 보는 것은 인간과 세상의 일부만 보더라도 더 넓은 부분을 이해할 수 있기를 기대하기 때문입니다. 좋은 조직이론이라면 한국의 조직도, 미국의 조직도 잘 설명하는 이론이겠죠. 따라서 이론이 확장성 혹은 보편성을 획득하고 있다면 우리에게 보다 유용할 것입니다. 문제는 정확성과 확장성이 경합할 가능성이 있다는 점입니다. 연구의 범위를 좁힐수록 정확성은 증가할 것입니다. 그러나 해당 연구 대상에 지나치게 특화된 결론을 얻는 바람에 확장성이 결여될 수 있습니다. 반대로 어설프게 확장성을 극대화하려 하면 두루뭉술한 이론이 되어 그 어떤 구체적인 사례에도 정확히 잘 안 맞는 이론이 되어버릴 수 있습니다. 사회 연구에서 이론은 중력의 법칙처럼 보편적인 설명을 해내기 쉽지 않을 뿐 아니라, 패러다임 2에서 보았듯이 아예 특수성을 강조하는 사조도 있음을 기억하기 바랍니다.

셋째, 간명성은 더 적은 요소로 동일한 수준의 설명이 가능한 이론일수록 좋은 이론이라는 요건입니다. 예를 들어 정치인들이 선거에서 당선되고 나면 국민의 목소리에 귀를 잘 기울이지 않는 이유에 대한 설명으로 주인-대리인 이론이 있습니다. 대리인(정치인)들은 자신들의 위치와 더 많은 정보 등을 통해 주인(국민)의 이익보다는 자신의 이익을 위해 행동할 가능성이 높다는 것이지요. 간명하면서도 그럴듯합니다. 그런데 여기에 정치인들은 정당 단위로 의사결정을 해야 하고, 선거 주기로 인해 4년이라는 짧은 시계(視界)를 가지고 있고, 득표를 극대화하기 위해 국민보다는 지역구민의 이익에 봉사할 유인이 강하다는 등 여러 설명을 덧붙이면 설명 자체는 더 그럴듯하고 풍성해집니다. 아마 다 맞는 말일 것입니다. 정확성도 보통 조금씩 개선됩니다. 그러나 간명하지가 않습니다. 간명하지 않다는 것은 그 설명이 한번에 머릿속에 잘 안 들어온다는 말이고, 별로 중요하지 않은 설명도 섞여 있다는 말입니다. 기껏 복잡하고 정교하게 개발한 이론인데 소통이나 적용이 어렵다면 어떻겠습니까. 공학적 목적에서라면 복잡하더라도 정확하게 작동하는 이론이 좋은 이론이겠지만, 인간과 사회를 설명하기 위한 목적에서라면 좋은 이론은 설명의 양과 설명의 간명함 사이에 균형을 잘 맞춘 이론입니다.

한 가지 주의할 것은, 모든 과학자들이 이 세 가지 좋은 이론의 조건에 동의하는 것은 아니라는 것입니다. 과학과 이론을 어떻게 바라보느냐에 따라 강조하거나 침묵하는 조건들이 제각각입니다. 여기서는 다양한 조건들 가운데 주로 회자되는 것들 세 가지를 모아서 소개한 것임을 주의하기 바랍니다.

책갈피

단순화

그 어떤 세속적 사고체계도 궁극적인 지향은 경험의 "단순화"이다(이 언명 또한 같다). 복잡해보이는 사고체계는 거대한 동어반복이거나 단순화를 거부하는 실천의 반란에 대한 허둥대는 반응이다. 반면 단순화는 지적으로 아름답지만 삶에 대해서는 폭력적이다. 단순화는 때로는 기능적이지만 때로는 역기능적이기에 결국 기능적이지 않다. 그러나 성공한 단순화는 검은 백조이다. 이론가와 실천가 모두를 빨아들인다. 성공한 단순화는 그 소유자에게는 거대한 보상을, 그 추종자에게는 심리적 만족감을 제공한다. 인간은 왜 이다지도 단순화를 지향할까? 왜 자신의 삶이 지닌, 경험이 지닌 그 풍부한 의미들을 거부하면서까지 단순화를 감행할까? 왜 자신의 삶을 단순화시켜 제시하는 자들에게 열광하고 이들을 추종할까? 아니 보다 근본적으로, 인간의 언어는 단순화를 회피하는 것이 불가능할까? 이 질문에 답하는 것도 두려운 일이다. 그 또한 하나의 단순화일 것이기 때문이다. 그것은 방의 불을 켜는 순간 저 앞에 있는 것 같은 괴물을 기어코 확인하게 될 것이라는 두려운 확신 같은 것이다. 나 역시 늘 단순화를 감행하기에 괴물은 분명 내 방 안에 있다.

주요 개념들

간명성	거래비용	왜
이론	정의	정합성
정확성	확장성	

열 줄 요약

1) 이론은 이 세상의 원리를 발견하기 위한 추리이자 발견의 결과물로서, 연구에 있어서 항해자에게 등대와 같은 역할을 한다.

2) 이론은 개념들을 이어붙여 '왜'에 대한 어떤 대답으로서 명제를 만들고, 그 명제를 보완하는 다른 명제들을 점점 더 덧붙여 하나의 논리구조를 이룬 것이다.

3) 단순한 문헌의 목록, 자료 분석을 통해 찾은 관계, 개념들의 단순한 나열, 가설은 이론이 아니다.

4) "이 가설에 대한 이론이 어디 있는가?"라는 물음에서 보듯, 이론은 특정 가설이 도출되는 논리적 배경이다.

5) 이론은 자료 분석을 끝마치고 자료로부터 어떤 관계를 발견했을 때 그 관계의 의미를 해석할 때 사용할 수 있는 논리를 제공한다.

6) 좋은 이론은 좋은 개념들을 제공해준다.

7) 이론을 정확하게 사용하면 자연스럽게 연구 목적을 명확화할 수 있다.

8) 정확성은 이론이 가능한 한 인간과 세상에 대한 경험을 정확히 반영하거나 설명해야 한다는 요건이다.

9) 확장성은 이론이 가능한 한 인간과 세상의 더 많은 부분을 설명할 수 있어야 한다는 요건이다.

10) 간명성은 이론이 동일한 설명력을 유지한다면 가능한 한 간명해야 한다는 요건이다.

더 생각해보기

1) 내 연구 목적에는 정확한 이론이 필요한가 간명한 이론이 필요한 가?

2) 정합성은 높으나 정확성이 의심되는 주장의 특징은 무엇인가?

3) 실천적 목적의 과학적 지식에 있어 가장 중요한 이론의 요건은 무 엇일까? 어떤 과학적 지식에 근거한 정책이 특정 요건을 충족하지 못할 때 어떤 일들이 벌어질 것인가?

4) 인간의 언어는 이론의 정확성을 위해 충분한 도구인가?

5) 나를 매료시키는 개념 두 가지는 무엇인가? 이 둘을 연결시킬 때 나는 어떤 이론을 개발할 수 있을까?

연습해보기

아래는 본문에서 사례로 활용된 하나의 가설입니다.

> "밀레니얼 세대는 이전 세대보다 권위적 리더십하에서 생산성이 낮을 것이다."

실제 연구에서 이와 유사한 가설은 많습니다. 예를 들어 "밀레니얼 세대" 대신 남성, 여성, 고학력자, 직급이 높은 사람 등입니다. 이 렇게 가설을 설정하는 데는 어떤 배경이 되는 이론이 있을 것입니 다. 당신이 보기에 이러한 가설은 인간에 대한 어떤 이론을 배경으 로 하고 있는지 설명해 보세요.

제7장

인과관계

7.1. 인과관계의 철학적 의미

이제 이 장에서는 제2편의 마지막 논의로서 인과관계의 문제를 다룹니다. 과학이 세상의 법칙을 발견하고자 하는 활동이고, 이론이 '왜'라는 질문에 대한 설명이라면, 인과관계를 밝히는 연구는 그 핵심에 해당합니다. 잘 모르는 영역을 탐색하고, 세상에 대해 자세하게 기술하는 연구도 중요하지만, 현실적으로 사회 연구에서도 '과학적 연구'라는 말과 인과관계를 밝히는 '설명적 연구'를 동일시하는 경향이 있을 만큼 인과관계를 분석하는 연구는 과학적 연구의 많은 부분을 차지하고 있습니다. 기술적 연구나 탐색적 연구에서도 조심스레 인과관계에 대한 추론을 제시하는 것을 보면 인과관계에 대한 호기심은 인간의 본성인지도 모르겠습니다.

인과관계는 뉴턴식의 기계적 세계관의 핵심으로 보통 이해됩니다. 이 세계는 거대한 기계이고, 이 부품이 작동하면 그에 따라 저 부품이 작동하는 방식으로 완전히 예측가능하도록 작동한다고 보는 것이 기계적 세계관이라 하겠습니다. 다만 이는 다소 단순화된 세계관입니다. 반드시 기계적 방식이 아니라 하더라도 모든 일에는 가깝든 멀든 원인이 있는 것으로 생각하는 것이 우리의 사고방식입니다. 그런데 오늘날에는 복잡계 철학, 양자역학, 생태주의의 아이디어 등이 자연과학과 사회 연구 모두에 영향을 미치면서 이러한 기계적 세계관은 상당한 비판에 부딪치거나 수정되고 있습니다. 인과관계에 대한 관점은 시대에 따라 변해왔습니다.[1]

인과관계에 대한 지식은 과학의 영역 밖에서도 중요한 함의가 있습니다. 그것은 바로 세상을 통제하는 힘이 인과관계에 대한 지식에서 나오기 때문입니다. 연말에 여러분의 회사가 여러분에게 보너스를 주는 것은, 사람은 보수의 크기에 의해 동기부여된다는 인간에 대한 인과관계적 지식 때문입니다. 우리나라 중앙정부와 지방자치단체들이 저출산 대책이라는 이름으로 다양한 혜택들을 제공하는 것은 시민들이 그러한 정책(원인)에 따라 국가가 원하는 방식의 행동(결과)을 할 것이라고 기대하기 때문입니다. 국가가 어떤 인과관계에 대한 가정을 하고 있는 것이지요. 그리고 어떤 사회적 상황(인구구조)이 바람직하다는 규범적 가정도 깔려 있습니다. 여기서 물론 여러분도 이미 잘 알고 있는 문제, "과학적 지식은 중립적인가?"하는 문제가 제기됩니다. 다만 이 문제를 다루는 것은 다른 장에서 하기로 하고, 여기서는 인과관계에 대한 지식은 세상에 대한 설명을 제공하지만, 그것은 많은 경우 세상에 대한 통제의 의도와 연결되어 있다는 것을 언급하고자 합니다.

제가 속한 행정학 및 정책학과 같은 이른바 응용사회과학에서는 인과관계에 대한 지식을 더욱 중요하게 여깁니다. 주류 행정학이나 정책학은 정부가 무엇을 해야 이 사회를 더 나은 사회로 만들 수 있는지에 대한 지식을 생산하는 학문입니다. 따라서 그 학문의 동기 자체에 세상에 대한 통제 의지가 기본적으로 깔려 있습니다.[2] 문제는 인간

---

1 보다 최근의 관점들에 대해서는 15.2절을 참고하세요.
2 물론 모든 행정·정책학자가 이런 동기로 연구를 하는 것은 아닙니다. 인문학적으

과 사회를 대상으로 하는 연구에서 엄밀한 인과관계에 대한 지식을 얻기 어렵다는 점입니다. 자연세계는 상대적으로 확실성이 지배하기에[3] 인간은 우주에 비행체를 보낼 수 있었습니다. 그러나 사회는 인간으로 구성되어 있고 인간이란 상대적으로 예측불가능한 존재이기 때문에, 예를 들어 보너스를 더 준다고 해서 더 열심히 일한다는 법은 없기 때문에, 기계적 인과관계를 논하기 어렵습니다. 더욱이 사회는 무시할 수 없는 여러 요인들이 복합적으로 작용하여 여러 결과들을 낳기 때문에 인과관계를 단순화하여 말할 때, 즉 "이번 대선 패배의 주요 원인은 이것이다"라는 식으로 말할 때는 많은 위험을 안고 있는 것입니다.

덧붙이자면, 기계적 인과관계를 논하기 어려움에도 불구하고 통제의 욕구는 남아있기에 이렇게 예측불가능한 인간을 예측가능하도록 만드는 다양한 방법들이 고안되어 온 것이 인간의 역사입니다. 과학에서는 인간을 원자적인 존재로 단순화하는 방법을 쓰기도 했고, 정치에서는 예측불가능한 인간을 사회적으로 배제하거나 규범을 강조하는 방법을 써왔지요. 이런 점에서 보면 인과관계에 대한 지식은 발견되기도 하지만, 인위적으로 만들어지기도 하는 것 같습니다.

7.2. 인과관계 추론의 세 조건

사회 연구에서는 인과관계를 발견하는 것도 어렵지만 어떤 두 현상 간에 인과관계가 있다고 말하는 것도 쉬운 일은 아닙니다. 보수를

로 접근하는 학자들도 많이 있습니다. 예를 들면 사회문제를 해결하기 위해 정부는 어떤 성과를 달성했는지가 아니라, 한 인간으로서 관료는 어떤 내면의 갈등을 겪는가 하는 문제를 다룬다면, 이는 보다 인문학적인 연구라 하겠습니다.

3 이것도 경우에 따라 다르죠. 별은 규칙을 따라 움직이지만, 태풍은 언제 발생하여 어디로 갈지 상대적으로 예측하기 어렵습니다.

늘리면 대부분 더 열심히 일할지 모르지만, 오히려 덜 일하는 사람도 있습니다. 이 문제는 인과관계가 어느 수준의 강도나 확실성을 지니고 있느냐 하는 문제에 해당합니다. 어떤 현상 간 인과관계가 짐작된다 해도 그에 대한 예외가 많다면 쉽게 그에 대한 통제로 넘어가기 어렵습니다. 이보다 정말 어려운 문제는 "왜"라는 질문에 답할 수 있는 관계인가의 문제입니다.

　이러한 인과관계를 꼼꼼히 따지는 방법을 과학공동체는 끊임없이 개발하고 있습니다. 일반적으로 경험적 연구에서 우리가 두 현상 사이에 인과관계가 있다고 보려면 아래 세 가지를 충족해야 한다고 봅니다.[4]

7.2.1. 시간적 선후관계

　첫째 시간적 선후관계입니다. 원인은 결과에 앞서야겠죠. 지극히 당연해 보이는 조건입니다. 어떤 꽃을 '봄의 전령'이라고 부르지만 그것은 시적인 표현일 뿐, 꽃이 필 조건(보통 '봄'이라고 부르는)이 먼저 갖추어지고 이후에 꽃이 핀 것입니다. 어떤 마을 개천 상류에 공장이 생기고 나서 마을 사람들의 암 발생이 증가했다면 공장을 의심하겠죠. 마을 사람들의 암 발생이 증가하는 와중에 공장이 들어섰다면 공장을 의심할 근거는 약해집니다. 보수를 늘렸더니 더 열심히 일해야 보수의 효과에 대해 논하는 것이지, 무슨 이유에서인지 구성원들이 더 열심히 일하길래 보수를 늘렸다면 누구도 보수를 원인으로 생각하지는 않겠지요.

　그런데 이렇게 당연해보이는 시간적 선후관계가 사회현상을 다룰

---

4 다만 이는 대부분의 교재에 소개된 고전적이고 표준적인 관점이라는 점을 언급하고자 합니다. 인과관계의 철학은 이보다 상당히 복잡한 논의를 포함하고 있습니다.

때는 그리 명확하지 않다는 점에 어려움이 있습니다. 한 도시의 평균적인 소득수준이 해마다 낮아지는 현상과 치안이 나빠지는 현상이 통계적으로 연관되어 있음이 발견되었다고 합시다. 여러분이 시장이라면 소득수준이 낮아져서 치안이 나빠지고 있다고 해석하겠습니까, 아니면 치안이 나빠져서 소득수준이 낮아지고 있다고 해석하겠습니까? 아니면 소득수준의 변화와 치안상태의 변화가 서로 영향을 미친다고 해석하겠습니까? 이렇듯 사회현상에는 "닭이냐 달걀이냐"의 논쟁처럼 그 선후관계를 따지기 어려운 현상들이 있습니다.

또한 설문 조사라는 방법에 의존하는 많은 연구들은 사람의 인식을 여러 측면에서 측정하고서 어떤 것은 원인으로, 어떤 것은 결과로 취급하여 분석합니다. 문제는 이때 원인과 결과가 사실은 한 번의 설문 조사에서 동시에 측정되었다는 점입니다. 이렇게 되면 원칙상 원인과 결과 사이의 시간적 선후관계를 논할 수 없고, 그래서 인과관계를 논할 수 없습니다. 다만 이때 연구자들이 의존하는 것이 이론입니다. 즉 자료에 담겨 있지 않은 시간적 선후관계를 불완전하지만 이론을 통해 보완하는 것입니다.

7.2.2. 공동변화

공동변화라는 것은 통계학적으로는 '상관관계'라고 부르는, 두 현상 사이의 긴밀하게 관련된 변화를 의미합니다. 지구의 평균 온도가 상승하는 현상과 해수면 평균 높이가 상승하는 현상이 함께 나타난다면 이는 공동변화의 예가 됩니다. 경찰의 순찰 횟수가 많은 도시에서 범죄율이 그만큼 낮게 나타난다면 이 역시 공동변화의 예가 됩니다. 반대로 광고를 열심히 했는데 판매량에 특별히 변화가 없다면 이는 공동변화가 부재한 예입니다. 또한 광고도 안 했는데 갑자기 판매량이 늘었다면 이 역시 (최소한 광고와 판매량 사이에는) 공동변화가 부재한 예입니다. 정리하면, 공동변화는 두 현상 간 긍정적 방향, 즉 둘 다 함께 커지거나 작아지는 방향으로 일어나기도 하고, 부정적 방향, 즉 한쪽이 커질 때 다른 쪽은 작아지거나 그 반대 방향으로 일어나기도 합니다. 한쪽은 변하는데 다른 쪽은 변하지 않거나 그 반대의 경우는 공동변화가 없는 경우입니다. <그림 7-1>은 세 가지 공동변화의 예를 시각적으로 보여줍니다. 가가 긍정적 공동변화(a), 부정적 공동변화(b), 공동변화의 부재(c)입니다.

그림 7-1 공동변화의 예들

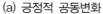

(a) 긍정적 공동변화

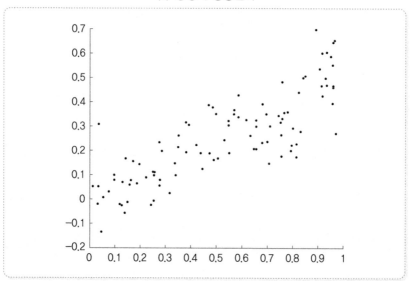

(b) 부정적 공동변화

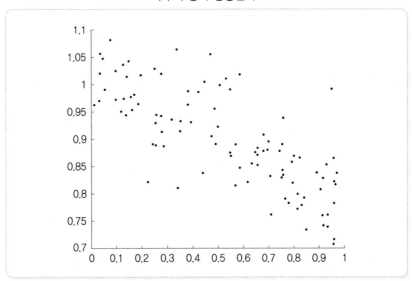

(c) 공동변화의 부재

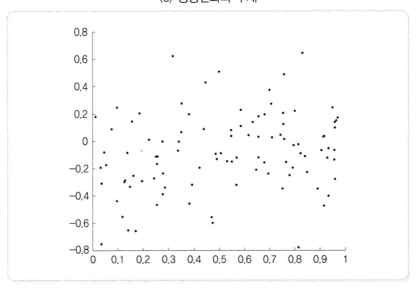

출처: 저자 작성.

이렇게 방향도 중요하지만 공동변화에는 강도도 중요합니다. 순찰 횟수를 10회 늘렸더니 범죄가 1건 감소하는 경우와, 순찰 횟수를 100 회 늘렸더니 범죄가 1건 감소하는 경우는 그 공동변화의 강도에서 차이가 나지요. 공동변화의 강도 문제를 잘 이해한다면, 시장으로서 여러분은 참모가 단순히 "순찰 횟수를 늘리면 범죄가 감소합니다"라고 보고하면, "도대체 몇 회 늘리면 얼마나 감소한다는 거요?"라고 반문하고 싶을 것입니다. <그림 7-1>에서 공동변화의 강도를 볼 수 있습니다. (a) 그래프는 상대적으로 강한 공동변화를, (b) 그래프는 상대적으로 약한 공동변화를 나타내는 반면, (c)는 그 강도가 약해 유의미한 논의를 하기 어려운 경우입니다.[5]

그런데 세상에는 좀 이상한 공동변화가 있습니다. 우리나라에서 지방자치를 실시한 이후 지구의 평균 온도가 상승해왔습니다. 이거 지방자치제 잘못인가요? 경찰 인력이 많이 투입된 사건일수록 사건 해결에 걸린 시간이 길었다고 합시다. 그럼 앞으로는 경찰 인력을 가급적 적게 투입해야 할까요? 여기서 인과관계 추론의 세 번째 조건을 이야기해야 합니다.

7.2.3. 허위적 관계 혹은 경쟁가설의 배제

여러분이 시장으로서 자료를 하나 받아들였다고 합시다. 사건별로

---

5 이렇게 말해도 그래프만으로는 강도를 파악하기 어렵습니다. 그렇기 때문에 정확한 통계치가 필요합니다. 참고로 각각의 그래프에 담긴 100개의 가상 자료를 만들어낸 공식은 다음과 같습니다: (a) $y = .5x + .1z$, (b) $y = -.2x - .06z + 1$, (c) $y = -.1x + .3z$ (x는 가로축, y는 세로축, z는 무작위적 표준정규분포값). 이를 기반으로 1,000회 시뮬레이션을 해보면 피어슨 상관계수라는 통계치가 각각 평균 0.823(a), -0.694(b), -0.097(c)이 나옵니다. (a)가 가장 강한 공동변화를 보인다는 것이지요.

경찰 인력 투입 규모와 사건 발생 후부터 용의자의 검거까지의 시간이 적혀 있는 자료입니다. 자료를 보니 경찰 인력을 많이 투입한 사건일수록 검거까지 걸린 시간이 깁니다. 여러분이 이제 시의 지방경찰 책임자에게 권고합니다. "앞으로 가급적 경찰 인력을 적게 투입하기 바랍니다." 네?

자료만으로는 인과관계 추론을 마무리할 수 없습니다. 인과관계 추론에는 "왜?"라는 질문에 대한 답을 할 수 있는 논리가 필요합니다. <그림 7-2>에 묘사된 위의 인위적인 예에서 봅시다. 여러분은 시장의 권고가 뭔가 이상하다는 것을 눈치챌 수 있을 것입니다. 경찰 인력을 많이 투입해서 사건 해결에 시간이 더 걸린 것이 아니라, 시간이 (결과적으로) 오래 걸릴만큼 복잡하거나 심각한 사건이다보니 경찰 인력을 더 투입한 것이겠죠. 이런 현실을 그저 자료에 담으면 마치 인력을 더 투입할 경우 시간이 더 걸리는 것처럼 보일 가능성이 있습니다. 그러나 이런 추론은 잘못된 것이라고 보아야 하겠습니다. 이것이 <그림 7-2>에 점선으로 표시된 관계의 허위성 문제입니다.

그림 7-2   허위적 관계

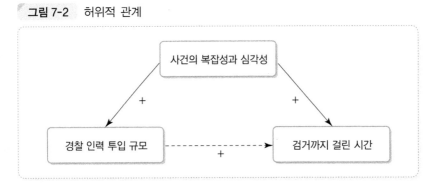

출처: 저자 작성.

올바른 인과관계 추론은 허위적 관계를 배제한 것이어야 합니다. 제가 나이를 먹는다고 해서 지구의 평균 온도가 상승할 이유는 특별히 없겠죠? 이런 것은 허위적 관계이며, 인과관계의 추론에서 배제해야 합니다.[6]

이제 이 문제를 경쟁가설의 배제라는 관점에서 생각해봅시다. "사공이 많으면 배가 산으로 간다"는 속담이 있듯이, 단순히 인력을 과도하게 투입하는 바람에 사건 해결에 시간이 더 걸렸을 가능성도 배제할 수 없다고 해봅시다. 그럼 여기서 두 가지 가설이 서로 경쟁하는 셈이 됩니다. 하나는 '사건이 복잡하고 중대하여' 해결에 시간이 더 걸린 것이라는 가설과, 다른 하나는 '인력을 과도하게 투입하는 바람에' 조정과 소통에 문제가 발생하여 시간이 더 걸린 것이라는 가설입니다. 이런 식으로 추론한다면 <그림 7-2>는 <그림 7-3>처럼 경쟁하는 두 개의 가설로 표현될 수 있습니다.

그림 7-3 경쟁가설의 형태

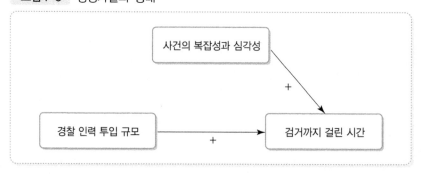

출처: 저자 작성.

---

6 가만히 들여다보면 이러한 허위적 관계는 논리적 근거도 부족하지만, 시간적 선후 관계에서도 문제가 있는 경우가 많습니다.

여기서 엄밀한 인과관계 추론은 한 가지 단계를 더 거쳐야 합니다. 즉 경쟁가설의 배제라고 부르는 것으로, 동일한 현상을 설명하는 여러 다른 가설들의 설명력을 빼는 작업입니다. 즉 경쟁가설의 배제란 다른 가설의 설명력을 다 고려하고서도 여전히 여러분이 세운 가설의 설명력이 남아있느냐의 문제입니다.

사회현상에서는 어떤 현상에 대해 단일의 원인만이 존재하는 경우는 드뭅니다. 상당히 많은 현상들이 복합적으로 작용하여 하나의 혹은 여러 결과를 만들지요. 그러다보니 경쟁가설을 완전히 배제할 수 있다기보다는 설명력의 차이라는 측면에서 경쟁가설의 배제를 논하게 됩니다. 즉 "내 가설만이 정확히 인과관계를 설명한다"기보다는 "내 가설이 다른 경쟁가설들에 비해 가장 설명력이 높다"거나, "내 가설도 부분적인 설명력이 있다"거나, "내 가설이 다른 오래된 경쟁가설들에 비해 가장 새롭다"고 주장하는 것입니다. 예를 들어 오래된 조직일수록 혁신역량이 떨어진다는 기존에 알려진 가설이 있을 때, 이를 부정하는 것이 아니라, 이를 인정함에도 불구하고 "조직 내 집단 간 문화적 갈등이 있을 경우 혁신역량이 떨어진다"는 가설을 내세워 어떤 조직이 왜 혁신역량이 부족한지 아직 설명되지 않은 부분에서 문화적 갈등을 고려하는 새로운 가설이 설명력이 있다고 주장하는 것이죠.[7]

7.3. 인과관계 추론의 사회적 의미

위에서 설명했듯이, 인간과 사회를 연구하는 분야에서는 인과관계를 명확히 추론하는 일이 쉽지 않습니다. 관악구 난곡동에는 "베이비

---

7 엄밀히 말하자면 이 경우도 혹시 조직이 오래될수록 조직 내 집단 간 문화적 갈등이 커지는 것은 아닌지를 살펴볼 필요가 있습니다.

박스"라고 불리는 공간이 있습니다. 막 영아를 출산한 부모가 여러 가지 이유로 아이를 키울 수 없는 상황에서 단독주택의 벽에 설치되어 있는 "박스"에 아이를 조용히 놓고 갑니다. 그러면 자동으로 벨이 울리고, 집 안에 있던 목사님이 그 아이를 받아 임시로 키우는 것입니다. 이 베이비박스를 두고 논란이 있습니다. 베이비박스가 영아 유기를 증가시킬 수 있다는 주장이 제기되었기 때문입니다. 영아를 버릴 수단을 제공했거나, 그런 아이디어를 유포했다는 것이지요. 다른 한편에서는 영아 유기는 다른 사회적 요인들에 의해 벌어지는 일이고, 그나마 베이비박스가 있어 안 그랬으면 죽음을 맞았을 아이들을 몇이라도 살리는 것이라고 주장합니다.[8] 여러분은 어떻게 생각하십니까? 어떻게 생각하든, 이렇게 마음 아픈 상황에 대한 인간의 대응을 평가함에 있어서도 인과관계에 대한 추론이 핵심적 역할을 한다는 것을 이해하는 것이 중요합니다.

또 다른 예를 들어볼까요? 어느 마을에 어느 날 공장이 하나 들어섰습니다. 비료를 만드는 공장이었습니다. 매일 매캐한 냄새가 났습니다. 그리고 몇 년 후 마을 주민들이 하나둘 아프기 시작하더니 많은 주민들이 질병으로 죽어갔습니다. 주민들은 공장 때문이라고 도청과 시청에 호소하였지만 해당 지자체는 제대로 조사를 하지 않다가, 2020년에 이르러서야 환경부가 공장에서 비료를 만드는 과정에서 태운 물질 때문에 주민들의 병이 유발되었다는 것을 인정했습니다. 언론에 알려진 "장점마을" 이야기입니다.[9] 여러분이 해당 공무원이었다면 어떻게 판단했겠습니까? 당연히 공장 때문이라고 판단했을까요? 지금

---

8 베이비박스에 대한 논란은 언론에서 많이 다루었습니다. 여러분이 바로 찾아볼 수 있을 것이기 때문에 이 책에서 특정 기사를 소개하지는 않겠습니다.
9 이에 대해서는 환경부가 2019년 11월 13일 배포한 보도참고자료 "장점마을 주민 건강영향조사 최종 발표회 개최"를 참고하기 바랍니다.

이렇게 요약된 글을 읽으면 그렇게 생각할지 모르겠습니다. 그러나 이 사태의 해결이 그토록 오래 걸린 데는 과학적, 정치적 이유가 있습니다. 이런 사회적 문제에 있어서 인과관계의 추론에는 상당히 복잡한 논점들이 있기 때문입니다. 이 책의 시작에서 언급한 가습기 살균제 사태처럼 말이죠.[10] 더욱이 만일 담당 공무원이 보다 적극적으로 행동했다면 그렇게 많은 주민들이 병에 걸리지는 않았을 것이라는 추론 역시 가능하다면 공무원의 행동과 발병 간의 인과관계는 과연 어떻게 보아야 할까요? 여러분이 방법론을 공부하여 연구를 하는 이유는 이렇게 모호하고 답하기 어려운 수많은 문제들을 인간과 사회를 위해 설득력있게 다루는 연구자가 되기 위함입니다.

7.4. 연구의 타당성

정확한 인과관계의 추론과 확인은 연구의 타당성 문제와 연결되어 있습니다. 연구의 타당성이란 쉽게 말해 연구의 결론이 맞는 말이냐, 즉 인과관계를 적절하게 추론했느냐 하는 비판을 견뎌낼 수 있는 정도입니다. 타당성이 높은 연구는 비판을 견뎌내는 힘이 강하고, 그래서 믿을만한 연구인 셈입니다.

연구의 타당성에는 여러 측면이 있습니다. 우선 가장 좁은 의미로 연구에서 주장하는 인과관계가 자료로부터 잘 입증되고 논리적으로도 문제가 없다고 하면 이를 내적 타당성이 높다고 합니다. 즉 '연구에 국한하여' 볼 때, 주장하는 인과관계를 믿을 수 있다고 한다는 것이

---

10 이 말이 공장의 연기나 가습기 살균제 사용과 질병의 발생 간 인과관계를 부정하는 의미가 절대 아니라는 점을 이해하기 바랍니다. 양자 간 인과관계가 있다고 마음에 추론한다 해도 이를 과학적으로, 그리고 사회적으로 입증하는 과정은 생각보다 지난합니다.

죠. 예를 들어 여러분이 어느 초등학교의 6학년 2반과 6학년 3반을 정하여, 2반 학생들에게는 시험 성적이 오르면 만 원을 줄 것이라고 약속하고, 3반 학생들에게는 일단 만 원씩 나누어준 후 시험 성적이 오르지 않으면 만 원을 도로 돌려받을 것이라고 말했다고 합시다. 보통 학교는 반을 배정할 때 무작위로 배정하기 때문에 2반과 3반 학생들은 평균적으로 유사할 것이라고 가정할 수 있습니다. 이렇게 다를 바 없는 두 집단에게 서로 다른 인센티브를 적용하였더니 학생들의 성적이 서로 다르게 나타났다면 이는 다른 이유에서가 아니라 인센티브의 차이때문이라고 추론할만한 근거가 상당합니다.[11] 이런 경우 내적 타당성이 높다고 합니다. <그림 7-4>는 이러한 내적 타당성의 논리를 보여줍니다.

그림 7-4 내적 타당성

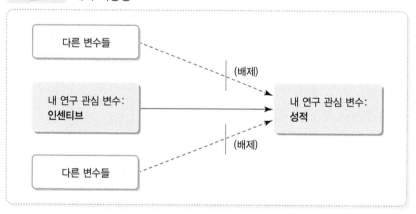

출처: 저자 작성.

---

11 이 사례는 유리 그니지·존 리스트 지음. 안기순 옮김. 2014. 『무엇이 행동하게 하는가』. 김영사.에 담겨 있는 실험을 원용한 것입니다.

그러나 이런 연구에는 한 가지 문제가 있습니다. 연구자가 정한 초등학교가 국내 도시의 어느 초등학교라고 합시다. 그렇다면 과연 똑같은 인센티브를 적용했을 때 농촌 지역의 초등학교 학생들 사이에서도 똑같은 결과를 얻을 수 있을까요? 혹은 다른 나라의 초등학교 학생들이라면? 혹은 30년 전 우리 아버지 세대가 초등학생이었을 때라면? 이렇게 어떤 좁은 범위의 연구대상을 통해 얻은 결과를 그보다 넓은 범위의 사람들 혹은 사회에도 미루어 적용할 수 있는 정도를 외적 타당성이라고 합니다. 특별히 농촌 지역의 초등학교 학생들 사이에서 달리 나타날 이유가 없다는 것을 연구자가 잘 보여주었다면 그 연구는 외적 타당성이 높은 연구라고 합니다. 과학적 연구는 제한된 대상에 대한 연구와 간명한 논리로 더 넓은 세상의 많은 부분을 설명하고자 하는 활동임을 기억할 것입니다. 그렇다면 <그림 7-5>에서처럼 '더 넓은 세상의 많은 부분'에 연구의 결론을 적용할 수 있다면 그 연구의 가치는 더 크겠죠. 따라서 외적 타당성도 중요한 가치입니다.[12]

그림 7-5   외적 타당성

출처: 저자 작성.

---

12 이 외에도 연구의 타당성을 평가하는 개념으로 제9장에서 설명하는 측정에 있어서의 타당성과 통계적 추론의 타당성이 있습니다. 통계적 추론의 타당성은 표본조사를 한 연구의 경우 통계적으로 적절한 처리가 이루어지고 표본집단의 특성으로부터 모집단의 특성을 추론하는 데에 문제가 없는지를 다룹니다. 연구의 타당성에 대한 자세한 논의는 앞서 소개한 남궁근 교수님의 책(2010)을 참고하세요.

주요 개념들

경쟁가설의 배제	공동변화	기계적 세계관
내적 타당성	뉴턴	닭이냐 달걀이냐
상관관계	시간적 선후관계	연구의 타당성
외적 타당성	인과관계	추론
통계적 추론의 타당성	허위적 관계	

열 줄 요약

1) 인과관계에 대한 추론과 분석은 과학적 연구의 많은 부분을 차지하고 있다.

2) 인과관계에 대한 지식은 세상에 대한 설명을 제공하면서, 동시에 세상에 대한 통제의 의도와 연결되어 있다.

3) 인간과 사회를 대상으로 하는 연구에서 엄밀한 인과관계에 대한 지식을 얻는 일은 쉽지 않다.

4) 인과관계로 보기 위해서는 두 현상 간에 시간적 선후관계가 관찰되어야 한다.

5) 인과관계로 보기 위해서는 두 현상 간에 공동변화가 관찰되어야 한다. 공동변화는 방향과 강도가 모두 중요하다.

6) 인과관계로 보기 위해서는 두 현상 간 허위적 관계 혹은 경쟁가설을 논리적으로 제거할 수 있어야 한다.

7) 사회 연구에서는 경쟁가설을 완전히 배제할 수 있다기보다는 경쟁가설의 설명력을 고려한 상태에서 남아있는 두 현상 간의 관계의 특성으로 인과관계를 추론한다.

8) 연구의 타당성이란 인과관계를 적절하게 추론했느냐 하는 비판을 견뎌낼 수 있는 정도를 의미한다.

9) 내적 타당성은 연구에서 주장하는 인과관계가 자료로부터 잘 입증되고 논리적으로 문제가 없을 경우 높다고 본다.

10) 외적 타당성은 어떤 좁은 범위의 연구대상을 통해 얻은 결과를 그보다 넓은 범위의 대상에도 미루어 적용할 수 있다고 판단될 때 높다고 본다.

더 생각해보기

1) 자료의 한계상 인과관계를 논하기 어려운 경우에도 연구자들이 인과관계를 추론하는 이유는 무엇인가?

2) 과학적 의미의 인과관계와 법적 의미의 인과관계는 서로 어떻게 다른가? 무엇이 무엇에 어떻게 도움을 줄 수 있는가?

3) 인과관계의 세 조건은 우리가 세상의 원인과 결과들을 이해하기에 충분한가?

4) 나는 연구의 내적 타당성과 외적 타당성 가운데 무엇을 더 중요시하고 있는가? 타인의 연구에 대해서는 어떠한가?

연습해보기

아래 지문을 읽고 물음에 답해보세요.

> 2015년 2월 10일 동아일보는 "경적 많이 울리는 운전자, 사고도 많아"라는 제목의 기사를 내보냈습니다.* 삼성교통안전문화연구소 및 손해보험협회와 공동으로 일반 운전자 150명을 대상으로 경적 사용 실태를 조사한 결과, 연령대가 낮고 운전 경력이 짧은 운전자일수록 경적을 더 많이 울리는 것으로 나타났다고 합니다. 하루 평균 경적 사용 횟수는 20대가 1.07회, 30대 0.98회, 40대 이상 0.66회로 조사되었습니다. 또한 하루 평균 경적을 두 번 이상 울린다고 응답한 운전자 가운데 73%가 사고 경험이 있었습니다. 반대로 경적을 사용하지 않거나 최대한 자제한다고 응답한 운전자 가운데는 53%가 사고 경험이 있었습니다. 기사는 결론적으로 경적 사용이 잦은 운전자일수록 잠재적인 사고유발자가 될 개연성이 높다고 보았습니다.
>
> 출처: 동아일보 2015년 2월 10일자 기사. "경적 많이 울리는 운전자, 사고도 많아." 내용 재구성.

1) 이 기사에 암시되어 있는 인과관계를 도표로 나타내 보세요.

2) 본인이 생각하는 인과관계를 도표로 나타내고 그 논리를 제시
   해 보세요.

자료의 이해와 분석

이 편에서는 연구방법의 경험적인 측면에 초점을 두고 선행연구 조사 및 분석, 개념과 변수, 조작적 정의, 그리고 자료의 수집 방법에 대해 이야기하고자 합니다. 우선 제8장에서는 연구 과정에서 상당한 시간과 노력을 들이게 되는 선행연구 조사 및 분석에 대해 이야기합니다. 선행연구 조사 분석의 중요성을 간과하고, 자신의 연구방법과 결과에만 초점을 두는 경우를 간혹 봅니다. 그러나 선행연구에 대한 철저한 조사를 통해 여러분은 지금까지 연구의 흐름, 주요한 이론, 자료원, 주된 분석방법, 새로운 주제 등 매우 귀중한 정보들을 습득할 수 있습니다. 또한 선행연구에 대한 철저한 분석은 여러분의 논문이 저널에 게재되는 데에 중요한 기준 가운데 하나라는 점에서 절대 소홀히 할 수 없습니다. 그런데 의외로 선행연구 조사를 체계적으로 수행하는 방법에 대해 막막해하는 분들이 있습니다. 제8장은 선행연구를 조사해나가는 길에 대해서도 안내합니다.

제9장에서는 개념, 변수, 양자를 이어주는 조작적 정의, 그리고 측정 도구에 대해 설명합니다. 좋은 개념을 붙잡고 이를 성공적으로 조작화하여 자료와 부합시키는 작업은 경험적 연구의 질을 좌우하는 핵심적인 부분입니다. 그런만큼 주의해서 습득해야 할 기술적 지식들이 있습니다. 또한 이 부분은 어떤 경험에 대한 측정이 얼마나 정확한지, 그리고 믿을 만한지를 판단하는 기준들을 다룹니다.

제10장은 여러 가지 자료 수집 방법에 대해 이야기합니다. 비록 이 책이 각론적 방법들에 대해 자세히 기술하는 것을 목적으로 하지는 않으나, 이 장을 통해 여러분들이 다양한 자료 수집 방법들을 일람하고, 각 방법들의 장단점을 대략적으로 파악하며, 어떤 방법이 어떤 주제와 어울리는지에 대한 감을 잡을 수 있도록 안내하는 데에 목적을 두고 서술하였습니다. 제10장을 읽고 여러분이 선호하는, 혹은 적절하다 생각되는 방법을 여러분 각자가 찾을 수 있기를 바랍니다.

제8장

선행연구 분석

이 장에서는 선행연구를 찾고, 분석하고, 인용하는 방법에 대해 설명합니다. "거인의 어깨 위에서 세상을 바라본다"는 말이 있듯이[1] 좋은 선행연구를 적절히 찾아 습득하는 일은 좋은 연구를 위해 매우 중요합니다. 여러분이 열심히 연구를 해서 논문을 썼는데 심사자가 "이 논문은 홍길동의 2004년 논문과 거의 유사하고 새로운 발견이 없군요"라고 게재불가 소식을 전해오면 얼마나 당황스럽겠습니까. 혹은 "이 논문은 이 분야의 가장 중요한 저작인 홍길동의 2004년 논문에 대한 검토를 빠뜨렸군요"라고 하며 수정 판정이나 심지어 게재불가 판정을 보낼지도 모릅니다. 뒤늦게 홍길동의 2004년 논문을 찾아보고 여러분은 "이 훌륭한 논문을 내가 왜 몰랐을까"라고 한탄하게 될지도 모르구요. 체계적인 선행연구 분석에 대한 지식은 충분히 중요한 가치가 있습니다.

8.1. 선행연구 분석이 왜 중요한가

선행연구 분석은 좁게 보면 연구주제를 정하고 연구문제를 설정한 후 가설을 도출하기 전 기존 연구들의 결과를 검토하는 과정입니다.

---

1 이 말은 아이작 뉴턴이 했다고 알려져 있지만, 『*On the Shoulders of Giants*』라는 책을 쓴 로버트 머튼에 따르면 유사한 표현은 이미 존재했다고 합니다. 지금 우리에게는 뉴턴에 의해 유명해진 것이지요.

따라서 보통 논문에서는 연구주제와 연구문제를 제시하는 제1장 서론에 바로 뒤이어 제2장에 등장합니다. 그러나 선행연구 분석을 넓게 보면 연구주제를 정하는 전단계로서 폭넓은 사전 지식 습득, 관련된 이론 및 연구방법의 파악, 그리고 적절한 독자 혹은 저널의 선택에 이르기까지 연구의 모든 단계에 중요한 정보를 제공하는 최우선 작업입니다.

우선 선행연구 분석은 여러분이 어떤 연구를 하는 것이 좋은지를 판단하는 데 필요한 사전 지식을 제공해줍니다. 여러분이 외식사업을 하려 한다면 여러 후보지를 물색하여 입지는 어떤지, 잠재적 고객은 얼마나 되는지 등 광범위하고 자세한 사전 조사를 시행해야 사업의 성공 가능성을 높일 수 있을 것입니다. 마찬가지로 연구도 본인에게 궁금한 연구문제가 어느 날 떠오른다 해서 바로 시작하는 것은 다소 위험합니다. 여러분은 기존의 연구를 읽고 또 읽음으로써 첫째, 현재 우리가 어디까지 알고 있고, 둘째, 어떤 연구들이 진행되고 있고 어떤 연구문제가 그 연구공동체에 남아 있으며, 셋째, 어떤 질문이 아직 제기되지 않았고, 마지막으로 어떤 수준의 연구가 가능한지를 알 수 있게 됩니다. 특히 연구문제를 설정할 때 자신이 설정한 연구문제가 너무 크거나 너무 작지 않은 적절한 수준의 연구문제인지는 비슷한 주제를 다룬 다른 연구들의 연구문제를 통해 판단할 수 있습니다.

둘째로 연구주제가 대략 정해졌다면 선행연구 분석의 목적은 이제 관련된 이론 및 연구방법을 파악하는 것으로 옮겨갑니다. 선행연구들은 가설을 도출할 때 기반한 이론들, 경험적 분석을 위해 의존한 자료, 그 원천 혹은 수집방법, 그리고 분석방법에 대한 정보로 가득합니다. 학위논문을 작성하는 학생들 가운데는 연구문제는 명확한데 도무지 어떤 연구방법을 써야 할지 고민된다는 학생들이 제법 있습니다.

이 문제를 해결하는 가장 좋은 방법은 기존의 연구들을 살펴보고 그들이 어떤 방법을 썼는지, 자료는 어디서 어떻게 수집했는지를 중심으로 읽는 것입니다. 그리고 마음에 들거나 본인이 쓸 수 있는 방법을 채택하는 것입니다.

마지막으로 선행연구 분석은 자신이 논문을 통해 속하게 될 학문 공동체를 탐색하는 과정입니다. 이를 통해 자신의 논문을 어디에 제출할지, 누구를 독자로 설정할지, 누가 내 논문을 읽고 인용할지 등에 대한 잠정적 답을 얻는 과정입니다. 어떤 학생들은 "이 논문을 나 말고 또 누가 읽겠나"하는 자조감에 빠진 채 연구를 진행하기도 합니다. 읽을 사람들이 분명히 있습니다. 가장 가능성이 높은 집단은 바로 여러분이 인용하는 논문이나 책의 저자들입니다. 여러분이 박사학위논문을 작성한다면 여러분의 논문에 인용하는 연구의 수행자들은 여러분이 학술대회에서 만나게 될 사람들이고, 앞으로 여러분이 쓸 논문을 심사할 사람들이고, 여러분의 논문을 인용할 사람들입니다. 여러분은 선행연구를 조사하고 분석하여 적절히 인용함으로써 어떤 공동체에 발을 들여놓게 되는 것입니다.

8.2. 선행연구 검색 방법 1: 검색 엔진 활용

선행연구를 분석하려면 좋은 선행연구들을 찾아야겠지요. 의외로 이 부분에서 막막함을 느끼는 이들이 있습니다. 여기서는 선행연구를 검색하는 방법을 간단히 소개해드립니다.

우선 가장 범용성이 높은 검색 엔진은 구글스칼라(Google Scholar; scholar.google.com)입니다. 일단 저 웹사이트에 들어가서, 본인이 원하는 키워드로 검색을 시작할 수 있습니다. 여기서는 조직학습론에서 유명한 개념인 탐색과 심화(exploration and exploitation)를 예로 들어보겠습니다. 검색해보면 아래 <그림 8-1>과 같은 결과가 뜹니다.

그림 8-1 구글스칼라 검색 예

출처: 구글스칼라에서 저자가 스크랩하여 작성.

관련된 논문들과 책들이 주루룩 뜹니다. 여러분들은 일단 페이지를 넘겨가며 어떤 제목의 논문들이 있는지 살펴보고, 마음에 드는 제목이나 초록의 논문이 있으면 이를 다운로드받으면 됩니다. 초록을 보고 싶으면 논문 제목을 클릭하시면 됩니다. 다운로드를 받고 싶으면 오른

쪽에 있는 [PDF] 혹은 [Find it @] 부분을 누르면 다운로드가 가능합
니다. [PDF]라는 표시가 있으면 무상으로 다운로드를 받을 수 있는
경우이고, 그렇지 않다면 여러분은 접근 권한이 있는 도서관을 통해
다운로드를 받을 수 있을 것입니다.[2]

　하나의 논문에 초점을 두고 보면, 아래 <그림 8-2>에서 보듯
한 논문에 대한 여러 정보가 담겨 있음을 알 수 있습니다.

그림 8-2　논문 정보들

Exploration and exploitation in organizational learning　　　　　　　[PDF] pbworks.com
JG March - **Organization** science, 1991 - pubsonline.informs.org
This paper considers the relation between the exploration of new possibilities and the
exploitation of old certainties in organizational learning. It examines some complications in
allocating resources between the two, particularly those introduced by the distribution of ...
☆ 𝟿𝟿 27909회 인용　관련 학술자료　전체 27개의 버전

출처: 구글스칼라에서 저자가 스크랩하여 작성.

　위의 논문은 탐색과 심화라는 개념을 처음 제시한 논문으로서, 해
당 분야의 연구자들에 의해 반드시 인용되는 논문입니다. <그림
8-2>에는 이 논문의 제목, 저자(JG March; James G. March), 게재된
학술지(Organization Science), 게재연도(1991년), 초록의 일부, 그리고
인용횟수(27909회) 정보가 담겨있습니다. 이 인용횟수 정보를 보고 여
러분은 이 논문이 동료들에 의해 얼마나 활용되고 있는지를 판단할
수 있습니다. 이 논문처럼 고전적인 논문의 경우 인용횟수는 상상을
초월하기도 합니다. 왜냐하면 이제 탐색과 심화 개념을 활용하여 연구

---

2 위 그림의 경우 특정 대학교 도서관을 통해 다운로드할 수 있는 예시적 링크가
나타나 있습니다. 이 링크는 이용자가 구글 계정 설정에서 해당 도서관을 '본인이
이용할 수 있는 도서관'으로 미리 등록해 놓을 때 표시되는 링크입니다. 여러분도
지금 등록해 보기 바랍니다. 다만 그 도서관이 해당 저널을 구독하고 있어야 실제
로 다운로드가 가능할 것입니다.

하고자 하는 사람은 이 1991년 논문을 인용하지 않을 수 없기 때문입니다. 이렇게 인용횟수가 10,000회를 넘나드는 논문이나 책은 해당 주제의 고전일 가능성이 높습니다. 여러분도 이런 문헌은 반드시 찾아서 읽어볼 필요가 있습니다. 그리고 "27909회 인용" 부분을 다시 클릭해보면 해당 논문을 인용한 논문들이 다시 주루룩 뜹니다. 이 기능도 매우 유용합니다. 여러분이 해당 논문을 재미있게 읽었고, 그것의 후속 연구는 무엇일까 궁금하다면 이 기능을 사용할 수 있습니다. 만일 여러분이 해당 논문의 저자가 수행한 다른 연구들은 무엇인지 궁금해졌다면 해당 저자의 이름을 클릭하면 해당 저자의 다른 논문들을 볼 수 있습니다.

이 외에도 구글스칼라는 유용한 정보들을 제공하고 있습니다. 예를 들어 <그림 8-1>의 왼쪽 부분을 보면 언제 출판된 논문이나 책인지에 따라 검색을 제한할 수 있습니다. 우선 모든 날짜로 검색을 해보고, 보다 최신의 연구들을 보고 싶다고 하면 "기간 설정"을 눌러서 원하는 기간을 설정할 수 있습니다. 또한 <그림 8-1> 혹은 <그림 8-2>에서 따옴표 모양을 클릭하면 <그림 8-3>과 같이 참고문헌 목록을 만들 때 유용한 서지정보를 제공합니다. 이 기능이 제공하는 정보의 질은 완전하지는 않지만 지속적으로 개선되고 있습니다. 여러분이 EndNote 같은 서지관리 프로그램을 사용한다면 <그림 8-3>의 해당 부분을 클릭하면 바로 해당 프로그램으로 불러들일 수 있는 서지정보 파일이 다운로드됩니다.

그림 8-3 인용 정보

	인용
MLA	Uotila, Juha, et al. "Exploration, exploitation, and financial performance: analysis of S&P 500 corporations." *Strategic Management Journal* 30.2 (2009): 221-231.
APA	Uotila, J., Maula, M., Keil, T., & Zahra, S. A. (2009). Exploration, exploitation, and financial performance: analysis of S&P 500 corporations. *Strategic Management Journal, 30*(2), 221-231.
ISO 690	UOTILA, Juha, et al. Exploration, exploitation, and financial performance: analysis of S&P 500 corporations. *Strategic Management Journal*, 2009, 30.2: 221-231.

BibTeX   EndNote   RefMan   RefWorks

출처: 구글스칼라에서 저자가 스크랩하여 작성.

마지막으로 <그림 8-1> 맨 아래 부분은 관련 검색어를 구글스칼라가 자동으로 추천해주는 기능입니다. 여러분이 만일 어떤 주제에 대해 처음 검색을 시작한다면 아래 자동 추천 검색어들을 잘 활용하면 세부적인 연구주제에 대한 좋은 정보를 얻을 수 있습니다.

위에서는 영문 키워드로 검색을 했지만 여러분은 국문 키워드로도 검색할 수 있습니다. 아래 <그림 8-4>는 예로서 "독립협회"를 검색한 결과입니다.

영문과 마찬가지로 국문 문헌도 잘 검색됩니다. 여러분이 어느 논문의 제목을 클릭하면 DBpia나 KiSS, RISS 등 국내 문헌제공서비스로 들어가게 됩니다. 그리고 이러한 서비스들은 관련된 문헌들을 자동으로 추천해 주는데, 그 질이 매우 좋습니다. 따라서 처음부터 이러한 서비스들에서 검색을 시작하는 것도 좋은 방법입니다.

그림 8-4 국문 키워드 검색 결과

출처: 구글스칼라에서 저자가 스크랩하여 작성.

이 외에도 각 도서관들은 자체적인 검색 엔진을 제공합니다. 이 장에서 구글스칼라의 예를 중심으로 설명한 것은 여러분들이 기존 문헌을 검색할 때 어떤 정보들을 활용하는 것이 좋은지를 이야기하기 위한 것이었습니다. 이를 바탕으로 각 검색 엔진의 특성에 맞추어 여러분이 활용하기 편한 검색 엔진을 활용하시면 되겠습니다.

8.3. 선행연구 검색 방법 2: 추가 검색

여러분들이 검색 엔진을 통해 대략 기초가 될만한 문헌을 확보했다면, 이제 그 논문들을 하나하나 읽어보는 작업을 할 것입니다. 특히 논문의 '이론적 배경' 부분과 '토론(혹은 결론)' 부분을 읽어보면 해당 논문의 저자들이 다양한 문헌들을 인용하고 있을 것입니다. 여러분은 논문을 읽으면서 자연스럽게 그렇게 인용된 문헌을 추가로 찾아보게 될 것입니다. 특히 이렇게 논문을 자세히 읽다 보면 검색 엔진에서는 뚜렷하게 알기 어려웠던 고전이나 핵심 문헌들이 드러납니다. 요컨대 여러분은 수집한 논문들의 내용을 공부하기 위해서도 논문을 읽지만, 그 안에 인용된 중요한 문헌들이 무엇인지를 파악하기 위해서도 논문을 읽어야 합니다.

적지 않은 학생들이 궁금해하는 점은, 과연 얼마나 이런 검색 작업을 해야 하는가, 그리고 얼마나 많은 문헌을 인용해야 하는가입니다. 이런 식으로 문헌을 찾아나가다보면 어느 시점에선가 더 이상 특별히 새로운 것이 나타나지 않는 상황이 나타납니다. 이를 일종의 '포화상태'라고 할 수 있습니다. 처음에는 모든 논문이 새롭고 어려웠는데, 언제부턴가 특별히 새롭지 않고 추가적인 지식이 예전만큼 흥분되지는 않는 순간이 찾아옵니다. 이때쯤이 여러분이 문헌 조사를 멈출 수 있는 시점이라 할 수 있습니다. 물론 단지 여러분이 지쳤기 때문인지, 아니면 정말로 누가 봐도 충분히 조사가 되었기 때문인지는 스스로 의심해볼 필요는 있습니다. 그러나 어쨌든 이런 시점이 오면 여러분은 이제 조사의 단계에서 분석의 단계로 넘어가게 됩니다.

그럼 도대체 몇 편의 문헌을 인용해야 할까요? 이런 질문에는 정답이 없습니다. 다만 선행연구 분석이라는 이 장의 취지에 맞게 답을 해보자면, 이 역시 "선행연구들은 어떻게 하고 있는가"를 살펴보는 것이 방법 중 하나일 것입니다. 중요한 것은, 핵심적인 문헌들이 포함되어 있는가와 최근의 발견들을 충분히 담고 있는가입니다.

📖 책갈피

지식의 포화상태에 이르기까지

대개의 지식 탐구는 일종의 '포화상태'에 도달한다. 이 개념은 질적 연구에서 특히 중요하다. 처음에는 많은 것을 배울 수 있었던 인터뷰가 어느 시점에서부턴가 '더 해야 하나'라는 생각이 들게 한다면 그것은 방금 했던 인터뷰이의 문제가 아니라 이제 조사를 통한 정보가 포화상태에 이른 것일 가능성이 높다.

유사하게, 처음에는 그렇게 재미있던 어떤 주제의 논문들이 언제부턴가 약간 지루하다 느껴지면 그것은 그 논문들의 문제도 아니고, 나의 게으름 문제도 아니고, 그저 내가 그 영역의 지식에 대해 포화상태에 이른 것일 가능성이 높다.

또한 한 연구 영역이 포화상태에 이르면 두 가지 현상이 발생한다. 하나는 그 영역에서 후속 논문을 "쓰기"는 상대적으로 쉬워지는 반면, 실제로 의미있는 정도로 지식을 "증가시키"기는 어려워진다. 우리가 "고만고만한 연구들"이라고 부르는 것들은 이런 상태에 있는 셈이다. 다른 하나는 본래의 열정이 식는다는 점이다. 장엄한 그랜드캐년 앞에 서서 5분이 지나면 처음에 벌어졌던 입이 오무려지고 이제는 그냥 큰 골짜기에 불과하게 되는 것처럼, 지식의 탐구라는 것도 포화상태에 가까와질수록 애초의 열정은 식어가고, 안타깝게도 그저 관성만이 남게 되기도 한다.

포화상태에 도달하는 것이 나쁜 것만은 아니다. 어떤 지식이 포화상태에 도달했다는 것은, 나름 '완성'되었다는 의미이다. 나올 것은 대충 다 나왔다는 것. 그렇다면 남은 것은 '실천'이다. 그동안 많이 고민했고, 많이 알아봤으며, 이제 별로 새것이 없으니, 이제는 실천을 모색해도 좋은 것이다.

지난 몇 년 공공성을 화두로 이런 저런 갈래의 논문을 써왔는데, 최근에 드는 생각은 공공성 논의가 포화상태에 가까워지고 있는 것 아닌가 하는 것이다. 내 논문이든 (감히!) 다른 분들의 논문이든 논의는 정교화되고, 철학적 깊이는 더해가는데, 왠지 처음만큼 새롭지 않다. 방법론적으로 더 낫고, 원전에 대한 인용도 풍부해지는데, 왠지 뭔가 빠진 것 같다. 뭘까. 왜일까.

어쩌면 공공성 논의는 그래서 이제 현장으로 가야 할 때, 가도 좋을 때에 도달한 것인지 모른다. 공공성 원론이 아니라, 공공성 각론으로 들어가야 하는 때가 도래했는지 모른다. 하늘의 달이 천 개의 강에 비친다(월인천강(月印千江)). 지금까지는 달을 탐구했다면, 이제는 천 개의 강을 모색해야 하는 때인지 모른다. 공공성이 무엇인지, 그것을 설명할 더 나은 프레임이 무엇인지도 여전히 중요하지만, 이제는 천 개의 강에 달을 비추어 나갈 때인지 모른다.

너무 일찍 포화상태에 도달하면 연구공동체 자체가 쪼그라든다. 포화상태를 돌파하는 길은 지경을 계속 넓히는 것이다. 나는 공공성의 선구자 분들이 이 작업을 좀더 해주시기를 기원한다. 그래서 후학들에게 더 넓은 길을 물려주시기를 기원한다. 공공성은 처음 시작할 때 그 끓는 열정의 온도가 아직 남아 있는, 시대를 관통하는 주제이다. 내가 공공성 연구에 유독 까다로운 시선을 보내는 것 아니냐 생각될지도 모르겠다. 그러면 나는 대답하겠다. 중요하다고 생각하기 때문이고, 애착이 크기 때문이라고. 끊임없이 새로워야 할 주제이기 때문이라고. 함께 해나갈 분들이 계신 것이 정말 든든하다.

8.4. 선행연구의 종류

선행연구 분석을 하다보면 여러분들은 논문들의 성격이 사뭇 다르다는 것을 발견하게 될 것입니다. 최소한 네 가지로 나누는 분류가 유용할 것입니다.

첫째, 경험적 연구논문입니다. 이는 가장 전형적인 형태의 논문으로, 이론을 검토하고, 가설을 수립하고, 자료를 수집하여 분석한 후, 가설을 검정하여 결론을 내리는 패러다임 1 스타일의 논문이거나, 인터뷰나 참여관찰 등을 통해 자료를 수집하여 그것을 해석하고 이론적 의미를 끌어내는 패러다임 2 스타일의 논문입니다. 이 유형의 논문의 경우 최신 논문들이 중요합니다. 최신 논문들은 기존의 발견들 위에 보다 정교한 지식을 생산했거나 새로운 지식을 생산해냈기에 게재된 것이기 때문입니다. 여러분들도 예전에 알려진 발견을 단순히 반복하는 것이 아니라 최근 발견되고 있는 영역을 연구하고 싶을 것입니다. 따라서 이러한 경험적 연구 문헌들을 알고 있어야 합니다.

둘째, 개념적 연구논문입니다.[3] 이는 경험 데이터를 다루지 않고 오로지 개념 혹은 이론, 규범만을 다루는 논문입니다. 이러한 논문은 해당 주제의 핵심적인 개념이나 개괄적 이론의 핵심을 습득하는 데 많은 도움을 주는 논문입니다. 예를 들어 민주주의가 키워드일 때 경험적 논문들이 각국의 민주주의 제도 형태나 선거 행태 등을 분석한다면, 개념적 논문들은 민주주의의 현대적 의미, 민주주의에서 대표성 개념 등을 천착할 것입니다. 이 과정에서 경험적 자료를 원용하기도 하지만, 목적 자체가 사실의 확인이 아니라 개념과 이론의 정교화 혹은 새로운 이론의 개발이라는 점에서 경험적 논문과 다릅니다.

📖 **책갈피**

개념적 논문 쓰기의 어려움

학계에서 심심찮게 발견하는 약간의 오해 중 하나는 개념적 논문이 경험적 논문보다 쓰기 쉽다는 생각이다. 내 개인적 경험으로는 절대 그렇지 않다. 그렇다고 그 역이 참이라는 주장은 아니다. 그냥 개념적이든 경험적이든 좋은 논문은 쓰기가 어렵다.

---

3 *Academy of Management Review*라는 미국경영학회의 저널은 이러한 개념적 연구논문만을 출간하는 저널입니다. 한번 찾아보기를 권합니다.

개념적 논문을 쓸 때 데이터 수집의 고통은 없지만 대신 방대한 문헌을 읽고, 검토하고, 인용해야 하는 고통이 있다. 개념적 논문에는 일반적인 수준의 경험적 논문의 가설 도출에 필요한 논리보다 훨씬 폭넓고 엄정한 논리(의 체계)를 필요로 한다. 게다가 따로 답이 없는 세계이다. 더구나 당장은 검증할 방법이 없기에 심사 과정에서 방어하기도 쉽지 않다. 철저하게 열려 있다. 가설은 약간 허술한 듯해도 데이터라는 기댈 언덕이 있지만 개념의 틀은 스스로에 기대는 길밖에 없다. 이렇기에 쓰는 건 쉬울지 몰라도 심사를 견뎌내어 게재되는 것은 전혀 다른 문제이다.

개념적 논문의 어려움은 심리적인 부분에도 있다. 이 작업은 어느 수준에 도달하면 갑자기 막막한 세계가 펼쳐진다. 유명한 철학자들의 책이, 들을 때는 누구나 생각할 수 있을 것 같고 별 이야기 아닌 것 같아도, 그것에 도전해보기로 하는 순간 마치 오지로 떠난 순례자를 좇아 나도 오지로 떠나는 기분이 된다. 이때부터는 재능과 노력의 싸움이기도 하지만 심리적인 부분이 중요하게 작용하게 된다. 포기하고 싶어지고, 쉽게 가고 싶어지는 것이다. 한 문장을 수정하기 위해 며칠씩 문헌들을 뒤지다 보면 이렇게까지 해야 하나 하는 생각이 들게 마련이다. 더군다나 앞선 순례자를 따라잡고 보면 그도 가장 먼 데까지 와보았을 뿐 사실은 길을 헤매고 있었다는 것을 깨닫게 된다. 그 순간이 상당히 외롭다. 오던 길은 어찌저찌 마치겠지만, 그 외로운 느낌은 이런 모험을 또 떠나고 싶지 않게 만든다. 이런 심리적 도전들을 극복해내야만 좋은 개념적 논문을 쓰게 된다.

마지막으로 오늘날 개념적 논문을 쓰는 실제적 도전 중 하나는 연구 업적의 압박이다. 이론 작업을 하는 연구자가 다작을 하기는 어렵다. 물론 여러 가지 형태의 타협적 결과가 나올 수는 있으나 본질적으로 다작과는 어울리지 않는 것이다.

셋째, 검토 논문(review paper)입니다.[4] 이는 예를 들어 지난 10년

---

4 하나의 예로서 다음 논문을 찾아보세요: Thompson, Dennis F. 2008. Deliberative Democratic Theory and Empirical Political Science. *Annual Review of Political Science* 11: 497－520. 이 저널의 다른 논문들도 검토 논문이며, 여러 학문분야별로 따로 저널들이 있습니다.

간 '공감'이라는 주제를 다룬 거의 모든 논문들을 모아 그 연구 경향을 분석하는 데 목적이 있는 논문입니다. 즉 단순히 개념을 자세히 논의하는 것도 아니고, 직접 경험적 분석을 하는 것도 아닙니다. 대신 특정 주제에 대한 개념적·경험적 연구들이 어떻게 진행되어왔는지에 대해 방대한 문헌 분석을 통해 보여주는 논문입니다. 여러분이 어떤 분야를 처음 공부하기 시작하는 상황이라면 좋은 검토 논문을 찾는 작업부터 시작하는 것도 좋습니다. 여러분에게 잘 맞는 검토 논문을 발견하는 것은 작지 않은 행운일 것입니다.

마지막으로, 메타분석 논문입니다. 이는 특정 주제에 대한 지금까지의 경험적 연구결과들을 종합하여 주로 계량적으로 분석하는 데 목적이 있습니다. 과연 경험적 발견들이 일치하는지, 그 효과의 크기는 대략 어느 정도인지, 어떤 변수들이 중요했는지 등에 대한 정보를 얻을 수 있는 논문입니다. 메타분석 논문은 어느 학문 영역에서나 찾아볼 수 있지만, 방법론적 패러다임이 확고한 분야일수록 메타분석이 발달해 있습니다. 논문들 간 형식적인 비교가 가능하기 때문입니다.

다양한 유형의 논문들은 여러분에게 주로 전해주는 지식의 형태가 서로 다른 것일 뿐, 여러분이 선행연구를 수집하고 분석하는 데에 어느 유형의 논문이 더 중요한가의 문제는 아닙니다. 다만 개념적 논문이나 검토 논문을 우선 찾아서 읽고 공부가 된 후, 경험적 논문들을 일람하여 구체적인 결과들의 흐름을 익힌다면 도움이 될 수 있습니다. 물론 경험적 논문들이 구체적이고 재미있다면 그것부터 공부하시면 됩니다. 경험적 논문들 안에도 개념이나 이론이 충분히 담겨 있습니다.

8.5. 논문 읽는 법

여기까지 와도 여러분은 여전히 다소 막막하다 싶을지도 모르겠습니다. "도대체 얼마나 논문을 읽어야 실제로 연구를 시작할 수 있을까…"라는 생각이 들지도 모릅니다. 각자 연구에 투입할 수 있는 절대적 시간의 양이 다르기 때문에 일률적으로 말할 수는 없고, 여기서부터는 대신 가급적 효율적으로 논문을 읽는 방법에 대해 이야기를 나누고자 합니다. 주의할 것은, 여기서 제시하는 것은 왕도가 아니라 그저 개인별 특성에 맞추어 활용할 수 있는 팁이라는 것입니다. 특히 본격적인 연구가 아니라 특정 주제에 대한 연구의 흐름을 익히려는 활동가나 정책담당자라면 굳이 양이 중요한 것은 아니겠죠.

8.5.1. 초 록

여러분이 검색 엔진을 통해 어떤 논문을 찾아서 손에 들었다면 아마도 그 제목에 이끌려 읽기로 한 경우가 많을 것입니다. 그러나 제목만으로는 여러분의 연구와 관련성이 높은 연구인지, 꼼꼼히 읽을만한 논문인지, 간략하게 참고만 할 논문인지 알기 어렵습니다. 이때 또 중요한 논문의 요소가 초록(abstract)입니다. 초록은 제목 바로 아래 논문의 전체 내용을 요약한 짧은 글입니다. 저널에 따라서는 초록의 글자 수까지 규제할 정도로 초록은 짧고 압축적인 것이 미덕이며, 초록을 잘 쓸수록 좋은 저자라 할 수 있습니다. 연구자들 대부분이 이 사실을 잘 알고 있기 때문에 대부분 초록을 신경써서 작성합니다.

초록은 다음과 같은 기본 형식을 갖추어야 합니다: 연구의 전반적 배경, 기존 연구의 빈틈, 이 연구의 목적, 방법(자료), 주요 발견, 함의 혹은 결론. 좋은 초록은 이러한 요소들을 모두 분명하게 포함한 초록입니다. 따라서 여러분은 어떤 논문의 초록에서 이러한 요소들을 추출해내서 논문의 요지를 단번에 파악할 수 있어야 합니다. 나아가 여러분도 그런 초록을 쓸 수 있도록 훈련해야 합니다. 아래에 가상적인 초록 하나를 제시합니다.

> 최근 국가와 시민사회 간 협력에 대한 이론적 및 실천적 관심이 증가하고, 한국의 현실에서도 특히 지방정부 수준에서 지방정부와 지역 시민단체 간 협력이 증가하고 있다.[1] 그럼에도 불구하고 기존의 연구는 주로 중앙국가 수준에서 이루어지는 협력에 초점을 두어왔거나, 지방 수준에서도 지역개발과 같은 영역보다는 주로 정치적 참여에 초점을 두어왔다.[2] 이 논문의 목적은 보다 지속가능한 지역개발을 위한 지방정부와 지역 시민단체 간 협력의 성공사례 두 가지를 비교분석함으로써 협력의 성공요건들을 도출하고 새로운 이론틀을 제시하는 것이다.[3] 2018년 00구와 ##군에서 이루어졌던 지역개발 협력 사례를 관련자 40명과의 인터뷰를 통해 분석한 결과,[4] 협력의 성공을 위해서는 초기단계 상호 신뢰의 구축, 중간단계 효과적인 집행수단의 고안, 그리고 마지막에 집행에 대한 모니터링 기제가 중요하다는 것을 발견하였다.[5] 마지막으로 이러한 발견의 이론적 및 실천적 함의를 거버넌스 설계를 중심으로 논의하였다.[6]

연구의 전반적 배경(위의 [1])은 이 연구가 어떤 학문적 혹은 현실적 문제의 흐름에서 수행되었는지를 드러내는 부분입니다. 위의 예에서 여러분은 국가와 시민사회 간 다양한 방식의 협력이 증가하고 있는 현실과, 그러한 현실을 아직 충분히 따라잡지 못하는 이론의 상태를 지적한 부분을 발견할 것입니다. 이어서 여러분은 보다 구체적인 연구의 빈틈을 발견합니다(위의 [2]). 지방정부 수준에서 벌어지는 지역개발에 있어서 협력에 대한 연구가 부족하다고 주장하는 부분입니다. 이러한 빈틈에 대한 지적이 의미하는 바는, 1) 이에 대한 연구가 필요하다는 것이고, 2) 이 논문이 그 지적한 빈틈을 좀 메워보겠다는 것입니다. 후자는 바로 연구의 목적에 대한 진술로 이어집니다(위의 [3]). 다른 연구의 빈틈을 지적했으니, 그 논문은 당연히 그 부분을 메우는 것이 목적일 테니까요. 그리고 이어서 연구방법(자료 및 분석방법, 대상)에 대해 언급한 후(위의 [4]), 핵심적인 발견들을 요약합니다(위의 [5]). 경험적 연구라면 이 부분을 가장 주목해야겠죠. 그리고 마지막으로 그러한 발견의 함의가 무엇인지를 제시합니다(위의 [6]).

8.5.2. 서론과 결론

서론과 결론은 초록에 비해 더 풍부한 정보를 담고 있습니다. 서론은 문제 제기와 연구의 목적을 분명히 하는 부분입니다. 그리고 때로는 연구의 결과를 요약해서 제시하기도 합니다. 연구의 결과는 뒤에 나와야 하는 것 아니냐고 생각할 수도 있지만, 어떤 학자들은 연구결과를 서론에서 제시하는 것을 선호합니다. 연구의 결과가 논문의 핵심인데 이를 논문의 뒤쪽에 꼭꼭 숨겨둘 필요가 없다는 것이지요.

결론은 연구의 요약입니다. 연구의 한계와 향후 연구과제를 제시하긴 하지만 본질은 새로운 것이 아닌 앞의 내용의 요약입니다. 이렇게 되면 사실 동일한 내용, 즉 연구의 목적과 연구결과가 초록, 서론, 결론 모두에 나타나기도 합니다. 이 점은 염려할 필요가 없습니다. 여러분은 여러분의 논문에 대해 잘 알고 있지만, 독자는 여러분의 논문을 처음, 그리고 한 번 읽는 셈인데, 그 안에서 가장 핵심적인 연구의 목적과 연구 결과를 세 번 반복하는 것은 독자를 돕는 일이지 괴롭히는 일은 아닙니다.

8.5.3. 목적에 따른 부분적 읽기와 열독

연구자로서 여러분은 여건에 따라 모든 논문의 모든 본문을 다 읽을 필요는 없을 것입니다. 초록과 서론, 결론을 파악했다면 이제 여러분의 관심에 따라 결과 부분을 주로 읽거나 선행연구 분석 부분을 주로 읽을 수도 있습니다. 아니면 도대체 어떤 자료를 활용했는지, 어떤 방법을 썼는지를 알기 위해 연구방법 부분만 읽을 수도 있습니다. 심지어는 관련된 문헌들을 탐색하기 위해 참고문헌 부분만 따로 읽기도 합니다. 다만 이것이 어떤 논문의 부분만 읽으면 된다는 의미는 결코 아닙니다. 어떤 글이든, 부분적으로 읽을 때 얻는 것과, 전체를 읽을 때 얻는 것이 같을 수는 없습니다.

한정된 시간 안에 효율적으로 논문을 읽는 방법에 대해 이야기를 나누었지만, 많은 논문들은 꼼꼼히 읽어볼 가치가 있습니다. 특히 연구를 막 시작한 단계에서는 사실 어느 길로 가야할지 잘 모르기 때문에 처음 만나는 논문들 가운데 좋은 논문이라 생각되면 꼼꼼히 읽어보는 것이 의미가 있습니다. 논문을 꼼꼼히 읽는다는 것은 천천히, 줄을 그어가며, 심지어 한 번 이상 읽는 것을 의미합니다. 논문을 꼼꼼히 읽으면 단순히 연구의 목적과 결과만을 파악하는 것을 넘어 논문이라는 글의 스타일을 익힐 수 있고(결국 여러분도 그 스타일에 맞추어 논문을 써야 할테죠), 논문을 꿰뚫는 저자의 사고의 흐름 전체를 파악할 수 있고, 재미있는 디테일들을 발견할 수 있고, 몰입이 주는 깊은 학습을 경험할 수 있습니다. 저는 여러분에게 논문을 가급적 꼼꼼히 읽을 것을 권합니다. 여러분의 글이 동료 연구자와 시민에게 어떻게 읽히고 싶으십니까? 이왕이면 꼼꼼히 읽히고 싶을 것입니다. 논문을 꼼꼼히 읽는 것은 동료 연구자에 대한 윤리적 자세이기도 한 것입니다.

같은 여행지라도 1박2일 동안 보는 것과 3박4일 동안 보는 것이 다르듯, 본인의 마음에 들었든, 강의 중에 다루어졌든, 추천을 받았든, 인용이 많이 되었든, 신뢰할만한 논문을 꼼꼼히 읽으면 훨씬 더 많은 것들을 배울 수 있습니다.

8.6. 다른 저작 적절하게 인용하기

이제 마지막으로 선행연구 분석 부분 작성에 있어서 기술적 이슈이자 연구윤리와 관련된 이야기를 해야겠습니다. 바로 다른 저작을 적절하게 인용하는 방법에 대한 것입니다. 이야기를 하기 전에 먼저 말해두고 싶은 것은, 이 부분에서 표준은 연구 분야마다 조금씩 다르다는 것입니다. 어느 연구공동체든 그들만의 관행이 있습니다. 따라서 여러분은 그 관행을 익혀나가시되, 이 부분은 참고만 하면 되겠습니다.

우선 직접 인용이 있습니다. 어떤 학자의 책에 만고의 명문이나, 본인이 도저히 다른 말로 인용할 수 없을만큼 훌륭한 문장이 있을 경우, 혹은 사료나 정부의 공식 문서 등의 경우, 혹은 어떤 문서의 내용을 정확히 소개하는 것이 최선이라 판단될 경우, 여러분 논문의 본문에 그 원문을 직접 그대로 인용하는 것입니다. 이때 여러분은 아래와 같이 큰따옴표를 써서 인용되는 부분을 밝히고, 그 출처로서 저자명, 연도, 그리고 정확한 위치(쪽번호)를 밝혀야 합니다. 하나의 예로는 아래와 같은 것입니다. 아래의 인용은 얀켈로비치라는 학자가 1999년에 쓴 책의 15쪽을 보면 따옴표 안의 내용이 나온다는 것을 의미합니다.[5]

얀켈로비치(1999: 15)는 "대화란 성공적인 관계 형성의 과정이다.

---

5 Yankelovich, Daniel. 1999. *The Magic of Dialogue: Transforming Conflict into Cooperation*. New York: A Touchstone Book.

... 그것은 우리 모두에게 열려 있는 실천적인 일상의 도구이다"라고 주장했다.

두 번째로 간접 인용이 있습니다. 원문의 내용을 본인 방식으로 소화하여 표현을 달리하여 인용하거나, 전체 혹은 부분적인 내용을 요약하여 인용할 때 쓰게 됩니다. 이때 여러분이 구성한 문장은 원문과 내용에서는 일치하나 표현에는 차이가 있을 것입니다. 만일 그대로 쓴다면 직접 인용의 규칙을 따라야 합니다. 간접 인용의 경우 요약이나 비평을 했을 때는 정확한 위치를 표기하는 것이 어려운 경우도 있으나, 직접 인용과 유사한 경우 가능하다면 표기해주는 것도 좋습니다. 간접 인용의 또 다른 형태는 특별히 원전의 어떤 부분을 인용하는 것이 아니라 여러분의 주장과 유사한 취지의 글인 경우 여러분의 주장의 정당성을 강화하기 위해 참고자료로서 인용하는 것입니다. 또한 여러분의 주장이 어떤 저작과의 내적 대화로부터 나왔을 경우, 간접 인용은 그 저자를 존중하거나, 독자들에게 더 읽을 기회를 주는 것입니다. 위에서 든 예를 간접 인용한다면 다음과 같을 것입니다: "대화의 본질은 관계 형성이라고 보는 학자들이 있다(센지, 1990; 얀켈로비치, 1999)." 여기서 연구자는 센지[6]와 얀켈로비치의 유사한 관점에 착안하여 대화의 본질에 대해 나름 정리하고 있는 것입니다. 그리고 이러한 정리의 기반이 된 두 사람의 문헌을 인용하고 있습니다.

세 번째로 재인용이 있습니다. 재인용은 위의 두 경우보다 다소 복잡합니다. 재인용은 일단 A라는 저자의 글을 B라는 저자가 직접 인용하고, 이어 여러분이 B를 읽다가 B가 인용한 부분을 A에서 찾아 A를

---

6 Senge, Peter M. 1990. *The Fifth Discipline: The Art & Practice of the Learning Organization.* New York: A Currency Book.

직접 인용하는 것이 아니라 A를 인용한 B의 글 자체를 인용하는 것입니다. 이 책 제2장의 첫 부분으로 돌아가봅시다. 거기서 저는 찰스 디킨스의 『어려운 시절』의 내용 일부를 인용했는데, 소설을 찾아 직접 인용한 것이 아니라(그랬다면 마사 누스바움의 책을 언급할 필요가 없었을 것입니다) 마사 누스바움의 『시적 정의』라는 책에 인용된 디킨스의 해당 부분을 "재인용"하였습니다. 편의를 위해 아래 그 부분을 다시 보여드립니다.

> "비쩌," 토머스 그래드그라인드가 말했다. "말에 대해 정의해보아라." "네발짐승. 초식동물. 이빨은 마흔 개로 어금니 스물네 개, 송곳니 네 개, 그리고 앞니 열두 개. 봄철에 털갈이를 하고 습지에서는 발굽갈이도 함. 발굽은 단단하지만 편자를 대어붙여야 함. 나이는 입 안쪽의 표시로 알 수 있음." 비쩌는 이런 식으로 (그리고 더 많이 보태서) 말을 정의했다. "자, 20번 여학생," 그래드그라인드 씨가 말했다. "이제 말이 어떤 동물인지 알았지."
>
> 찰스 디킨스. 『어려운 시절』 중. 마사 누스바움 지음.
> 박용준 옮김. 2013. 『시적 정의』 49쪽에서 재인용.

일단 재인용을 하는 데는 이유가 있습니다. 우선 다소 어쩔 수 없는 경우들입니다. 첫째, 도저히 A의 원문을 찾을 수가 없는 경우입니다. 최근에는 이런 경우가 거의 없습니다만, 기록이 남아있지 않거나 접근이 불가능한 경우 별 수 없는 상황도 있을 수 있습니다. 이럴 경우는 조심해서 재인용을 하는 수밖에 없을 것입니다. 둘째, A가 사용한 언어를 여러분이 직접 이해하기 어려울 경우입니다. 예를 들어 중세의 학자들이 라틴어로 쓴 신학 서적을 B가 영어나 한국어로 번역하여 인용했다고 했을 때, 라틴어를 공부하지 않은 여러분은 아마도 중세 학자의 글을 직접 인용하기보다는 B의 번역을 재인용할 것입니다.

다음으로 의도적인 경우입니다. 첫째, 여러분이 비록 B를 통해 A를 알게 되고, A를 직접 읽고 이해한 후 인용을 결정했다 해도, 여러분이 B의 글을 몰랐다면 B가 인용한 A의 문장의 가치를 몰랐을 것이라고 합시다. 그런 생각이 들면 B에 대한 존중으로 A를 직접 인용하는 대신 B를 재인용하는 방법을 택하고 싶을 수 있습니다. 위에서 제가 『어려운 시절』의 내용을 재인용한 것은 바로 이 이유에서입니다. 저는 마사 누스바움의 『시적 정의』를 읽음으로써 비로소 디킨스의 소설에 관심이 생겼습니다. 둘째, 직접 인용 대신 재인용 방식을 택함으로써 자연스럽게 A와 B 모두의 견해를 강력하게 드러내고자 할 수 있습니다. 위의 간접 인용의 예로 돌아가면 얀켈로비치는 자신의 책에서 센지의 책을 여러번 인용하고 있습니다. 따라서 여러분은 얀켈로비치가 인용한 센지를 재인용함으로써 두 사람의 의견을 모두 보여줄 수 있습니다.

> 센지와 얀켈로비치가 공통적으로 지적하듯 대화를 향한 갈망은 강조될 필요가 있다: "마음 깊은 곳에 대화를 향한 갈망이 있다. 특히 우리에게 가장 중요한 사안들에 대해 말이다"[7]
>
> 센지, 1990; 얀켈로비치, 1999, 96쪽에서 재인용.

논문은 왜 동료의 글을 그토록 많이 인용하고, 과학공동체는 그것을 왜 중요하게 여길까요? 그것은 오늘날의 사회에는 어떤 정신적 산물에도 소유권이 있다고 보기 때문이지만, 그것을 넘어 과학공동체에 속한 이들의 상호 존중이 필요하기 때문입니다. 다른 동료의 글은 그 자체로 가치를 보호받아야 할 대상입니다. 따라서 여러분의 연구가 어

---

[7] 이 예에서 얀켈로비치는 어느 부분에 저 구절이 있는지 쪽번호를 제시하지는 않았습니다. 보통 책의 경우는 논문에 비해 독자의 호흡에 초점을 두면서 인용이 다소 생략되기도 합니다.

떤 글에 의존한다면 그 글을 인용하는 것이 윤리적인 자세입니다. 인용이 많은 것이 여러분 논문의 독창성을 저해하지는 않습니다. 논문의 독창성은 연구문제와 관점, 자료, 그리고 분석 결과에 있는 것이지, 기존 연구를 검토하는 과정에서 기존 연구에 의존하지 않는 것에 있지 않습니다.

📖 **책갈피**

국내문헌의 인용

일부 논문에서 드러나는 아쉬운 행태 중 하나는 국내 논문을 충분히 읽고, 참고하고, 인용하지 않는다는 점이다. 특히 한국을 대상으로 하는 경험적 연구에서조차 한국의 경험에 대한 선행연구 조사가 미흡한 경우도 있다. 여기에 더하여 하나의 음모론은, 읽은 것 같은데 인용하지 않는다는 것이다. 참고한 것 같은데, 참고만 하는 것이다. 이따금 이런 문제를 지적하는 여러 분야의 연구자들을 마주치게 되는 것을 보면 아주 근거없는 의심은 아닌 것 같다.

한때는 국내 문헌이 검색이 잘 안 되기도 했다. 요즘이야 구글스칼라나 DBpia, KiSS 등 좋은 서비스들이 있지만, 어떤 국내 저널들은 그 저널을 발간하는 학회 회원으로 가입하고 학회 웹사이트에 들어가서야 논문을 볼 수 있는 경우도 많았다. 이 부분은 많이 개선되었고 더 개선될 수 있는 부분이다.

국내 문제를 대상으로 국내 저널에 논문을 내면서 국내 논문을 충실히 인용하지 않는 것은, 십 수 년 전이면 몰라도 오늘날에는 변명이 될 수 없다고 생각한다. 내가 보기에는 정말 훌륭한 논문들이 많다. 논문검색 사이트를 항해하다 보면 훌륭한 국내 연구가 많아서 놀라고, 그 논문들의 미미한 "인용수"를 보고 또 한 번 놀란다. 그리고 그 논문들의 꽤 높은 "이용수·다운로드수"를 보고 마지막으로 놀란다.

📽 **주요 개념들**

간접 인용	개념적 논문	거인의 어깨 위
검토 논문	경험적 논문	구글스칼라(Google Scholar)
DBpia	RISS	메타분석 논문
선행연구	인용	인용횟수
재인용	존중	직접 인용
초록	KiSS	포화상태

📋 **열 줄 요약**

1) 선행연구 조사는 연구주제를 정하는 전단계에서 사전 지식 습득, 관련 이론 및 연구방법의 파악, 적절한 독자 혹은 저널의 선택 등에 대한 중요한 정보를 제공해주는 작업이다.

2) 선행연구의 검색은 구글스칼라(Google Scholar), DBpia, KiSS, RISS 등 학술정보서비스 및 각 대학의 도서관, 국회도서관 등을 통해 수행할 수 있다.

3) 키워드를 통한 검색 이후로는 실제 논문들을 읽으면서 해당 주제의 고전적 저작, 자주 등장하는 논문이나 저자 등을 자연스럽게 파악하며 선행연구 조사의 범위를 넓혀갈 수 있다.

4) 선행연구 조사는 해당 주제에 대한 지식의 포화상태에 이르렀다고 생각되는 정도까지 진행해야 한다.

5) 경험적 논문은 이론을 검토하고 연구문제와 가설에 따라 자료를 수집하여 분석한 후 경험적 발견에 대해 결론을 내리는 논문이다.

6) 개념적 논문은 경험적 분석이 아니라 개념과 이론의 정교화 혹은 새로운 이론의 개발을 목적으로 하는 논문이다.

7) 검토 논문은 특정 주제에 대한 개념적·경험적 연구들이 어떻게 진행되어 왔는지에 대해 방대한 문헌 분석을 통해 연구 경향과 성과를 비판적으로 분석한 논문이다.

8) 메타분석 논문은 특정 주제에 대한 지금까지의 경험적 연구결과들을 종합하여 주로 계량적으로 분석하는 논문이다.

9) 초록에는 연구의 전반적 배경, 기존 연구의 빈틈, 연구의 목적, 방법(자료), 주요 발견, 함의 혹은 결론이 담겨 있다.

10) 선행연구 분석 결과 직접인용, 간접인용, 재인용 등의 방법을 통해 동료 연구자에 대한 존중을 표할 필요가 있다.

더 생각해보기

1) 내 연구주제의 고전적 연구들로는 무엇이 있는가?

2) 내 연구주제의 최신 경험적 발견이 담긴 논문들로는 무엇이 있는가?

3) 선행연구를 조사할 때마다 여전히 새로운가?

4) 이 인용을 위해서는 직접, 간접, 재인용 중 어떤 방법이 가장 적절할까?

연습해보기

아래 초록을 읽고 그 구조를 분석해보세요.

　　다중흐름모형은 기본적으로 정책결정이 이루어진 사례에 대한 설명모형으로서, 대부분의 연구들은 회고적 관점에서 결정사례를 중심으로 이루어졌다. 반면 무의사결정 상황에 있는 행위자들의 현재적 관점에 대한 연구는 상대적으로 부족하였다. 이 논문의 목적은 의사결정 상황에 놓인 행위자들의 인식을 중심으로 다중흐름을 분석함으로써 결정이론으로서 다중흐름모형의 가능성을 제시하는 것이다. 경험적 사례로서 여성정책의 전개 및 관련 사회적 행위자들의 인터뷰 분석을 통해, 사회적 사건의 영향력의 차별성, 정책아이디어 변화의 시차, 정책대안의 완성도와 관료정치, 그리고 경계인으로서 정책선도자 등에 대한 이론적 가설들을 제시하였다.

이로써 무의사결정을 경험하기 쉬운 사회적 행위자들이 직면하는 불확실성과 그에 대한 해석을 중심으로 다중흐름의 인과관계를 재구성할 필요성과, 정책아이디어 및 정책대안을 구성하는데 있어 관료의 민감성과 적극성 등 윤리적 접근의 필요성을 강조하였다.

출처: 최태현·선소원·부성필. 2020. 비결정상태로서 다중흐름의 이론적 모색: 여성 정책 의제의 무의사결정 인식을 중심으로. 한국정책학회보 29(1): 177-209.

제9장

경험에서 자료로

누군가 길거리에서 여러분에게 여러분의 정치성향을 묻는다면 어떤 반응을 보이시겠습니까? 아마도 그 사람은 국민들의 정치성향에 대한 연구를 진행하고 있는 것이겠지요. 그리고 정치성향 뿐 아니라 소득수준, 교육수준, 성별, 연령 등도 함께 물을 것입니다. 이것이 의미하는 바는 해당 연구자는 여러분이라는 하나의 경험적 존재로부터 어떤 자료를 추출하는 작업을 하고 있다는 것입니다. 사회에 대해서도 마찬가지입니다. 여러분이 어떤 중소기업이 기술혁신에 더 많은 투자를 행하는가를 연구하고자 한다면 경험적으로 존재하는 중소기업들의 연령, 규모, 업종, 경영자 속성, 그리고 R&D 예산규모 등을 조사할 것입니다. 이 장에서는 이렇게 우리가 경험하는 대상으로부터 자료를 끌어내는 활동에 대해 설명합니다.

9.1. 개념과 변수, 그리고 조작적 정의

9.1.1. 개념

우선 개념에 대해서는 앞서 이론을 설명하는 부분에서 간략히 언급하였습니다. 말을 달리 하여 다시 설명하자면 개념이란 우리가 상상한 것이든 경험한 것이든, 우리가 지칭하고자 하는 어떤 대상을 언어적으로 표현한 '이름'이라 할 수 있습니다. 세 개의 똑바른 선이 서로 맞붙어 있고, 그 선들이 서로 만든 안쪽 각도의 합을 보니 180도인, 우리가 상상하는 어떤 대상, 우리는 그 대상에 '삼각형'이라는 이름을 붙입니다. 많은 사람들이 근무가 끝나고 나면 이상하게 몸보다 마음이 완전히 바닥난다고 호소하는 현상을 보고 그 사람들이 주로 하는 활동이 눈에 들어올 때, 우리는 그 활동에 '감정노동'이라는 이름을 붙입니다.[1]

개념은 몇 가지 특징이 있습니다. 첫째, 추상적입니다. 어린이대공원에서 "딸!"이라고 크게 외치면 수많은 어린 여자아이들이 여러분을 쳐다볼 것입니다. 많은 개념들이 특정한 대상보다는 그 대상을 추상화한 어떤 것을 지칭합니다. 둘째, 개념은 정의되어야 합니다. 삼각형에는 정확한 정의가 있습니다. 반면 사회 연구의 많은 개념들은 상당히 모호합니다. '행복'이 무엇일까요? 비록 합의된 정의는 없더라도 여러분은 "이 논문에서 나는 행복을 00로 정의한다"는 식의 의미를 명확하게 하는 작업을 해야 합니다. 셋째, 개념은 다른 개념으로 구성되는 경우가 많습니다. 삼각형을 정의하기 위해서도 '직선,' '각도' 등의 개념이 동원됩니다. 민주주의의 한 정의로 여러분이 "왕이나 귀족이 아닌 일반 사람들에게 주권이 주어져 있는 정치체계"를 제시했다고 합시다. 민주주의를 정의하기 위해 '왕,' '귀족,' '일반,' '사람,' '주권,' '정치,' '체계' 등 여러 다른 개념들이 사용되었습니다. 더욱이 어떤 이들은 민주주의와 공화주의의 차이는 무엇이냐는 질문을 던질 수도 있습니다. 즉 삼각형은 사각형과 어떻게 다른지, 민주주의는 공화주의와 어떻게 다른지 등 개념의 차별성도 개념 정의의 일부가 됩니다. 여러

---

1 물론 마음이 무너지는데 몸이 온전할 리 없습니다.

분이 논문을 작성할 때는 가급적 개념을 명확히 정의해야 하지만 모든 개념들이 동일한 수준으로 명확히 정의될 수 있는 것은 아닙니다. 개념의 정의를 위한 개념들도 나름의 모호성을 지니고 있기 때문이지요.

　요컨대 개념의 정의는 연구방법에서 매우 중요하게 다루어져 왔습니다. 지오바니 사토리가 말한 '추상화의 사다리(the ladder of abstraction)'나 가브리엘 알먼드와 스티븐 젠코가 칼 포퍼의 구름—시계 비유를 인용하면서 제시한 정치현상의 존재론과 개념의 문제 같은 고전적 논의들은 여전히 매혹적입니다.[2] 일반적인 방법론 교과서들도 개념에 대해서는 많은 지면을 할애하고 있으니 반드시 더 찾아보시기 바랍니다.[3]

책갈피

개념의 영원성과 역사성

　하와이에 거주하는 동안 흥미로운 사례를 접했다. 하와이 주정부는 역사적 문화적 이유로 인해 하와이언들에게 여러 특권을 부여한다. 그런데 이에 대한 사회적 논쟁은 특권의 정당성이 아니라 "누가 하와이언이냐"는 데 있었다. 우선 하와이에 살고 세금을 냈지만 내가 특권의 대상으로서 하와이언이 아닌 것은 분명했다. 문제는 혈통이었다. 길을 가다보면 드웨인

---

2 이에 대해서는 김웅진 · 박찬욱 · 신윤환 편역. 1995. 『비교정치론 강의 1: 비교정치 연구의 분석논리와 패러다임』. 한울아카데미.를 참고하세요. 원전 정보는 각각 다음과 같습니다. Sartori, Giovanni. 1970. Concept Misformation in Comparative Politics. *The American Political Science Review* 64(4): 1033－1053. 그리고, Almond, Gabriel. A. & Stephen J. Genco. 1977. Clouds, Clocks, and the Study of Politics. *World Politics* 29: 489－521.

3 제1장에서 소개한 김광웅 교수님의 책(『방법론 강의』)은 개념에 대해서만 20쪽을 할애하여 설명하고 있습니다.

존슨같은 사람들이 지나다니지만, 그들 중 적잖은 이들의 이름은 일본식 이름이었다. 즉 하와이는 다양한 민족들이 결합하여 새로운 혈통들이 공존하는 곳이다. 그럼, 아버지가 순수(?) 하와이언이고 어머니가 일본계면, 자녀는 50% 하와이언이냐? 손주는 25%냐? 이런 냉소적 비판이 나오곤 했다.

최근 사회적 구성주의가 유행하면서 어떤 개념의 사회적 재구성이 관심을 끌고 있다. 얼마 전 읽은 『장애의 역사』라는 책은 장애의 개념이 사회적으로 구성되어왔다고 주장한다.* 이 통찰에 상당 부분 동의한다. 한 가지 문제는 "그럼 사회적으로 구성되기만 하면 누구라도 장애인이라고 할 수 있느냐"라는 질문에 대답하기가 생각보다 어렵다는 점이다. 만일 내가 "나도 어떤 의미에서는 하와이인이다"라고 진심으로 주장한다면 어땠을까. 아마 "오, 친구!"하면서 환영했을지도 모른다. 그러나 그에 근거하여 "나도 혜택을 달라"라고 주장했다면? 마찬가지로, 누구나 어떤 의미에서 장애인이라고 할 수는 있지만, 그것이 모든 사람을 의미해버릴 수는 없는 노릇인 것 같다. 더욱이 그것이 어떤 '혜택'과 관련되면 상당히 곤란한 문제가 발생한다.

어떤 개념은 두 가지로 구성된다고 생각해 본다. 하나는 영원한 것이고, 다른 하나는 역사적인 것이다. 삼각형처럼 보다 형식적인 개념일수록 영원한 요소가 더 중요하고, 보다 정치·사회적인 개념일수록 역사적 요소가 더 중요할 것이다. 그러나 그렇다고 하여 다른 요소가 아예 없어도 되는 것은 아니다. 물론 그 "영원"하다는 부분도 사회적으로 구성되는 것이라고 주장할 수도 있다. 그러나 모든 것이 모든 것이 될 수 있다(실제로 그렇게 되는 것은 아니지만)는 생각은 매우 해방적이긴 하지만 한계가 있는 것 같다. 어떤 개념이 반드시 하나의 경험적 대상과 결합될 필요는 없지만, 어떤 대상과도 결합될 수 있다고 하면, 결국 그런 작업의 개념적 수단이 되는 "사회적 구성" 자체의 의미도 그 무엇과도 결합될 수 있음으로써 논의를 불가능하게 만든다.

그러나 아마도 개념의 영원한 요소라는 것도 논란의 여지가 많을 것이다. 꽃이 만발하기를 바라지만, 그래도 뿌리가 있다고 믿고 싶은 일종의 플라톤주의적 성향의 발로인지도 모른다.

* 킴 닐슨 지음. 김승섭 옮김. 2020. 『장애의 역사』. 동아시아.

'사회적 약자'라는 개념에 대하여

최근 연구실 학생 한 명이 준 코멘트가 머리를 떠나질 않는다. 한 논문*에서 나는 행정학이 '사회적 약자'들에 대한 특별한 관심을 정당한 것으로 받아들여온 전통이 있음을 언급했는데, 이 학생이 이들의 삶을 대상화하지 않는 더 나은 용어는 없겠는지를 물었다. 그리고 고민이 시작되었다.

더 나은 용어를 찾기 전에 문제는 '사회적 약자'라는 용어가 과연 삶을 대상화하는지이다. 사회적 약자라는 용어 자체는 어떤 사람들의 삶을 대상화하는 것은 아닐 것이다. 한국인, 중산층, 축구팬 등 우리는 일상적으로 특정한 속성을 공유하는 사람들을 범주화하는 용어를 사용하고 있다. 사회적 약자 역시 그런 범주의 이름이다.

그러나 여기서 질문은 발생한다. 첫째, 범주의 이름에 어떤 가치판단이 관련되어 있느냐, 혹은 그러한 범주화의 목적이 무엇이냐이다. 둘째, 범주의 경계가 닫혀있느냐 열려있느냐, 혹은 한 개인이 그 범주에 포함되었는지 아닌지를 확정할 수 있느냐이다. 셋째, 그 범주에의 포함 여부가 그 개인의 자발성 혹은 동의에 기반한 것이냐 아니냐이다.

첫 번째 질문에 대해 자신있게 대답하기 어렵다. 행정학에서 사회적 약자라는 범주화의 목적은 물론 그들의 삶을 개선하기 위한 정책의 수립에 있다. 나치가 유대인을 범주화하듯 배제를 목적으로 하는 것이 아니다. 따라서 이 질문만으로는 특별한 윤리적 문제가 없다고도 할 수 있다. 어쩌면 여기까지가 행정학적 인식인지 모른다.

그런데 목적에 더하여 '대상화'라는 것의 본질이 무엇인지에 대한 의문이 해결되어야 한다. 대상화는 조작을 의미하는가? 그의 삶을 소외시키는 것을 의미하는가? 주체로서의 존엄성을 해치는 것을 의미하는가? 이 질문은 두 번째 및 세 번째 질문과 결합될 때 상당히 복잡한 질문이 된다. 그래서 자신있게 대답하기 어려운 질문이 되는 것이다.

두 번째 질문에 대해서는 열려있다고 하지 않을 수 없다. 이 문제는 사실 '사회집단'에 대한 정의를 통해 아이리스 영이 어느 정도 해결해주었다. 버스를 기다리는 사람들과 같은, 개인도 아니고 결사체도 아닌, 어떤 연속체로 존재하는 집단이 있다는 것이다. 사회적 약자도 이러한 사회적 연속

체라고 보면 되겠다. 누구도 영속적으로 강자이거나 약자인 것이 아니라, 특정한 맥락에서 강자이거나 약자이다. 그러나 개인이 아닌 집단 수준에서는 약자들이 범주적으로 존재하는 것을 부인하기 어렵다. 이것을 논리적으로 부인하는 작업은 가능하겠으나 너무나 사변적인 철학놀이가 될 것이다.

세 번째 질문이 윤리적 난점을 제기한다. 그리고 여기에 첫 번째 질문의 어려움이 또한 존재한다. 관료가 특정 개인을 복지서비스를 제공받을 자격이 있는 사회적 약자로 정의했을 때, 그것은 자발성에 기반한 것인가 아니면 (여기서 비로소) 그를 대상화한 것인가. 정책학에서는 '정책대상집단(target population)'이라는 말을 일상적으로 사용한다. 따라서 대상화에 대한 문제의식은 크지 않다. 더욱이 복지정책은 자본주의국가에서 수혜자들이 원하지 않는다면 입안될 이유가 별로 없는 정책이다. 복지정책은 좀 더 평등하고 도덕적인 국가적 성취가 아닌가?!

문제는 여기서 그 '정책대상집단'이 주체로서 참여하였는지이다. 그들이 원하는 것이 소통되었는지, 그것이 그 정책에 반영되었는지가 중요한 것이다. 그렇지 않고 관료 주도로 정책이 결정되었다면, 그래서 정작 그들이 원하는 것이 아니라 관료가 그들이 원한다고 추정한 정책이 결정되었다면, 여기서 대상화라는 비판을 피하기는 어려워질 것이다. 결국 목적은 정당하나 접근은 정당하지 않은 것이다.

그렇다면, 내가 논문에서 '사회적 약자'라는 용어를 사용하는 것은 이 범주에 포함될 이들을 대상화하는 것인가? 나는 그들에게 "제가 이런 논문을 씀으로써 당신들의 삶을 좀더 나아지게 할 방도를 찾고자 하는데 어떻게 생각하시나요"라고 묻지는 않았다. 결국 나는 세 번째 문제의 그 관료와 다를 바가 없다는 결론에 이른다.

다만 대상화한다는 것을 인정한다 해서 앞으로 나가지 못하는 것은 아니다. 대상화를 배제한다면 정당한 것으로 남아있을 사회 제도는 별로 없을 것이다. 결국 사전적 동의에 기반하지 않았더라도 동기와 결과에 있어서 사후적 동의를 얻을 수 있다고 생각된다면 대상화의 위험을 감수하고라도 이론적, 정책적 작업은 진행될 수 있다고 신중하게 말할 수 있다. 그러나 나아갈 수 있다고 해서 모든 윤리적 책임으로부터 면책되는 것은 아니기 때문에 이런 식으로 만족할 수는 없다. 이름이 필요하다.

그렇다면 윤리적 문제를 경감할 수 있는 다른 이름은 무엇일까. 정책대상집단도 아니고 사회적 약자도 아니고 뉘앙스가 조금 다른 소수자도 아닌 그 사람들. 호모 사케르? 너무 나갔다. 산상수훈의 마음이 가난한 자들? 사회과학적으로 다루기에는 너무 모호하다. 저소득층? 애초의 범주화의 목적과 거리가 멀다. 혹시 그들을 '약자'라고 부르는 것이 문제일까. 그렇다면 도전자들? 그냥 안된다. 소외된 사람들? 소외된 약자도 있고 소외되지 않은 약자도 있다. 약하다고 해서 반드시 소외된 것은 아니다. 정부가 주로 쓰는 사회적 배려집단? 왠지 더 기분나쁘다. 배려라고?

더 나은 용어가 없다면, 그들을 약하다고 부르는 것이 자유주의 관점에서 그들 개인의 책임을 환기시키는 것이 아니라 구조적 권력불균형 상황을 환기시키는 것이라면, 그것이 개인에 관한 것이 아니라 연속적 집단에 관한 것이라면, 용어 자체는 대상화의 문제에서 자유롭지 못할지라도 구체적인 누군가를 의도적이고 부정적으로 대상화하는 것은 아니라고 할 수도 있겠다. 따라서 일단 '사회적 약자'라는 용어를 사용하기로 하자. 찜찜함은 완전히 해소되지 않지만, 그러나 최소한 '지금 여기서' 의사소통을 위해 한 걸음을 떼는데는 충분하지 않을까 생각해본다.

P.S. 결국 이 고민은 결론에 이르지 못했고, 작업하던 논문*에서 해당 부분은 삭제하기로 했습니다. 그 대신 해당 논문에서는 "작은 공(共)"이라는 개념으로 논문의 목적에 해당하는 논의를 하였습니다. 작은 공(共) 개념이 사회적 약자 개념을 대체하려는 의도는 아니었습니다. 그래서 이 문제는 여전히 현재진행형입니다. 여러분은 어떻게 생각하십니까?

* 최태현. 2019. 公과 共의 사이에서: '작은 共'들의 공공성 가능성의 고찰. 한국행정학보 53(3): 1−27.

9.1.2. 변수와 조작적 정의

이제 변수에 대해 이야기하도록 합시다. 변수는 영어로 'variable'입니다. 말 그대로 변하는 것 혹은 변할 수 있는 것입니다. 저는 변해야 하는 것을 덧붙이고 싶습니다. 예를 들어 여러분이 연구문제로 "감정노동은 근로자의 삶에 어떤 영향을 미치는가?"를 설정했다고 합시다.

이를 가설화하여 여러분은 "상담 중 욕설을 들은 경우가 많을수록 근로자가 느끼는 행복감이 낮아질 것이다"라는 가설을 설정했다고 합시다. 이제 여러분은 감정노동이라는 추상적 개념 대신 "상담 중 욕설을 들은 횟수"라는 보다 구체적인, 즉 어떤 수치를 부여할 수 있는 개념을 활용하여 자료를 분석하고 이 가설을 검정할 것입니다. 이 구체화된 개념을 방법론적으로는 변수라고 부릅니다. 즉 변수란 '어떤 값이 부여될 수 있는, 측정 가능한 개념'이라고 할 수 있습니다. 개념이 추상의 세계에 속해 있는 언어라면, 변수는 경험의 세계에 속해 있는 언어라고 할 수 있습니다.[4]

 '조작적 정의'라는 개념도 이해할 필요가 있습니다. 조작적 정의는 쉽게 말해 개념을 변수화하는 작업을 의미합니다. 감정노동은 추상적이죠. 자료를 가지고 다루기가 쉽지 않습니다. 이를 자료와 대비시킬 수 있도록 '상담 중 욕설을 들은 횟수'라는 방식으로 재정의하여 개념을 자료와의 관계에서 다룰 수 있도록 하는 작업, 이것이 조작적 정의(operationalization)입니다. <그림 9-1>에 표현된 바와 같이, 조작적 정의는 이론의 세계에서 관찰의 세계로 넘어가는 다리입니다. 특히 패러다임 1에 속한 연구에서 조작적 정의는 논문의 질을 좌우하는 결정적 작업입니다.

그림 9-1 조작적 정의

출처: 저자 작성.

---

4 그림 언어 자체는 어느 세계에 속해 있을까요.

9.1.3. 조작적 정의의 어려움

좋은 조작적 정의를 위해서는 여러분들이 많은 연습을 해야 합니다. 그리고 여러분이 정한 조작적 정의에 따른 자료를 어떻게 확보할 것인지도 고민을 해야 합니다. 여러분이라면 한 나라의 민주주의의 정도를 어떻게 조작적으로 정의하겠습니까? 존 롤스의 정의론에 감동받아 민주주의를 '그 국가의 최빈층의 행복감'이라고 정의한다고 합시다. 그 정의에 따른 자료는 확보가능한가요? 문제가 있다면 여러분은 다시 '그 국가의 상위 20%와 하위 20%의 소득비율'같은 입수할 수 있는 자료와 연결된 정의를 하게 될지도 모릅니다. 또는 여러분이 정치과정에서 종교의 영향에 대해 연구한다고 합시다. '종교'라는 것을 어떻게 조작화하겠습니까? 만일 여러분이 의욕에 차서 '진리에 대한 내면적 확신'으로 정의한다면, 자료를 어떻게 구하시겠습니까? 또는 많은 경우 종교단체에 출석하는 횟수로 정의합니다. 그렇다면 이제 여러분은 그 횟수에 대한 자료를 어떻게 구하시겠습니까? 혹시 종교를 간명하게 '종교가 있음'으로 정의한다면, 여러분은 무엇을 얻고 무엇을 잃을 것이라고 생각하십니까?

한 가지 현실을 말씀드리겠습니다. <그림 9-2>의 상단에서 보듯이 방법론의 기본은 이론에서 출발하여 개념을 정의하고, 이를 조작적으로 정의하여 변수화한 후, 자료를 수집하는 것입니다. 그런데 오늘날 많은 연구들은 <그림 9-2>의 하단에서 보듯이 현실적으로 자료를 먼저 확보하고, 그 자료로부터 구성할 수 있는 변수를 정의한 후, 그로부터 추상적 개념을 이론들로부터 찾아 결합시키기도 합니다. 조작적 정의를 반대 방향으로 하는 셈이지요. 이러한 관행에 대해서는 논란이 있습니다. 보다 보수적인 입장에서는 이를 용인하려 하지 않습니다. 반대로 자료가 많이 구축되어 있는 분야의 연구자들은 이를 용인하거나 변호하기도 합니다. 빅데이터를 논하는 오늘날 이미 존재하는 자료로부터 연구의 가능성을 우선 모색하고, 이런 식의 과정을 거치는 연구절차에는 현실적인 부분이 있습니다. 심지어 국가가 구축한 자료에 기반한 국책연구라면 필요하기도 합니다. 특히 대학이 아닌 현장에서 활동하는 정책담당자나 활동가들의 경우 자료에 기반한 연구가 더 좋은 시작점을 제공할 수도 있습니다.

그림 9-2 조작적 정의와 자료의 가용성

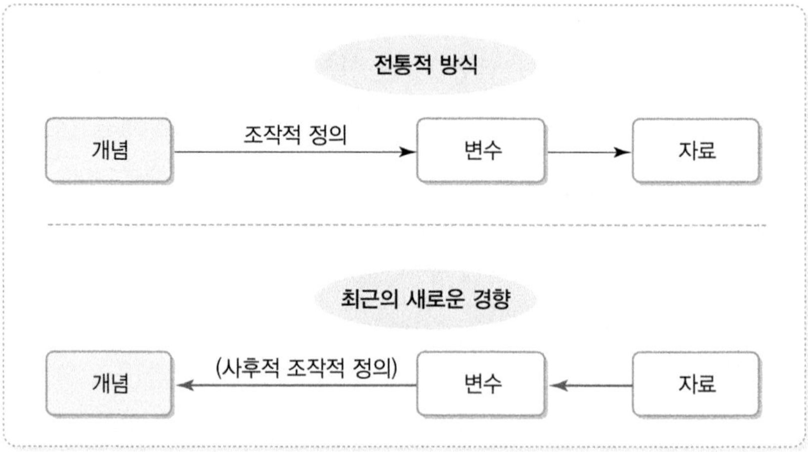

출처: 저자 작성.

또 다른 현실은 조작적 정의(정방향이든 역방향이든)의 과정에서 일종의 '용두사미 현상'이 발생하는 경우가 있다는 점입니다. 여러분은 감정노동을 '상담 중 욕설을 들은 횟수'로 측정하는 것에 대해 어떻게 생각하시나요? 혹은 여러분이 입수한 자료에 보니 '상담 중 욕설을 들은 횟수'가 포함되어 있어서 이를 '감정노동'과 연결시키기로 결정하는 것에 대해 어떻게 생각하시나요? 만일 여러분이 '한국 노동계급의 탈계급화'라는 연구 주제를 설정했다고 합시다. 그런데 탈계급화를 조작적으로 정의하는 과정에서 이를 설문조사에 흔히 포함되는 '시위에 참여한 횟수'로 정의했다고 합시다. 여러분은 이에 대해 어떻게 생각하시나요? 어느 정도 납득할 수도 있으나 지나치게 좁거나 본질에서 다소 먼 정의라고 볼 수도 있습니다. 이런 일이 발생하는 원인 중 하나는 활용할 수 있는 자료가 제한적이기 때문입니다. 아마도 위의 가상의 연구자가 저런 조작적 정의를 한 이유는 어느 기관의 대국민 설문조사에 활용 가능한 문항이 포함되어 있었으나 보다 타당한 다른 질문은 없었기에 그러했을 것입니다. 물론 시간과 자원이 허락한다면 보다 나은 조작적 정의를 하고 그에 부합하는 자료를 직접 수집하겠지요. 그러나 모두가 그런 현실에 놓인 것은 아니다 보니, 그럴듯한 개념과 다소 빈약한 변수가 결합되는 경우가 있습니다. 반대로 무색무취한 변수에 그럴듯한 개념을 무리하게 결합시키는 경우도 있습니다. 결국 이런 부분들이 전체적인 경험적 연구의 질을 결정하게 됩니다.

9.2. 변수의 측정과 척도

조작적 정의를 통해 개념에 값을 부여할 수 있는 그릇을 만들어놓았다면, 이번에는 연구 대상으로부터 특정한 수치나 범주를 추출해내는 과정이 이어지는데, 이를 측정이라 합니다. 보통 측정이라 하면 키나 몸무게 같은 수치를 부여하는 것을 의미하지만, 성별과 같이 어떤 범주를 부여하는 것 역시 측정이라 할 수 있습니다. 측정은 본질적으로 어떤 대상이나 경험에 자신이 설정한 기준을 적용하는 행동입니다. 재단사들이 양복을 짓기 위해 고객의 어깨에 자를 가져다 대듯이 연구의 대상이 되는 사람의 마음이나 행동, 경험에 어떤 기준을 적용하여 그 특징을 포착해낸다는 것이지요.

측정을 위해서는 도구가 필요합니다. 병원에 체중계, 체온계가 필요하듯이 사회 연구에도 특유의 측정도구가 필요합니다. 그리고 연구자는 그 측정도구를 통해 연구의 대상을 측정하고 수치를 부여합니다. 측정도구는 줄자처럼 물건도 있는 반면, 사회 연구에서 자주 활용하는 설문 항목처럼 언어로 된 것도 있습니다. 예를 들어 누군가가 여러분에게 "정부를 얼마나 신뢰하십니까?"라고 묻는다면 이 설문 항목은 정부를 향한 여러분의 신뢰의 정도를 측정하기 위한 하나의 줄자입니다.[5] 우리는 또한 측정도구 대신 척도라는 용어를 사용하기도 합니다.

중요한 것은 어떤 척도들이 있으며, 그 장단점들이 무엇이고, 여러분의 실제 연구에 어떤 척도를 활용하는 것이 좋은지를 판단하는 일입니다. 연구 대상으로부터 특정한 수치나 범주를 추출해낼 때, 추출된 수치나 범주에는 어떤 특성이 있습니다. 그리고 그 특성은 여러분의 연구 목적에 부합해야 합니다. 예를 들어 여러분이 최근 대학생들은 과연 얼마만큼 SNS를 사용하는가에 관심이 있다고 합시다. 그렇다면 여러분은 'SNS 사용 정도'를 측정하기 위한 도구, 즉 척도를 개발해야 하는데, 최소한 네 가지 방법이 있습니다. 그리고 이 네 가지는 각각 정보의 양과 질, 그리고 의미에 차이가 있습니다. 척도에 대해서는 대부분의 방법론 교과서들이 자세히 설명하고 있을만큼 중요합니다. 여기서도 좀 자세히 보겠습니다.

첫째, 명목척도는 연구의 대상에 어떤 범주를 부여하는 척도입니다. 사람의 성별이나 민족을 구분하는 경우가 이에 해당합니다. 여러

---

5 아마도 그 줄자에는 "cm" 대신 "매우 신뢰함 – 신뢰함 – 보통 – 신뢰하지 않음 – 전혀 신뢰하지 않음"이라는, 언어로 된 눈금이 표시되어 있을 것입니다.

분이 SNS 계정을 가지고 있는지 아닌지 여부를 조사한다면 이는 사람들을 두 범주로 구분하는 명목척도에 해당합니다. 그런데 명목척도는 각 범주에 이름을 부여하기도 하지만 숫자를 부여하기도 합니다. 다만 숫자의 크기 자체는 아무 의미가 없습니다. 남성 / 여성에 1과 0을 각각 부여하든 1과 2를 부여하든 상관없습니다. SNS 계정을 가지고 있는 사람에게 "1"을 부여한다고 해서, 계정이 하나라는 뜻은 아닌 것입니다. 1개이든 100개이든, 명목척도로 측정된 SNS 사용 정도는 계정이 있느냐(1) 없느냐(0)일 뿐입니다.

둘째, 서열척도는 연구 대상에 어떤 순서나 등급을 부여하는 척도입니다. 여러분이 시장에서 고기를 사려 할 때, 한우에 1++ 같은 등급을 부여한 것을 보았을 것입니다. 1++과 1+ 사이에 얼마나 맛의 차이가 있는지는 알 수 없습니다. 서열척도로 측정한 값에는 그저 1+보다는 1++ 한우가 더 좋다는 정보만 들어있습니다. 여러분이 만일 "혐오 표현을 들으면 얼마나 화가 나십니까"라는 설문항목에 대해 "매우 화가 난다 – 화가 난다 – 화나지 않는다 – 전혀 화나지 않는다"라는 척도를 접했다면 이는 서열정보를 측정하는 척도입니다. '매우 화가 난다'와 '화가 난다'의 차이가 화가 두 배로 난다는 것인지 여부는 알 수 없습니다. 그저 더 화가 난다는 정도를 측정할 따름입니다. 이런 척도가 열등해 보여도 의미가 있습니다. 매우 화가 난다고 해서 체온이 두 배로 오르지는 않겠지요. 설문을 통한 연구에서는 이 정도의 차이를 발견하는 것으로 충분하기도 합니다. SNS의 예를 보면 여러분이 "당신은 평소에[하루나 일주일 등 구체적인 기준이 제시되면서] SNS를 얼마나 사용하십니까?"라고 묻고 "전혀 사용하지 않는다 – 이따금 사용한다 – 자주 사용한다 – 매우 자주 사용한다"라는 척도로 측정한다면 이는 서열척도를 활용하는 것입니다.

셋째, 등간척도는 서열척도에 적용된 정도의 차이가 동일하다는 전제가 들어있는 척도입니다. 온도계를 보면 0도에서 100도까지 동일한 간격의 눈금이 그려져 있지요. 이것이 등간척도입니다. 그런데 섭씨 0도는 화씨 32도이고, 섭씨 100도는 화씨 212도입니다. 즉 등간척도의 0을 비롯한 숫자들은 절대적인 의미가 아니라 명목척도에서처럼 자의적으로 부여된 숫자일 뿐입니다.[6] 사회 연구에서는 서열척도와 등간척도의 구분이 다소 모호한 부분이 있습니다. 예를 들어 본질적으로 서열척도이지만 편의상 여러 질문을 한데 묶은 복합적 척도는 이를 등간척도로 간주하기도 합니다. SNS의 예로 돌아가면 여러분이 위의 척도를 그대로 사용하되 "당신은 평소에 페이스북을...", "당신은 평소에 트위터를...", "당신은 평소에 유튜브를...", "당신은 평소에 인스타그램을..."이라는 네 가지 질문을 던지면 보통의 경우 이들을 한데 묶어 'SNS 사용 정도'를 측정하는 등간척도로 간주하는 것입니다.

넷째, 비율척도가 있습니다. 비율척도는 앞서 세 척도와 질적으로 다릅니다. 비율척도를 통해 부여된 숫자는 그 자체로 의미가 있습니다. 즉 키가 2미터인 사람은 키가 1미터인 사람보다 정확히 두 배 큽니다. 장애인 지원 예산이 작년에 10억이었다가 올해 20억이라면 이는 단순히 '많이 증가했다'가 아니라 '두 배' 증가한 셈입니다. 이는 비율척도에는 '0'이라는 값이 기준으로 작용하고 있기 때문입니다. 이는 같은 대상을 '단신 − 장신' 혹은 '조금 증가 − 많이 증가'라는 서열척도로 측정한 것보다 정확하고, 숫자 자체를 연산할 수 있다는 장점이 있습니다. SNS의 예에서라면 여러분은 "당신은 하루에 SNS를 몇

---

6 "물이 0도에서 어는데?"라고 생각하신다면, "그것은 섭씨로 측정할 때 이야기이고, 화씨로 보면 물은 32도에서 업니다"라고 답할 수 있습니다. 0도에서 얼고 100도에서 끓는다고 하는 섭씨가 십진법에 익숙한 우리에게 좀더 직관적으로 보일 수는 있지만, 척도의 본질은 달라지지 않습니다.

시간 사용하십니까?"라고 물을 것입니다. 1시간이라고 답한 사람은 30분이라고 답한 사람에 비해 정확히 두 배 SNS를 사용하는 것입니다.

이렇게 보면 여러분은 가급적 등간척도나 비율척도를 적용하여 측정을 하는 것이 유리하다고 생각할 수 있습니다. 대개는 그러하나 생각해 볼 문제는 있습니다. 제가 전에 두통 때문에 병원에 갔더니 의사가 "당신의 통증 정도를 1부터 10 사이의 숫자로 말해보세요"라고 질문하더군요. 솔직히 마음 같아서는 "그냥 죽을 듯이 아파요"라고 하고 싶었지만 어쨌든 척도의 기준으로 봤을 때 의사의 질문은 일리가 있습니다. 10의 통증과 3의 통증 사이의 차이는, 정확히 안다고 말하기는 어렵지만, 우리가 대략 보다 자유롭게 숫자로 다룰 수 있는 것이 됩니다. 보기에 따라서는 인위적으로 1부터 10까지 숫자를 부여하기보다는 그냥 "죽을 듯이 아프다"는 표현이 더 풍부한 정보를 담고 있지 않느냐고 생각할 수 있습니다. 사실 죽을 듯이 아픈 것과 참을 만한 것의 차이는 상당히 직관적입니다. 뿐만 아니라 환자 입장에서도 등간으로 된 척도보다 단순한 서열척도에 응답하기가 더 수월하기도 합니다. 사실 우리가 SNS를 자주 사용한다 싶어도 실제 하루에 몇 시간을 사용하는지 물어오면 대답하기 쉽지는 않지요. 이렇듯 척도마다 정보의 양과 질, 그리고 측정의 용이성 등에서 장단점이 있기에 척도는 연구의 목적에 맞게 설계하시면 됩니다.

다음으로 척도를 구성하는 기술에 따라 다양한 척도들이 존재합니다. 여러분들이 방법론 교재를 보면 주로 설문조사에서 발전된 척도들이 소개되고 있습니다. 예를 들어 보가더스 척도, 거트만 척도, 리커트 척도, 어의차별척도 등이 그것입니다. 여러분이 설문조사를 시행할 예정이라면 이러한 척도들의 구체적인 내용을 따로 자료를 찾아 공부해보시는 것을 권합니다. 다만 최근 사실상 가장 많이 활용되는 척도는 리커트 척도입니다.

9.3. 측정의 타당도

9.3.1. "맞게 잰거야?"

여러분들이 생각하기에 똑똑한 사람인데 IQ 테스트에서 점수가 낮게 나온다면 어떤 생각이 들까요. 우선 IQ 테스트가 사람의 지능을 제대로 측정하는 것인지 의심이 들 것입니다. 여러분의 몸무게가 65kg이라고 생각하고 있는데 건강검진을 갔더니 75kg으로 나왔다면 "잠깐만요!"라고 외치겠죠. 이것이 측정의 타당도 문제입니다. 즉 어떤 측정도구가 측정하고자 하는 바를 "제대로" 측정하는 수준의 문제가 타당도의 문제입니다. 좋은 측정도구는 타당도가 높아야겠지요.

"나는 상사의 명확한 지시를 따르는 것을 선호한다"라는 문장에 어느 정도 동의하는지를 묻는 설문 문항을 여러분이 접했다고 합시다. 이 문항은 과연 무엇을 측정하기 위한 문항이라고 생각하시나요? 연구자가 이 문항은 권위적 리더십에 대한 인식을 측정하려는 문항이라고 설명해준다면 여러분은 어떻게 반응하시겠습니까? 납득할 수도 있고, 조금 미심쩍을 수도 있겠지요. 이렇듯 측정의 타당도는 개념-변수-측정도구 간 일관성이 중요하다는 것을 우리에게 알려줍니다.

9.3.2. 체계적 오차와 무작위 오차

문제는 사회 연구에서 측정도구의 타당도를 판단하기 쉽지 않다는 데에 있습니다. 그리고 측정도구의 타당도를 신뢰하기 어려우면 논문의 주장 역시 신뢰하기 어렵지요.

　일단 측정도구는 두 가지 오차를 포함하고 있습니다. 체계적 오차
와 무작위 오차입니다. 여러분이 어떤 글을 쓰기 위해 자판을 두드리
고 있다고 합시다. 여러분은 이따금 오타를 낼 때가 있을 것입니다.
비유컨대 이것은 무작위 오차입니다(<그림 9-3>). 특별한 규칙성 없
이 그때그때 발생하는 오차인 것입니다. 반대로 여러분이 어두운 방에
서 불빛 없이 자판을 두드리는데 여러분이 검지를 F키와 J키에 올려
놓은 것이 아니라 모르고 하나씩 옆에 있는 G키와 K키에 올려놓고
두드렸다고 합시다. 그러면 뭔가 도무지 알 수 없는 글이 써질 것입
니다(<그림 9-3>). 혹은 자판에 손은 제대로 올려놓았는데 여러분이
중지를 다치는 바람에 자꾸 중지로 입력하는 키에서 오타가 발생할
수도 있습니다. 비유컨대 이런 것들은 체계적 오차입니다. 오차의 발
생에 규칙이 있고, 그래서 심각한 문제를 일으키는 것입니다. 흥미롭

그림 9-3　자판 입력의 체계적 오차와 무작위 오차

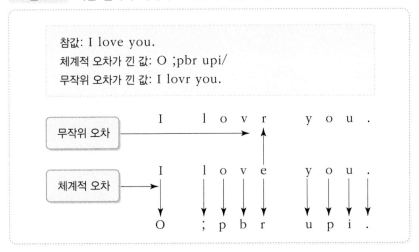

참값: I love you.
체계적 오차가 낀 값: O ;pbr upi/
무작위 오차가 낀 값: I lovr you.

출처: 저자 작성.

게도 이 규칙만 알면, 즉 키를 왼쪽으로 하나씩 옮기면 도무지 알 수 없던 글이 갑자기 의미를 가진 글로 변할 것입니다. 이것이 체계적 오차의 특징입니다. 무작위 오차는 사소해보이지만 도무지 종잡을 수 없는 반면, 체계적 오차는 중대하지만 그 원인을 알 수만 있다면 수정이 가능합니다.

좀 딱딱하게 말하자면 체계적 오차는 측정도구나 측정방식의 문제로 인해 우리가 측정하는 모든 대상들의 참값과 측정값 사이에 일률적으로 발생하는 차이입니다. 체계적 오차는 여러 이유로 참값과 측정값 간의 차이를 고스란히 벌리는 척도를 사용하거나, 측정하려는 대상 주위에 어떤 왜곡을 발생시키는 현상이 있을 때 발생합니다. 예를 들어 여러분의 똑같은 기말고사 답안지를 저와 다른 강사가 채점할 때, 아마도 저라는 측정도구는 다른 강사에 비해 전반적으로 관대하게 채점하거나 매정하게 채점할 가능성이 있겠지요. 이러한 체계적 오차는 때로는 찾아내기가 매우 어렵습니다. 물론 방법이 없는 것은 아니지요. 그 방법을 정교화해나가는 것이 과학의 발전입니다.

무작위 오차에 대해서도 좀 딱딱하게 말하자면, 무작위 오차는 어떤 규칙성 없이 우연적인 작용들에 의해 발생하는 오차입니다. 어떤 체온계가 한번은 36.5도보다 높게, 바로 다시 쟀더니 36.5도보다 낮게 체온을 보여준다면 그 기계에는 무작위 오차가 있다고 의심할 수 있습니다. 이러한 무작위 오차가 체계적 오차와 근본적으로 다른 점은 한 대상에 대해 측정을 많이 하거나, 한 집단의 많은 대상들을 측정할수록 무작위 오차는 논리적으로 0에 수렴한다는 점입니다. 체온계가 여러분의 체온을 그때그때 다르게 말해준다 해도, 5번 정도 측정해서 평균을 내면 대략 여러분의 진짜 체온을 알 수 있을 것이라는 전제입니다. 누군가 한 반에 속한 50장의 답안지를 채점할 때, 무의식적으로 어떤 순간에는 조금 매정하게, 어떤 순간에는 조금 관대하게 채점할 수 있지만, 특별한 이유가 없다면 결국 50장 전체로 보면 그 반 소속 학생들의 평균적인 수준을 어느 정도 정확히 측정했다고 볼 수 있다는 것입니다.

요컨대 체계적 오차 및 무작위 오차를 통제하지 못하면 참값을 정확히 측정하지 못하는 셈입니다. 측정을 반복하면 무작위 오차는 처리할 수 있지만, 체계적 오차가 반드시 줄어들지는 않습니다. 첫 단추를 잘못 끼운 셈이지요. 체계적 오차는 좋은 연구설계를 통해 제거해야 합니다.

9.3.3. 측정도구의 타당도: 정확하게 측정했는가

우리가 손에 들고 있는 측정도구가 좋은 도구인지, 즉 타당도가 높은지를 평가하는 데는 세 가지 길이 있습니다. 첫째, 앞서 예로 든 "나는 상사의 명확한 지시를 따르는 것을 선호한다"라는 설문항목이 과연 권위적 리더십에 대한 인식을 잘 측정할까를 묻는 방법입니다. 국민의 삶의 질을 측정하는 도구로서 GDP는 어떻습니까? 공공기관의 수익률을 가지고 공공기관의 효율성을 논하는 것은 어떻습니까? 어떤 기업이 사회적 기업에 맞는 기업인지에 대해 답하려면 그 기업의 어떤 속성을 보아야 할까요? 우리는 측정도구에 대해 이렇게 "측정하고자 하는 것을 측정하는가"라는 질문을 우선 던져야 합니다. 둘째, 이미 잘 알려진 측정도구의 측정결과와 비교해보는 방법입니다. 줄자에 매겨져 있는 cm 눈금이 정확한지는 미터법 기준과 대조함으로써 알 수 있습니다. 공무원을 뽑는 공무원시험이 과연 공무원의 자질을 갖춘 사람을 선별하는 타당도가 있는 시험이냐에 대해서는 논란이 많습니다. 이 공무원시험의 타당도를 평가하기 위해 임용된 공무원들의 근무

성적평정과 비교해볼 수 있습니다. 이렇듯 어떤 척도를 활용한 측정이 타당하다는 것은 그것을 판단할 별개의 기준이 있을 때 가능합니다. 셋째, 줄자와 달리 사람의 마음이나 어떤 조직의 속성을 측정할 수 있는 방법은 수없이 많습니다. 설문조사를 보자면 모든 질문들을 다 던질 수는 없고, 결국 상상할 수 있는 질문들 가운데 몇 가지를 추출하여 측정하게 됩니다. 여러분들이 인터넷에서 MBTI같은 심리테스트를 할 때 "어! 문항들이 전과 다르네?"하는 생각이 든 적 있나요? 똑같은 마음의 차원을 측정하는 수많은 질문이 있을 수 있고, 실제로는 그 중 몇몇으로 측정하는 것입니다. 이때 이 추출된 질문들이 상상가능한 모든 질문들을 잘 대표하고 있는지, 한쪽으로 치우친 것은 아닌지를 점검함으로써 타당도를 높일 수 있습니다.

좋은 측정도구는 측정하고자 하는 대상을 정확히 측정하는 도구라고 할 때, 한 가지 더 생각해볼 수 있는 좋은 측정도구의 조건은 '측정하려는 대상과 그렇지 않은 대상을 얼마나 잘 구별하는가'입니다. 사람들은 사랑에 빠졌을 때 사랑이라는 마음과 집착, 필요, 단순한 호감 등을 구별하고자 밤을 새기도 하지요. 이때 어떤 측정도구가 사랑을 정확히 측정한다는 것은 우리가 '사랑'의 속성이라고 생각하는 것을 잘 측정한다는 의미도 있지만, '사랑'과는 다르다고 생각하는 것을 잘 구별해낸다는 의미도 있습니다. 만일 사랑을 '자주 만나는 정도'로 단순히 측정한다면 이는 집착과 구분하기 어려울 수 있지요. 사랑을 정확히 측정하기에 가장 좋은 측정도구는 무엇일까요.

9.4. 측정도구의 신뢰도: 측정결과에 일관성이 있는가

여러분이 10대 전후 한참 성장할 때 매일 키를 재본 경험이 있을 것입니다. 이상하게 잴 때마다 다르고, 아침과 저녁이 다르고, 여러분이 잰 키와 다른 사람이 잰 키가 다르고(보통 여러분이 잰 키가 더 크게 나왔을 것입니다) 하여 웃음보가 터졌을 것입니다. 측정이라는 것이 이렇게 잴 때마다 다를 수 있습니다. 동일한 문제가 연구에서도 발생하고, 이는 웃어넘길 문제가 아니라 매우 중요한 문제입니다. 이것이 바로 측정의 신뢰도 문제입니다. 측정의 신뢰도는 어떤 대상에 대해 어떤 측정도구로 한 번 측정하는 것이 아니라 여러 번 측정했을 때, 혹은 유사한 측정도구들로 동일한 대상을 측정했을 때, 하나의 대상을 여러 사람들이 측정했을 때, 얻게 되는 값들에 일정 수준의 일관성이 존재하여 그 측정의 결과를 신뢰할 수 있는 정도를 의미합니다.

우선 신뢰도가 높은 측정은 시간의 경과에도 불구하고 안정적인 값을 얻을 수 있는 경우입니다. 특히 이는 대상의 속성이 크게 변하지 않는다는 가정이 타당할 때, 동일한 척도로 시간 간격을 두고 반복 측정했을 때 결과값에 일관성이 존재하는 경우입니다. 우리의 IQ가 갑자기 좋아지거나 나빠지지 않는다고 볼 수 있다면, IQ를 측정하는 좋은 척도란 시간 간격을 두고 측정했을 때 유사한 값을 제공하는 척도입니다. 별다른 사건도 없었고 측정 방법의 변화도 없었는데 어느 해 갑자기 많은 국가나 대학의 경쟁력 순위가 전년도에 비해 크게 변동했다면 신뢰도에 문제가 있는 부분은 없는지 검토해볼 일입니다.

다음으로 연구에 따라서는 하나의 대상을 여러 측정도구를 사용하여 측정하기도 합니다. 말하자면 정부에 대한 신뢰 정도를 측정하기 위해 비슷한 여러 질문들을 한꺼번에 던지는 것이지요. 이때 중요해지는 것은 그러한 질문들을 어떤 방식으로 조합하여 측정해도 일관된 결과를 얻을 수 있느냐는 것입니다. 예를 들어 정부신뢰를 측정하기 위해 만든 질문 6개 중 무작위로 3개씩 뽑아서 그 값을 측정했을 때,

어떤 문항들이 뽑히든 그 값들에 일관성이 존재한다면 우리는 여섯 문항으로 구성된 그 척도를 신뢰할 수 있을 것입니다.

다음으로 인터뷰나 문서의 내용을 분석하는 연구를 수행할 경우에도 신뢰도의 문제가 있습니다. 예를 들어 정치투쟁에 대한 연구를 위해 어느 정치인과 인터뷰 중 그가 "투쟁은 어쩔 수 없는 사회적 비용을 수반합니다"라고 말했다고 합시다. 이때 "어쩔 수 없다"는 인식을 긍정으로 보아야 할까요 부정으로 보아야 할까요? 이때 저 표현에 긍정이냐 부정이냐의 범주를 부여하는 작업을 응답자가 아닌 연구자 본인이 가지고 있는 '마음의 자'를 통해 하기 때문에 문제가 발생합니다. 연구자 본인은 인터뷰의 전체 맥락이나 저 발언이 나온 전후의 맥락을 보고 범주화를 하겠지요. 그리고 그것이 타당하다고 믿을 것입니다. 문제는 과연 다른 사람들도 그렇게 범주화하겠느냐는 것입니다. 이런 경우는 보통 연구자 외에 한두 사람이 동일한 기준을 가지고 인터뷰 내용을 독립적으로 범주화하여 그 결과 간 일관성을 확인합니다. 즉 여러 해석자들의 견해가 대략 일치한다면 '누가 봐도 저 말의 의미는 이렇다'라는 결론을 낼 수 있다는 것이지요. 그러면 우리는 그러한 해석을 신뢰하고 글을 읽습니다.

9.5. 측정의 실제

위의 내용들은 여러분이 기본적으로 알아두어야 할 지식입니다. 다만 현실적으로 여러분이 연구를 한다면 적지 않은 경우 이미 잘 개발된, 즉 타당도와 신뢰도에 대한 검증을 거친 척도들을 활용하게 될 것입니다. 만일 그렇지 않으면 여러분은 가뜩이나 짧은 분량의 논문에 여러분이 자체적으로 개발한 척도의 타당도와 신뢰도를 보여주는 작업까지 해야 합니다. 다만 개발된 척도를 사용한다 해서 타당도와 신뢰도의 개념을 이해하지 않아도 되는 것은 아닙니다. 어쨌든 이미 개발된 척도를 활용한다 해도 실제 자료를 입수한 후에 타당도와 신뢰도를 보고해야 합니다. 여러분이 척도를 새로 개발하는 경우라면 여러분은 타당도와 신뢰도를 철저히 이해하고 이를 높일 수 있는 모든 수단을 동원해야 할 것입니다. 분야에 따라 척도가 잘 개발된 경우도 있고, 그렇지 않은 경우도 있으니, 여러분이 실제 연구 수행 시 먼저 해야 할 일은 개발된 척도가 있는지 면밀히 검색하는 일일 것입니다. 이는 선행연구 조사를 통해 알 수 있겠지요.

다른 사람의 연구를 이해하고자 할 때도 측정의 문제를 면밀히 들여다보는 것은 중요합니다. 앞서 '용두사미' 이야기를 했는데, 여러분은 논문들을 읽다 보면 제목과 연구문제는 정말 그럴듯한데 조작적 정의나 측정도구의 한계가 너무 명확하여 실제 경험적 연구는 그다지 신뢰하기 어려운 경우를 발견할 수 있습니다. 저자는 어떻게든 자신의 측정을 정당화하려 하겠지만, 독자로서는 충분한 정보를 담아낸 측정인지, 타당도와 신뢰도가 확보되었는지를 따지면서 조심스럽게 읽어야 합니다.

주요 개념들

개념	등간척도	리커트척도
명목척도	무작위 오차	변수
비율척도	서열척도	신뢰도
오차	조작적 정의	척도
체계적 오차	측정	측정도구
타당도		

열 줄 요약

1) 개념이란 우리가 상상한 것이든 경험한 것이든, 우리가 지칭하고자 하는 어떤 대상을 언어적으로 표현한 '이름'이라 할 수 있다.

2) 개념은 그 개념만의 속성으로 정의되어야 하고, 다른 개념과 차별적이어야 한다.

3) 변수란 어떤 서로 다른 값들이 부여될 수 있는, 측정 가능한 형태로 정의된 개념이다.

4) 조작적 정의는 자료와의 관계에서 다룰 수 있도록 개념을 변수의 형태로 재정의하는 작업으로서 이론의 세계와 관찰의 세계를 연결하는 다리이다.

5) 오늘날은 개념에서 출발하는 것이 아닌, 자료에서 출발하여 변수와 개념을 차례로 구성하는 방식으로 연구가 진행되는 경우도 많아지고 있다.

6) 조작적 정의의 과정에서 현실적인 자료의 제약상 개념과 변수 간 관련성이 부족할 경우 연구의 질에 결정적인 영향을 미친다.

7) 연구 대상으로부터 특정한 수치나 범주를 추출해내는 작업을 측정이라 한다.

8) 척도의 종류에는 명목, 서열, 등간, 비율이 있다. 이들은 정보의 양과 질, 그리고 측정의 용이성 등에서 서로 다른 장단점을 가지고 있다.

9) 측정의 타당도는 측정하려는 바를 제대로 측정하는 정도를 의미한다.

10) 측정의 신뢰도는 측정을 통해 얻는 결과값들이 보이는 일관성의 정도를 의미한다.

🧑 더 생각해보기

1) 어떤 개념이 나의 연구 관심을 사로잡고 있는가? 내 연구의 중심 개념은 무엇인가?

2) 내가 수집한 자료로 볼 때 변수는 충분히 다양한 관찰치들을 가지고 있는가?

3) 이 조작적 정의가 최선인가?

4) 내가 연구에서 활용하려는 개념을 측정하는 개발된 척도들이 있는가?

5) 이 변수의 측정을 위해 가장 적절한 수준의 척도는 무엇인가?

6) 내 연구가 채택한 방법에는 어떤 체계적 오차가 있을 수 있는가?

📋 연습해보기

아래 지문을 읽고 질문에 답해보세요.

> 사회 양극화·불균형 등 전 세계가 직면하고 있는 사회문제, 특히 코로나19가 불러온 위기로 인해 이윤과 효율성보다 사람과 공동체를 중심에 둔 사회적 가치의 중요성이 더욱 부각되고 있습니다.
>
> 사회적 가치는 경제적 가치뿐만 아니라 사회·환경·문화 등 모든 영역에서 공공의 이익과 공동체 발전에 이바지할 수 있는 가치를 말합니다. 안전, 환경, 사회적 약자 배려, 양질의 일자리 창출, 상생협력, 사회통합 등을 포함합니다.
>
> [중략]
>
> 사회적 가치를 실현할 선도적 주체로서 공공기관의 역할이 강조됩니다. 공공기관은 설립 목적 자체가 공공성 실현에 있는 만큼 그 운영 원리와 사업 내용이 사회적 가치와 분리될 수 없습니다. 또한, 사회적 가치 창출을 위한 자원을 지역사회와의 협력을 통해

확보하는 과정에서 민간 영역의 다양한 주체들에게 사회적 가치를 확산하는 역할을 할 수 있습니다.

출처: 한국사회적기업진흥원. 2020. 공공기관 사회적 가치 사례집. 4-5쪽.

1) 공공기관이 구현할 수 있는 사회적 가치의 개념을 정의해보세요.

2) 사회적 가치 창출을 위해 공공기관이 수행한 활동의 성과를 측정할 수 있는 측정도구를 고안해보세요.

제 10장

자료의 수집과 분석

이제 여러분은 잘 조작화된 변수를 가지고 구체적으로 자료를 수집하기 시작합니다. 혹은 이미 입수한 자료(여러분이 직접 수집했든, 기관 등이 수집해서 공개했든)를 가지고 이를 '요리하기' 시작합니다. 자료의 수집은 연구에서 매우 중요한 부분이고, 실제로 여러분이 어떤 연구방법을 택하느냐에 따라 매우 다른 수집 방법들이 존재하여 학습할 내용이 많은 부분입니다. 이는 연구방법의 각론에 해당하는 지식입니다. 이 책의 목적상 여기서는 자료 수집에 있어 일반적인 사항을 다루고자 합니다. 여러분이 어떤 이유에서든 구체적인 자료 수집 방법을 정하면 추가적인 내용을 위해 관련된 문헌을 더 찾아보기를 권합니다.[1] 아무튼 그 전에 자료와 관련하여 여러분이 알아둘 필요가 있는 기본적인 사항들이 존재합니다.

10.1. 자료의 유형들

자료에는 다양한 유형이 있습니다. 자료(data)라고 하면 숫자가 가득한 엑셀 스프레드시트같은 것을 연상하는 분도 있을텐데, 자료의 형태

---

1 여러분은 다양한 연구방법을 소개하는 단행본 시리즈를 통해 더 많은 연구방법을 접할 수 있습니다. 예를 들어 교육과학사의 "교육, 심리, 사회 연구방법론 총서 시리즈"나 미국 Sage 출판사의 질적 연구방법론 총서인 "Little Blue Books" 시리즈 같은 책들을 참고하세요.

는 실로 다양합니다. 당연히 숫자도 자료이고, 문서도 자료이고, 누군가의 음성메시지도 자료이고, 인터넷의 포스트와 댓글도 자료이고, 여러분이 직접 관찰한 사람들의 행태도 자료이고, 사진이나 영상도 자료입니다. 여러분의 주장에 증거가 될 수 있는 모든 것들이 자료입니다.

이런 다양한 유형의 자료들에는 각기 적합한 분석 방법이 존재합니다. 숫자로 된 자료는 연산이 가능한 통계기법을 통해 분석할 수 있습니다. 신문기사나 인터뷰 기록 등 텍스트를 다룰 때에는 어떤 표현이 중요한지, 빈번히 나타나는지, 어떤 단어와 어떤 단어가 주로 연관되는지 등을 밝히는 작업이 중요합니다. 사진의 경우는 어떤 피사체 —예를 들면 주요 정치인—를 사진 구도상 어디에 위치시켰는지, 크기는 어떠한지, 긍정적 이미지인지 부정적 이미지인지 등을 분석하는 작업이 중요하지요. 여러분이 어촌 마을에서 어민들의 하루를 기록하였다면 전형적인 패턴을 분류해내는 등의 작업을 해야 할 것입니다. 정부가 게시하는 보도자료들, 백서들, 법원의 판례들, 그리고 법령 등은 정책 연구를 위한 자료가 될 수 있습니다. 최근에는 정보통신기술에 힘입어 GPS 자료가 수많은 연구에 활용되고 있고, 어떤 연구는 컴퓨터 시뮬레이션을 통해 추출된 자료를 활용하기도 합니다.

10.2. 자료 수집 방법

여러분들이 자료를 수집하는 방법에는 여러 가지가 있습니다. 사회연구에서 가장 전통적인 자료 수집 방법은 다음과 같습니다. 기존에는 이른바 '양적' 자료 수집과 '질적' 자료 수집 방법으로 나누기도 했습니다. 그리고 각각은 패러다임 1과 패러다임 2에 주로 대응하는 방법으로 보았습니다. 그러나 오늘날은 기존에 양적 방법 및 질적 방법이라고 불리던 방법들이 혼합되는 경향을 보이고 있고, 특히 질적 자료를 다루는 연구자들이 이를 계량화하는 경향이 강해지고 있습니다. 따라서 자료 수집 방법을 굳이 양과 질로 나눌 필요성은 적어지고 있습니다.

매튜 데스몬드라는 도시인류학자는 『쫓겨난 사람들』이라는 책으로 나온 연구를 진행하면서 미국 위스콘신 밀워키 시의 빈민가에서 주민으로 1년 여를 지냈습니다.[2] 이렇게 사람들 및 지역사회에 들어가 사람들과 도시공간을 관찰하고, 그들의 동의를 얻어 그들(과)의 대화를 녹음하고, 사진을 찍고, 5,000여 쪽에 달하는 메모를 작성하였습니다. 이 뿐 아닙니다. 1,100여 명의 세입자들을 대상으로 인터뷰를 수행하는 조사에 참여하고, 밀워키 경찰로부터 2년 치 부동산 소란 행위 소환장을 받아 분석하였으며, 100만 여 건의 911 신고 기록을 입수하였습니다. 이 모든 자료들은 어떤 경우는 자신이 연구하는 지역에 대한 사전 지식을 위해, 어떤 경우는 실제 분석을 위해, 어떤 경우는 분석에 대한 보완적 해석을 위해 활용하였습니다. 결국 전체적으로는 인류학적 색채가 강한 연구물을 세상에 내어놓았지만, 그 과정에서 수집한 자료를 보면 양이니 질이니를 구분하는 것이 큰 의미가 없는 것이었습니다.

여러분이 자료를 수집하는 장소는 공원이 될 수도, 인터넷이 될 수도, 실험실이 될 수도, 도서관이 될 수도 있습니다. 그리고 여러분은 어떤 방식으로 자료를 수집했느냐에 따라 그에 적합한 분석방법을 공부해야 합니다. 혹은 여러분이 특정 분석방법을 공부했다면 그에 적합한 자료를 수집해야 합니다. 그리고 그 전에 자료를 수집하는 방법

---

2 매튜 데스몬드 지음. 황성원 옮김. 2016. 『쫓겨난 사람들: 도시의 빈곤에 관한 생생한 기록』. 동녘.

자체를 공부해야 합니다. 이하에서는 대표적인 여섯 가지 자료 수집 방법에 대해 설명합니다.

10.2.1. 설문 조사

사회과학 연구에서 많이 쓰이는 자료 수집 방법은 설문 조사입니다. 설문 조사는 여러분도 경험해보았을 것입니다. 매 선거 때마다 언론이나 조사기관들이 전화를 걸어 누구를 지지하는지를 묻는 것, 설문 조사입니다. 또한 최근에는 많은 국책연구원들이 종합사회조사 형태의 설문 조사를 수행하여 다년도 혹은 패널 자료를 구축하고 있습니다.[3] 그 외에도 연구자의 역량과 자원에 따라 독자적으로 설문 조사를 수행하기도 합니다. 온라인 설문 조사 도구가 많이 개발되어 혼자서 설문 조사를 설계하고 실행하는 것도 가능해졌습니다.

설문 조사에는 정교한 기법이 필요합니다. 올바른 설문 조사를 하려면 앞 장들에서 논의한 조작적 정의, 척도, 타당도, 신뢰도 등에 대한 정확한 이해와 상당한 정도의 사전 조사와 검토, 그리고 조사의 형태에 부합하는 통계분석 기법에 대한 지식이 모두 필요합니다. 설문 조사 연구는 패러다임이 잘 확립되어 있어 방법론 차원에서 표준화 수준이 높습니다. 실제로 설문 조사에 기반하여 작성된 논문은 매우 많습니다. 다만 최근에는 설문 조사 자료의 본질이 한 응답자의 인식을 여러 측면에서 물어본 것일 뿐이라는, 즉 자료원이 한 사람의 인식에 한정되어 있다는 문제를 지적하는 경우가 늘었습니다. 이에 따라 일부 심사자들은 인식 조사 자료 뿐 아니라 실제 소득수준,[4] 실제 조

---

3 다년도 자료는 정기적으로 서로 다른 사람들에게 설문 조사를 하여 수집한 자료이고, 패널 자료는 정기적으로 같은 사람들에게 설문 조사를 하여 수집한 자료입니다. 대표적인 예로 "한국복지패널"을 찾아보세요(koweps.re.kr).

직의 이윤율 등 인식 외 자료를 결합한 자료로 분석할 것을 요구하기
도 합니다. 또한 기존 설문 조사 자료를 그대로 이용하는 경우, 그 자
료의 한계가 곧 연구의 한계로 작용하여 심사 과정과 연구의 질에 영
향을 미치게 됩니다.

최근에는 학위논문을 작성하는 학생들도 국가기관이 수집하여 공개
하는 설문 조사 자료를 활용하여 학위논문을 작성하는 경우가 늘고
있습니다. 이에 대해서는 평가가 다소 갈리는 부분이 있습니다. 석사
학위논문이면 몰라도 최소한 박사학위논문이라면 스스로 자료를 수집
하는 훈련 과정을 거치는 것을 선호하는 심사자들이 있는 것입니다.
다른 한편에서는 국가기관이 구축한 패널 자료의 질을 고려할 때, 중
요한 것은 그 자료를 활용하여 얼마나 타당성 있는 연구를 하는지 여
부라는 의견도 있습니다.

설문 조사를 통한 연구의 타당성을 확보하기 위해서는 이른바 표
본의 대표성을 확보하는 것이 중요합니다. 대표성은 이론적으로는 '무
작위 추출'로 대표되는 확률표본추출이라는 방법을 사용해서 확보할
수 있습니다.

<그림 10-1>의 (a)의 예는 전 연령대와 성별에서 20명을 무작
위로 추출한 결과를 나타냅니다. 예를 들어 공무원 300명을 대상으로
조사한다면 조사 대상 명단을 작성하여 그 명단에서 무작위로 300명
을 선정하는 것이지요. 그러나 현실에서 이렇게 조사하는 것은 상당히
어렵습니다. 일반 시민들이 특정 공무원 집단의 전체 명단(표본추출프
레임)을 확보한다는 것은 현실적인 일은 아니지요. 여론 조사를 위해

---

4 예를 들어 설문 조사를 하면서 응답자에게 자신의 월소득이나 계층의식을 묻는
것보다, 혹은 그에 더하여, 실제 월소득 자료를 어떻게든 활용하는 것을 선호한다
는 의미입니다.

그림 10-1 무작위 추출과 할당 추출

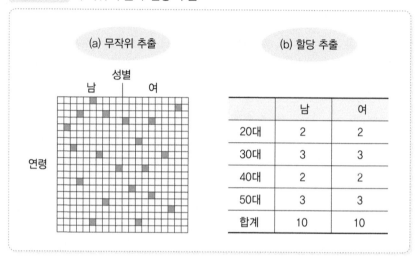

(a) 무작위 추출

성별
남   여

연령

(b) 할당 추출

	남	여
20대	2	2
30대	3	3
40대	2	2
50대	3	3
합계	10	10

출처: 저자 작성.

전화로 설문 조사를 할 경우 전 국민으로부터 1,000명을 무작위로 추출하기 위해 전 국민의 전화번호를 확보하는 것은 불가능합니다. 사정이 이렇다 보니 현실에서는 주로 할당표본추출이라고 하는, 즉 연령대별, 성별, 직급별, 혹은 소득수준별 등 연구에서 중요시하는 인구통계학적 특징들을 지닌 사람들의 비율을 맞추는 데 초점을 두고 조사를 하는 경우가 많습니다. 예를 들어 여러분이 최저임금 관련된 정책옹호 집단에서 활동하고 있다고 합시다. 최저임금 상승에 시민들이 찬성하는지 설문 조사를 하고자 한다면 아마도 최종 응답자의 구성이 대략 20대 여성 20%, 남성 20%, 30대 여성 30%, 남성 30%, 40대 여성 20%, 남성 20%, 50대 이상 여성 30%, 남성 30%가 되도록 표본을 찾아다닐 가능성이 높습니다(<그림 10-1>의 (b)를 보세요).[5] 엄밀히 말

5 정확히는 이미 알려진 세대별, 성별 인구구성비에 맞추겠죠.

해서 대표성은 부족하지만 연구수행가능성을 고려하는 것입니다.

무작위로 시민들에게 접근하는 것이 설령 가능하다 하더라도 반드시 대표성이 확보되었다고 볼 수도 없습니다. 왜냐하면 최초에 설문을 요청할 사람들의 대표성은 확보된다 해도, 실제로 설문에 응답해주는 사람들은 여러 가지 이유로 최저임금에 주로 찬성하는 사람이거나 반대하는 사람일 가능성이 있기 때문입니다. 여러분도 아마 "어느 당을 지지하십니까"라는 전화를 받았을 때, 끝까지 이에 대답하는 분이라면 정치적 열정이 상대적으로 높은 시민일 가능성이 있겠죠? 그렇다면 이는 대표성에 영향을 미칩니다. 실제로 최근 대규모 설문 조사에서 활용되는 ARS 자동응답 방식을 통한 조사 결과와 조사원의 전화 면접 방식을 통한 조사 결과가 "체계적" 편향을 가지고 있다는 분석 기사들이 많이 나오고 있습니다. 또한 유선 전화와 무선 전화 간 차이와 관련된 문제들도 있습니다.[6]

10.2.2. 인터뷰

설문 조사가 광범위한 사람들의 인식을 표준화된 척도로 측정하여 자료를 수집하는 방법이라면, 인터뷰 혹은 면담은 훨씬 적은 수의 사람들의 인식을 상대적으로 자유로운 질문과 응답의 과정을 통해 조사하여 자료를 수집하는 방법입니다. 따라서 설문 조사가 패러다임 1에 한걸음 가까운 인식 조사 방법이라면 인터뷰는 패러다임 2에 한걸음 가까운 인식 조사 방법이라 하겠습니다.

인터뷰는 보통 연구문제와 연관된 몇 가지 질문을 작성해놓고 이

---

6 이렇게 설문 조사 방식에 따라 대통령선거 주자들에 대한 선호도 조사 결과가 다르게 나타나는 기사들이 많이 있습니다. 단순히 "ARS 전화면접"이라는 검색어로 검색해보시기 바랍니다.

를 연구참여자에게 자연스럽게 던지는 방식으로 진행되는데, 연구 분야 및 목적에 따라 구조화의 정도가 조금씩 다릅니다. 응답 방식 자체는 열려 있으나 연구참여자에게 던질 표준적 질문은 대략 정해져 있는 구조화된 인터뷰, 질문 자체가 특별히 정해져 있지 않고 연구참여자가 스스로 말하는대로 따라가는 비구조화된 인터뷰, 그리고 그 중간쯤 연구자가 기본적인 질문을 잠정적으로 정해두고 연구참여자가 말하는 흐름을 따라가면서 연구자가 적절히 준비된 질문들을 하나씩 던지는 반구조화된 인터뷰가 있습니다. 어느 방법이 최선이라기보다는 연구의 목적에 따라 적절한 방법을 선택하면 됩니다. 예를 들어 어떤 정책을 사례로 하여 공무원들과 인터뷰를 한다거나, 소비자들을 대상으로 어떤 제품에 대한 선호도를 조사할 경우, 상대적으로 구조화된 인터뷰를 통해 동일 사안에 대한 서로 다른 견해들을 발굴할 수 있습니다. 반대로 어떤 마을에서 오랜 세월을 살아오신 분의 이야기를 통해서 그 마을의 역사를 연구하고자 한다면 아마도 비구조화된 인터뷰로 시작하는 것이 나을 것입니다.[7] 나머지 경우는 적절한 수준의 구조화를 기획하여 인터뷰를 진행할 수 있습니다.

인터뷰라고 해서 무턱대고 연구참여자에게 질문만 던지고 응답을 기록하는 것만은 아닙니다. 예를 들어 연구참여자가 과거의 기억을 소환하는 것을 도움으로써 인터뷰의 질을 높일 수 있는 경우라면 인터뷰에 임하기 전 연구자는 관련 신문기사, 사진, 연구참여자가 남겼던 말 등 관련된 보조자료들을 미리 준비하여 적절한 타이밍에 연구참여

---

7 이런 방법의 한 영역에 구술사(oral history) 연구가 있습니다. 최근 한국사회에서 노인 빈곤 문제나 정치 이데올로기 대립 문제가 심각해지면서 노인들을 대상으로 하는 구술사 연구, 특히 사회적 약자들의 당사자성을 강조하는 구술사 연구에 대한 관심이 증가하고 있습니다. 다음 논문을 참고해 보세요: 강선경·최미경. 2020. 남성 마약중독자의 회복활동가로의 생애 연구. 한국사회복지학 72(2): 231-258.

자에게 환기시키면서 보다 정확한 구술을 유도할 수 있습니다. 또한 설문 조사는 연구참여자가 설문지를 보면서 소통하는 방식인 반면, 인터뷰는 연구참여자와 연구자가 눈을 맞추어가면서 끊임없이 인간적인 소통을 하는 방식입니다. 따라서 연구자는 인터뷰 전 과정에서 중간중간 고개를 끄덕이는 등 연구참여자에게 진심어린 관심을 바디랭귀지를 통해 보여주어야 합니다. 또한 응답의 내용 뿐 아니라 전반적 분위기, 어떤 부분을 언급할 때 드러나는 감정 등에도 세심한 주의를 기울일 필요가 있습니다. 다시 강조하자면, 설문 조사는 여러 사람들의 평균적인 인식에 관심이 있다면, 인터뷰는 한 사람 한 사람의 내면에 대한 이해에 관심이 있습니다. 인터뷰는 연구참여자 한 사람 한 사람이 하나의 세계라고 볼 때 쓰는 방법입니다.

개별 인터뷰와 함께 자주 쓰이는 방법은 포커스그룹 인터뷰(Focus group interview; FGI)라고 부르는 방법입니다. 보통 인터뷰는 한 명의 연구참여자와 진행합니다. 그러나 포커스그룹 인터뷰는 여러 명의 연구참여자를 한 자리에 모아 한번에 질문을 던지고 연구참여자들이 이에 대해 서로 논의하는 과정을 기록하여 자료를 수집하는 방법입니다. 다양성보다는 집단 수준에서 의견 수렴에 연구의 초점이 있는 경우 포커스그룹 인터뷰를 활용하지만, 현실적으로 개별 인터뷰가 어렵거나, 연구참여자가 여러 가지 이유로 이를 부담스러워하는 경우에도 포커스그룹 인터뷰를 활용하기도 합니다.

인터뷰는 설문 조사와 결합하여 활용되기도 합니다. 예를 들어 특정 조직 구성원들을 대상으로 한 설문 조사 결과, 보다 자세한 정보를 얻을 필요가 있다고 판단될 경우 설문 응답자들 가운데 몇몇을 선정하여 인터뷰를 실시하고, 설문 조사 결과와 인터뷰 결과를 결합하여 해석합니다. 이러한 방법은 특히 학위논문이나 정책보고서에서 자주 사용됩니다. 또한 한 명의 연구참여자에 대해서 인터뷰는 덜 구조화된 방식으로 진행하되, 인터뷰 전후로 간단한 설문 조사를 통해 보다 구조화된 정보를 획득하는 방법을 사용하기도 합니다.

인터뷰는 설문 조사처럼 많은 사람을 대상으로 하지 않으므로 특별히 대표성의 문제가 제기되지는 않습니다. 그럼에도 불구하고 여러 명을 인터뷰할 경우 연구참여자들의 다양성을 어느 정도 확보하는 것이 연구 목적에 부합하는지를 검토하는 작업은 의미가 있습니다. 전형적인 참여자들이 바람직할지, 예외적인 참여자들이 바람직할지, 그에 따라 대략 유사한 관점들을 발견하고자 할지, 서로 상이한 관점들을 발견하고자 할지 등을 연구 목적에 맞추어 고민한 후 연구를 설계해야 하는 것입니다.

10.2.3. 실험

설문 조사나 인터뷰가 사람의 인식을 직접 물어 자료를 수집하는 방법이라면 실험은 어떤 특정한 조건을 설정해두고, 연구참여자를 그 상황에 놓이게 한 다음, 특정한 자극을 주어 그 반응을 살핌으로써 사람의 행동에 대한 자료를 수집하는 방법입니다. 최근 주목받는 행동경제학 연구들이 이러한 실험을 많이 활용합니다. 예를 들어 유리 그니지와 존 리스트는 시카고 저소득층 가정이 몰려 있는 지역의 공립학교에서 학생들에게 다음과 같은 실험을 했습니다 (<그림 10-2> 참조).[8] 어떤 반 학생들에게는 20달러를 주고 "오늘 시험 성적이 오르면 20달러를 갖는 것이고, 그렇지 않으면 반납해야 한다"고 말하고, 다른 반 학생들에게는 "오늘 시험 성적이 오르면 20달러를 주겠다"고 말하

---

8 제7장에 언급된 유리 그니지와 존 리스트의 책 『무엇이 행동하게 하는가』를 참고 하세요.

고, 또 다른 반 학생들에게는 "오늘 시험 성적이 오르면 한 달 후 20
달러를 주겠다"고 말하는 식입니다. 이렇듯 실험은 서로 유사한 사람
들을 두 집단 혹은 그 이상으로 나누어, 각 집단에게 서로 다른 자극
을 주고, 집단 구성원들의 반응을 자료로서 수집하는 방법입니다. 이
예에서 반응은 학생들의 성적이겠죠. 또 다른 반응은 구성원들의 인식
변화일 수 있습니다. 이를 위해서는 소규모 설문을 실시합니다.

그림 10-2 실험 설계의 예

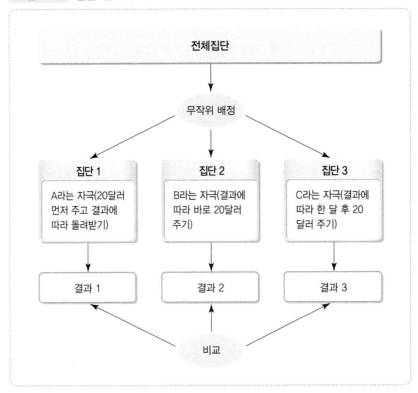

출처: 유리 그니지 · 존 리스트(2014)를 바탕으로 재구성.

이러한 실험은 매우 강력한 인과관계 검증 방법입니다. 다른 모든 상황은 동일한데 20달러를 주는 방식만 다릅니다. 그런데 만일 각 반 별로 성적이 다르게 나왔다면 이는 20달러를 주는 방식 때문, 정확히 말하면 20달러를 주는 방식이 학생들의 심리와 행동에 미친 영향 때문이겠지요. 또한 실험의 장점은 설문 조사나 인터뷰처럼 자신의 인식을 자신이 답하게 하는 것이 아니라, 가시적으로 드러나는 행태를 기록할 수 있다는 점입니다. "당신은 정부를 신뢰하십니까"라는 질문에 "그렇다"고 대답한다 해서 정말로 정부를 신뢰할 때 취할만한 행동을 취하는지는 알 수 없는 노릇입니다. 그러나 실험은 인간의 행동을 유도하고, 그 행동을 직접 관찰하기 때문에 보다 정확한 자료를 얻을 수 있다고 여겨집니다. 특히 실험실에서 이루어지는 실험이 아니라 자연적인 상황에서 동질적인 집단의 일부만이 실험에서의 자극과 같은 어떤 사건, 예를 들어 이주, 음식, 재난 등을 경험하는 경우, 자연실험 이라 불리는 조건이 성립하여 매우 강력한 지식을 우리에게 주는 경우가 있습니다. 또한 실험실에서처럼 엄격하게 통제집단과 비교집단을 무작위 배정할 수는 없지만, 동질적인 집단을 어떤 한 기준에 따라 둘로 나누어 서로 다른 정책을 시행하고 결과를 보는 준실험이 행해지기도 합니다. 이는 특히 연금이나 서비스, 바우처 등 복지수혜 대상을 두 집단으로 나누어 복지서비스의 효과를 분석하는 연구에서 자주 활용됩니다.[9]

실험 방법은 간단한 설문 조사와 병행될 때가 많습니다. 연구참여 자들이 정말 동질적인지, 그리고 자극이 주어지기 전 연구참여자들의

---

9 권현정. 2018. 장기요양재가서비스가 노동공급과 여가선호에 미치는 효과: 회귀불 연속설계를 이용한 일반등급과 치매등급 분석. 한국사회복지학 70(1): 63-87.을 참고해 보세요.

상태는 어떠한지를 점검해야만 자극의 효과를 정확히 분석해낼 수 있기 때문에 보통 실험 전후로 참여자들의 특성을 측정하기 위해 간단한 설문 조사를 시행합니다. 또한 실험에 대한 전반적인 인식을 묻기 위해 인터뷰를 시행하기도 합니다. 이런 절차는 실험의 결과를 정확히 해석하기 위해 매우 중요한 절차입니다.

10.2.4. 공식 자료

앞서 『쫓겨난 사람들』이라는 책을 쓴 매튜 데스몬드는 기본적으로 참여관찰에 입각하여 자료를 수집했으나, 이와 별도로 방대한 양의 공식 문서 등 자료를 수집했다는 이야기를 했습니다. 만일 여러분이 우리나라 지방자치제도의 변화를 연구하고자 한다면 특별히 누구에게 묻기보다는 지방자치법의 변화 과정을 문서 자료를 통해 분석하는 길을 택할 수 있습니다. 우리나라의 예산이 주로 어떤 영역에 투입되고 있는지, 그것이 시대별로, 정권별로 다른지를 연구하고자 한다면 기획재정부 웹사이트에 들어가서 기존의 예산 자료를 입수하여 분석할 것입니다. 여러분이 우리나라 공공기관의 운영에 대해 분석하고 싶다면 공공기관의 정보공개 사이트인 "알리오"에 들어가 자료를 얻을 것입니다. 또한 우리나라 여성들의 정치적, 사회적 권리 변화를 연구하고자 한다면 어떤 분들은 아마도 굵직한 판결들이 나왔던 사건들의 판결 기록을 뒤질지도 모릅니다. 우리나라 공간의 차별적 특징을 연구하고자 한다면 각 지방자치단체 혹은 센서스 단위로 수집된 정보들을 통계청이나 행정안전부 등을 통해 수집할 것입니다. 예를 들다 보니 주로 정부와 관련된 연구 주제들의 예를 들게 되었는데, 그만큼 공공 부문 활동에 대한 공식 기록들이 다양하고, 이미 공개되어 있거나, 정보공개청구를 통해 입수할 수 있기 때문입니다. 한국은 특히 2000년대 들어 이러한 공식 자료들을 구축하는 시스템이 잘 갖춰지기 시작했습니다. 당시부터 컴퓨터 기술 및 인터넷이 폭발적으로 발전한 데 기인하는 것 같습니다. 물론 조선 시대 관료제의 기록문화를 생각해보면 오늘날의 기록 수준은 평범해 보일 정도지만요. 아래 <그림 10-3>, <그림 10-4>, <그림 10-5>는 여러분들이 자료를 수집할 수 있는 웹사이트들의 예를 보여줍니다.

그림 10-3 대한민국 국회 의안정보시스템 검색창

출처: 국회 의안정보검색시스템 웹사이트
(http://likms.assembly.go.kr/bill/main.do).

그림 10-4 알리오(공공기관 경영정보 공개시스템)가 제공하는 통계 검색창

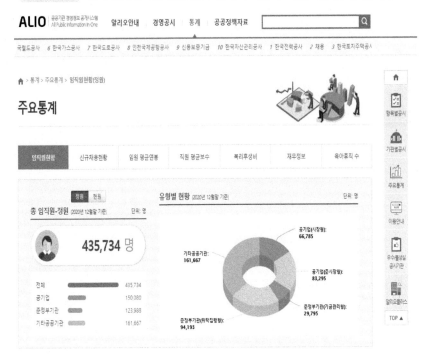

출처: 공공기관 경영정보 공개시스템 웹사이트
(http://www.alio.go.kr/statisticsStat1.do).

그림 10-5　통계청 통계정보

출처: 통계청 통계정보시스템 웹사이트
(https://kostat.go.kr/understand/info/info_kost/1/index.action).

　여러분은 연구 주제를 정하기 전, 혹은 정한 후, 활용 가능한 어떤 공식 자료들이 있는지 조사해서 활용할 수 있습니다. 특히 여러분이 인간의 인식이나 행태가 아니라 사회 제도나 조직, 역사 등을 연구하고자 한다면 이러한 공식 자료들이 매우 중요한 원천이 될 것입니다. 이렇게 공식 자료들을 수집한 경우, 자료의 형태에 따라 여러분은 다양한 분석 기법을 적용할 수 있습니다. 만일 여러분이 다년도의 예산 자료를 입수했다면 혹시 정부가 바뀔 때 예산 항목들 간에 변화의 단절이 발생했는지를 시계열분석기법을 통해 분석해볼 수 있습니다. 여러분이 역대 대통령들의 취임사 자료를 입수했다면 취임사에 어떤 시대 인식, 국정 철학과 목표, 수단 등이 담겨 있는지에 대해 내용분석을 수행할 수 있습니다. 법조문의 변화를 추적하면서 그것의 사회적 결과를 분석하는 식의 제도분석을 수행할 수도 있습니다. 자료의 단위가 공간이라면 지도와 결합하여 공간분석을 수행할 수 있겠지요.

마지막으로 공식 자료와 관련하여 한 가지 덧붙일 것은 역사적 자료입니다. 위에서 소개한 공식 자료들은 좀더 공시적인 성격의 사회 연구와 관련된다면(시계열 자료는 반드시 그렇게 볼 수는 없지만), 역사적 자료는 보다 통시적인 성격의 역사학적 연구, 그리고 해석적인 연구와 관련됩니다. 역사적 자료에는 사적, 유물, 각종 기록 문서, 심지어 문서의 기록 수단 등 역사적 해석을 위한 실마리를 주는 모든 것이 포함됩니다. 역사적 자료는 여기서 언급한 다양한 최근의 공식 자료에 비해 매우 희소하기 때문에 새로운 자료의 발견 자체가 새로운 지식의 증가에 크게 공헌할 수 있습니다. 또한 자료의 신빙성이 주요한 방법론적 이슈가 됩니다.[10]

10.2.5. 참여관찰

참여관찰은 연구 대상의 영역 안으로 연구자가 들어가 가급적 자연스러운 상황에서 연구자의 관찰과 기록을 통해 자료를 만들어내는 방법입니다. 또는 엄밀하지는 않으나 본인이 일반적인 연구자들이 접근하기 어려운 상황에 처했던 경험을 살려 논문을 쓰는 경우 부분적으로 참여관찰의 의미가 있다고 하겠습니다.[11] 참여관찰에는 특별히

---

10 이러한 역사적 자료 및 역사적 방법에 대해서는 Howell, Martha and Walter Prevenier. 2001. *From Reliable Sources: An Introduction to Historical Methods*. Ithaca: Cornell University Press.를 참고하세요.

11 물론 이 경우 단순한 회고를 참여관찰로 볼 수는 없고, 그러한 상황에 놓여있는 어느 시점에선가 연구자로서 자신을 정의하고, 연구윤리를 준수하여 체계적으로

교과서적인 매뉴얼이 있다기보다는 연구자의 경험과 역량이 중요합니다.[12] 더욱이 참여관찰을 통한 연구는 시간과 비용이 다른 연구에 비해 많이 드는 경우가 많습니다. 참여관찰은 표준화된 방법론 학습을 통해 연구를 진행하는 패러다임 1에서보다는 패러다임 2에 속해 있는 연구자들이 주로 활용하는 방법입니다. 그리고 연구의 결과물도 하나의 연구에서 보고할 것이 많다 보니 논문보다는 책이 적절한 경우가 많고, 좋은 연구를 통해 책이 나왔을 경우 대중적 파급력도 상당한 경우가 많습니다.

참여관찰은 통계적 인과관계를 검증한다거나, 광범위한 인간의 인식을 조사하는 목적과는 거리가 있습니다. 대신 어떤 사람이나 그 주변, 혹은 어떤 공간에 대한 상당히 세밀한 묘사와 연구자의 풍부한 해석을 통해 인간과 사회에 대한 이해의 깊이를 더할 수 있도록 도와주는 연구가 이루어집니다. 물론 연구의 결과를 '일반화'하는데는 한계가 있을 수 있습니다. 특정 사례에 대한 연구라는 점에서 말입니다. 그러나 그 특정 사례에 대한 깊은 이해가 우리네 삶의 본질을 건드리는 부분이 있다면 그것은 '일반화'와는 다른, 어떤 '보편성'에 대한 호소가 되어 강력한 힘을 발휘하는 연구라 할 수 있습니다. 예전에 TV에서 "삼시세끼"라는 예능 프로그램이 방영된 적이 있습니다. 연예인들이 농촌 마을에 내려가 서로 밥해먹는 일과를 찍은 프로그램입니다. 평범하기 짝이 없는 일상의 과정을 찍은 것인데도 시청률이 꽤 높았습니다. 시청자들은 연예인들이 재료를 구해다 밥을 하고 그것을 맛있게 먹으면서 서로 이야기를 나누는 모습에서 자신들과의 동질성, 그리고 어떤 삶의 보편성을 발견했기에 이 프로그램을 시청했던 것 같습

자료를 수집할 설계를 해야 합니다.

12 흔히 "연구자 자신이 연구방법이다"는 식으로 표현합니다.

니다. 참여관찰을 통한 좋은 연구에서도 바로 이와 같은 매력을 발견할 수 있습니다.

참여관찰의 결과물은 물론 논문이나 저서의 양식을 취할 수도 있지만 일종의 다큐멘터리 형식, 나아가 예술의 형식으로 우리가 접하는 경우도 많습니다. 2021년 아카데미 감독상과 여우주연상을 수상한 영화 "노매드랜드"는 주연 배우 한 명이 실제로 미국 전역을 떠돌며 살아가는 사람들의 공동체에 들어가 그들처럼 사는 과정을 제작진이 촬영한, 픽션과 논픽션이 섞여 있는 영화입니다.

여러분이 학술적 저술이 아니라 보다 실천적인 목적에서 연구를 하려는 상황에 있다면 참여관찰은 어떤 잘 보이지 않는 세계를 사람들에게 안내하는 훌륭한 연구방법이 될 수 있습니다. 그러한 안내를 위한 길도 여러 가지가 열려있는 것입니다. 다만 참여관찰은 다른 연구방법에 비해 연구참여자에게 상당히 강한 영향을 미칠 가능성이 높다는 점에서 복잡한 연구윤리 문제들과 관련되어 있다는 점을 주의해야 합니다.[13]

10.2.6. 인터넷 자료

최근 사회 연구에서는 인터넷에서 매일 대규모로 생성되는 자료들을 기반으로 수행되는 연구가 늘고 있습니다. 트위터의 트윗이나 페이스북의 메시지, 온라인 커뮤니티에 올라오는 글들 같은 자료들을 이른바 '크롤링' 즉 긁어모아 그 내용을 분석하는 것입니다. 선거 때 보면 언론에서 각 후보자별로 주로 어떤 단어들을 연결시켜 보도하는가를 분석하여 시각화한 기사들이 나올 때가 있습니다. 이런 분석이 반드시

---

13 이에 대해서는 제13장을 참고하세요.

인터넷 자료에만 국한되는 것은 아닙니다. 인쇄된 어떤 자료든 포함될 수 있지만, 오늘날에는 인터넷 혹은 문서가 전자적으로 저장되는 기술에 힘입어 매우 광범위하고 규모가 큰 자료들을 쉽게 분류, 분석할 수 있는 시대입니다. 특히 일종의 기계학습 기술을 결합하여 연구자가 어떤 알고리즘을 짜고 크롤링한 자료를 학습시키면 해당 알고리즘이 자동으로 주요한 키워드들을 묶어주는 기법들이 이러한 자료의 활용성과 더불어 발전하고 있습니다.

10.3. 분석 단위

여러분이 자료를 수집할 때는 위에서 설명한 바와 같이 다양한 형태의 자료를 수집합니다. 그런데 자료에는 또다른 특성이 있는데, 바로 단위 혹은 수준입니다. 자연과학은 원자 혹은 그보다 작은 단위부터 분자, 생물, 지구, 그리고 전 우주까지도 대상으로 하여 자료를 수집하지요. 사회 연구에서는 보통 사람, 집단, 조직, 연결망, 공간, 국가 등의 단위에서 자료를 수집합니다. 다만 사람만 해도 인지, 행태, 연결망 등 관심에 따라 보다 세부적인 자료 수집의 단위들이 존재하죠. 여기서 여러분이 주의하셔야 할 두 가지 점을 설명하고자 합니다.

10.3.1. 서로 다른 분석 단위

첫째, 무엇이 여러분의 연구 목적에 가장 부합하는 최적의 자료 수집과 분석 단위인가 하는 것입니다. 예를 들어, 애국심이라는 현상을 연구하려 한다면 여러분은 어느 수준에서 자료를 수집하시겠습니까? 애국심이라고 하면 사람의 마음이니 개인 수준에서 자료를 수집하면 된다고 생각하실 수 있습니다. 이것도 맞지만, 애국심이란 반드시 개인 수준의 현상만은 아닙니다. 때로는 개인들이 모여 집단을 이루어, 개인 수준에서는 선택할 것 같지 않은 행동을 하기도 합니다. 그리고 각 국가 수준에서도 우리가 대체로 어떤 국가들의 국민이 강한 애국심을 보이는지 논의할 수 있는 여지가 있습니다. 따라서 어떤 연구 주제와 특정 분석 단위 간에는 필연적 관계가 있는 것은 아닙니다. 오히려 특정 연구 주제에 대해 다양한 분석 단위에서 이루어진 연구들을 모아 우리는 더 많은 지식을 얻을 수 있습니다.

　다만 여기서 강조할 것이 있습니다. 분석 단위라고 일반적으로 표현하지만, 사실은 여러분이 자료를 수집하는 '관찰 단위'와, 수집한 자료를 기반으로 실제 설명하고자 하는 대상의 수준을 나타내는 '설명 단위'를 구분할 수 있다는 것입니다.[14] 예를 들어 국가간 애국심을 비교하는 연구를 하고자 할 때, 설명하고자 하는 설명 단위는 '국가'이죠. 왜 어떤 국가는 국민들의 애국심이 높은가 하는 문제에 대한 답을 구하는 연구입니다. 그런데 이 연구에서 아마도 관찰 단위는 개인일 것입니다. 각 개인에게 설문 조사를 통해 애국심을 측정하고 이를 모아 분석한 후, 국가 단위에서 해석하고 결론을 내리는 것입니다. 따라서 관찰 단위와 설명 단위는 일치할 수도 있고 일치하지 않을 수도 있습니다.

　이렇게 관찰 단위와 설명 단위가 일치하지 않을 때, 연구자는 해석에 있어서 오류를 범할 가능성이 있습니다. 예를 들어, 리처드 도킨스는 『이기적 유전자』라는 책을 썼습니다. 간단히 말해 유전자의 행태가 자기복제를 위해 최선의 선택을 하는 것을 발견했다고 합시다. 그런데 이런 발견을 근거로 "인간은 유전자로 구성된 존재니, 인간은 이

---

14 명칭에 대한 보다 자세한 내용은 다음의 책을 참고하세요. 남궁근 지음. 2010. 『행정조사방법론』. 제4판. 법문사. 96쪽.

기적이다"라고 결론을 내린다면 어떨까요? 반대로, 갑 기업 구성원의 평균 연봉이 을 기업 구성원의 연봉보다 높다고 합시다. 이를 근거로 "A가 갑 사에 다니지? B가 을에 있으니 B보다 부자겠네"라고 결론을 내린다면 어떨까요? 이런 예들에서 보면, 관찰 단위와 설명 단위가 분명 다르고, 따라서 양자를 연결시킬 때는 어떤 추론이 필요한데, 그 추론의 타당성이 문제가 되는 것입니다.

이러한 추론의 오류에는 두 가지가 있습니다. 하나는 더 작은 단위의 대상을 분석한 결과를 더 큰 단위에 적용하여 해석할 때 발생하는 환원주의적 혹은 개체주의적 오류입니다. 대부분 몇몇 개인들의 특성을 가지고 그 개인들이 속한 집단의 특성을 추론할 때 발생합니다. 다른 하나는 큰 단위의 대상을 분석한 결과를 그 하위 단위에 적용하여 해석할 때 발생하는 생태적 오류입니다. 대부분 조직과 같은 집단의 특성을 가지고 그에 속한 개인의 특성을 추론할 때 발생하는 오류입니다.

시뮬레이션을 통해 생성한 가상의 관계를 보여주는 <그림 10−6>을 봅시다. <그림 10−6> (a)에는 네 가지 집단이 식별 가능하게 구분되어 있습니다. 편의상 각 집단은 국가이고 가로축은 소득, 세로축은 애국심이라고 합시다. 네버랜드에 존재하는 세 국가에서는 소득과 애국심 간 긍정적인 공동변화(상관계수가 각각 0.78, 0.77, 0.73)가 있음이 관찰되고, 한 국가(검은색 삼각형)에서는 양자 간 부정적인 공동변화(상관계수가 −0.92)가 있음이 관찰되었습니다. 이에 기반하여 여러분은 아마도 대체적으로는 소득과 애국심 간 긍정적인 관계가 있지만 어떤 국가들에서는 예외가 있을 수 있다고 조심스럽게 결론을 내리고자 할지 모릅니다. 반면 <그림 10−6> (b)를 보면 소득과 애국심 간 별다른 공동변화가 발견되지 않습니다(상관계수가 0.20). 따라서 여

러분은 네버랜드 네 개 국가의 시민들을 대상으로 조사한 결과 소득
과 애국심 간에는 의미있는 관계가 있다고 볼 수 없다고 조심스럽게
결론을 내릴지 모릅니다. 그런데 사실 <그림 10-6>의 (a)와 (b)는
같은 그림입니다. 후자에서는 모든 관찰치들을 검은 원으로 표시했을
뿐입니다. 이때, 이 자료는 어떻게 해석해야 할까요? 어느 단위에 초
점을 두는 것이 보다 정확한 지식을 우리에게 제공할까요? 이러한 문
제들이 자료의 관찰 단위와 설명 단위, 그리고 해석에 있어서 신중한
접근을 요하는 문제들입니다.

그림 10-6 단위와 해석의 문제

(a) 개별 단위의 소속을 식별한 경우

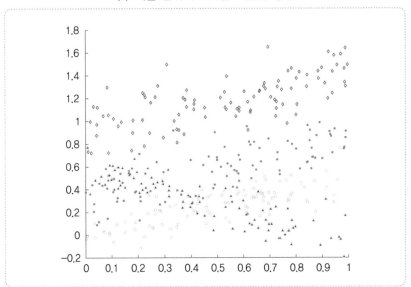

출처: 저자 작성.

(b) 개별 단위의 소속을 식별하지 않은 경우

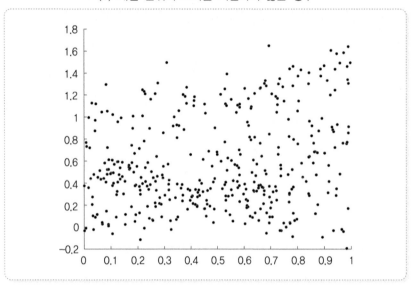

출처: 저자 작성.

이렇게 단위를 오가는 해석은 일상에서 비일비재합니다. 우리는 늘 이런 식의 추론을 하며 살아가죠. 중요한 것은 이러한 해석 과정에서 발생할 수 있는 오류의 가능성을 인지하고 있어야 한다는 것입니다.

10.3.2. 분석 단위 간 일치

여러분이 만일 회귀분석과 같은 통계 기법으로 자료 분석을 하고자 할 경우 모형에 투입되는 변수들이 측정된 단위가 일치해야 한다는 점을 주의해야 합니다. 예를 들어 여러분이 어떤 유형의 조직에서 결근율이 높은지를 연구하려고 300개 조직을 대상으로 자료를 수집하기로 했다고 합시다. 그리고 독립변수로 설립 시기와 구성원의 사기를 선정하고 종속변수로 결근율을 선정했다고 합시다.

이 예에서 종속변수인 결근율을 보면 아마도 특정 조직의 수치일 것입니다. A기관의 특정 연도 결근율, B기관의 같은 연도 결근율인 것이지요. 그런데 독립변수를 보면 설립 시기는 조직의 속성이니 종속변수와 관찰단위가 일치합니다. 그런데 구성원의 사기는 어떤가요? 이는 기본적으로 개인 수준에서 측정되어야 하는 변수입니다. 만일 이를 조사한 설문 자료가 없고 조직에 대한 자료만 있다면 이 변수는 분석에 포함시킬 수 없습니다. 설령 자료가 있다 하더라도 다른 변수들이 조직 수준의 속성들이기 때문에 특정 조직에 속한 모든 이들의 사기를 평균으로 전환하여 분석하는 등 단위를 조정하는 수밖에 없습니다. 이때 우리는 많은 정보를 잃게 됩니다.

이런 문제는 연구자의 실수로 발생할 수도 있지만, 연구자의 의도와 달리 수집 가능한 자료가 부재할 때 발생하는 경우가 많습니다. 예를 들어 우리나라 지방자치단체의 주민과 조직 특성이 해당 지방자치단체장의 재선률에 어떤 영향을 미치는가를 연구하고자 할 때, 여러분이 생각할 수 있는 주민과 조직의 특성들이 있을 것입니다. 문제는 적지 않은 경우 그러한 자료들이 기초자치단체 수준에서는 조사되어 있지 않고, 광역자치단체 수준에서만 조사되어 있다는 점입니다. 대표적인 예로 지역총생산 자료를 들 수 있습니다. 해당 자료는 어떤 지역의 경제수준을 반영하는 지표로 활용될 수 있는데, 이것이 우리나라에서는 기초가 아닌 광역자치단체 수준에서만 공개된 시기가 있습니다. 이렇게 되면 기초자치단체 수준의 연구가 불가능하거나, 기술적으로 보정을 한다 해도 타당성이 떨어지게 됩니다. 따라서 여러분들은 연구문제를 설정하고 가설을 수립하는 과정에서 지속적으로 자료의 입수 가능성을 염두에 두고 있어야 합니다. 자료가 없다면 직접 자료를 수집해야 하고, 직접 자료를 수집할 수 없다면, 연구는 불가능하다는 점을 인식해야 합니다.

10.4. 연구설계

이제 이 장의 마지막 주제로 연구설계에 대해 간단히 이야기하고자 합니다. 연구설계는 말 그대로 전체적인 연구를 어떻게 구성할 것인가의 문제입니다. 크게 보아 여러분은 좋은 연구설계를 위해 두 가지를 결정해야 합니다. 하나는 다양한 자료 수집 방법들, 혹은 다른 관점에서 경험적 분석 방법들 가운데 어느 방법을 선택할 것이냐이고, 다른 하나는 그 방법을 구체적으로 어떻게 설계할 것이냐입니다(<그림 10-7>). 예를 들어 여러분들이 권위주의적인 리더에 대한 밀레니얼 세대의 인식에 대해 연구하고자 한다고 합시다. 여러분은 어떤 분석방법에 적합한 어떤 자료수집방법으로 밀레니얼 세대의 인식을 조사할지, 그리고 해당 방법을 구체적으로 어떻게 설계할지를 결정해야 하는 것입니다.

그림 10-7 연구설계의 절차

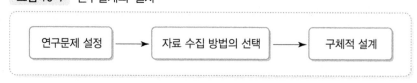

출처: 저자 작성.

앞서 논의한 다양한 자료 수집 방법들은 위의 연구문제에 대해 장단점이 서로 다른 대안들을 제시합니다. 여러분이 밀레니얼 세대와 X세대의 차이에 초점을 둔다면 실험을 택할 수 있을 것입니다. 이는 인과관계에 대한 강력한 추론을 제공합니다. 혹은 단순히 모든 세대에 걸쳐 설문 조사를 수행할 수도 있지요. 이를 통해 일반화 가능성이 높은 결과를 얻을 수 있습니다. 혹은 몇몇에 대한 FGI를 통해 밀레니얼 세대 내에서도 인식이 유사한 부분과 상이한 부분들을 보다 자세히 밝혀낼 수도 있습니다. 결국 여러분의 연구 목적, 문제의식에 가장 잘 봉사하는 방법을 찾아야 합니다.

다음으로 하나의 방법을 선택했다면 이제 구체적으로 어떻게 자료를 수집하고 분석할 것인지 절차를 설계해야 합니다. 만일 여러분이 실험을 하기로 했다면 밀레니얼 세대를 비교집단으로 하고, X세대를 통제집단으로 할지, 전 세대에서 무작위적으로 선정된 참여자집단을 통제집단으로 할지 정해야겠죠. 그리고 각 집단의 참여자들은 어떤 방식으로 모집할지, 권위주의적인 리더에 대한 반응을 보기 위해 어떤 자극을 줄지, 그 자극이 충분한 정도일지를 검토해야 합니다. 그리고 실험 전후로 참여자의 특성을 확인하기 위한 설문도 설계해야겠죠.

연구설계는 여러분이 자유롭게 할 수도 있지만, 만일 여러분이 대학이나 연구소에 소속된 연구자라면 보통 특정 연구실에서 주로 활용하는 연구방법에 기반하여 연구설계를 하게 될 것입니다. 어떤 연구소는 매 년 동일한 설문 조사를 수행하는데, 그렇다면 자연스럽게 설문 조사 방법을 익혀서 연구하게 되겠죠. 어떤 교수는 주로 실험 연구를 하는데, 그렇다면 여러분은 실험의 노하우를 익혀 독자적 연구자가 되어서도 주로 실험을 선택할 것입니다. 따라서 연구설계의 선택에 있어서도 패러다임의 영향을 발견할 수 있습니다. 연구설계는 여기서 기술하는 분량에 비해 매우 중요한 문제이지만, 학문공동체의 활동의 실제에 있어서는 어느 정도 안정된 선택지들이 여러분 앞에 놓여 있는 것이 사실입니다.

주요 개념들

개체주의적 오류	공식 자료	관찰 단위
구술사	대표성	보편성
분석 단위	생태적 오류	설명 단위
설문 조사	실험	연구설계
인터넷 자료	인터뷰	자료
참여관찰	패널 자료	포커스그룹
표본	할당표본추출	확률표본추출
환원주의적 오류		

열 줄 요약

1) 논문의 주장을 뒷받침하는 증거가 될 수 있는 모든 것이 자료이다.

2) 오늘날은 기존 양적 방법 및 질적 방법이라고 불리던 방법들이 혼합되는 경향을 보이고 있고, 특히 질적 자료를 계량화하는 경향이 강해지고 있다.

3) 설문 조사를 통한 연구의 타당성을 확보하기 위해서는 표본의 대표성을 확보하는 것이 중요하다.

4) 설문 조사가 광범위한 사람들의 인식을 표준화된 척도로 측정하여 자료를 수집하는 방법인 반면, 인터뷰는 적은 수의 사람들의 인식을 상대적으로 자유로운 질문과 응답의 과정을 통해 조사하여 자료를 수집하는 방법이다.

5) 포커스그룹 인터뷰는 여러 명의 연구참여자를 한 자리에 모아 한번에 질문을 던지고 연구참여자들이 이에 대해 서로 논의하는 과정을 기록하여 자료를 수집하는 방법이다.

6) 실험은 어떤 특정한 조건을 설정해두고, 연구참여자를 그 상황에 놓이게 한 다음, 특정한 자극을 주어 그 반응을 살핌으로써 사람의 행동에 대한 자료를 수집하는 방법이다.

7) 공식 문서 자료들은 개인의 인식이나 행태뿐 아니라 사회 제도나 조직, 역사 등을 연구하기 위한 중요한 원천이다.

8) 참여관찰은 연구 대상의 영역 안으로 연구자가 들어가 가급적 자연스러운 상황에서 연구자의 관찰과 기록을 통해 자료를 만들어내는 방법이다.

9) 연구를 위한 분석 단위로서 자료를 수집하는 관찰 단위와, 수집된 자료를 기반으로 실제로 설명하고자 하는 설명 단위를 적절하게 설정해야 한다.

10) 분석 단위의 상이성으로 인한 환원주의적 혹은 개체주의적 오류와 생태적 오류를 주의해야 한다.

🧐 더 생각해보기

1) 내가 속한 조직의 성과에는 무엇이 있는가? 그것을 어떻게 측정할 수 있을까? 자료는 어떻게 수집 가능한가?

2) 나의 연구 주제는 사람의 인식에 초점을 두는가, 사람의 행태에 초점을 두는가, 제도에 초점을 두는가?

3) 나는 사람들의 평균적인 인식에 관심이 있는가, 개인들의 의미구조에 관심이 있는가?

4) 지금 나는 연구자로서 이 활동을 하고 있는가, 아니면 실무자로서 이 활동에 참여하고 있는가? 각각의 입장과 관련된 윤리적 이슈는 무엇인가?

📖 연습해보기

다음과 같은 완전한 가상의 상황을 가정해보세요.

> 주식회사 일터사랑은 직장인들을 대상으로 건강관리 서비스 패키지를 구성하여 판매하고자 한다. 패키지에는 자연식, 치유음악, 수면방, 단체 명상 등 다양한 서비스가 포함되어 있다. 회사는 1인당 연간 200만 원의 예산이 소요되는 이 프로그램의 도입을 통해 상당한 규모의 구성원 의료비 지출을 감소시킬 수 있을 것이라고 홍보하고 있다. 담당자 A는 법적 판단과는 별개로 이 프로그램의 실질적 효과를 과학적으로 어떻게 검증할 수 있을 것인지 고민하고 있다.

1) 당신이 담당자 A라면 수행하고 싶은 연구설계와 수집할 자료를 제시해보세요.

2) 당신의 연구방법이 가지고 있을 내적타당성과 외적타당성의 강점 및 한계를 서술해보세요.

연구에서 논문으로, 그리고
연구자의 길

이 편은 단 두 장으로 구성되어 있습니다. 그럼에도 불구하고 굳이 독립된 편으로 묶은 것은 이 편에서 다루는 내용이 앞서 연구방법에 대한 설명과는 성격이 다르기 때문입니다. 우선 제11장에서는 논문이라는 독특한 장르의 글을 쓰는 법에 대해 논문의 일반적 구조에 따라 설명합니다. 논문은 정말 독특한 글입니다. 여러분은 여러분이 정성껏 수행한 연구의 결과를 담아내는 틀로서 논문이라는 글이 요구하는 스타일에 익숙해져야만 최종적 결과물을 얻어내고 독자들과 소통할 수 있습니다. 물론 논문 역시 글이기 때문에 기본적으로 저자의 스타일에 따라 자유롭게 작성합니다. 다만 그럼에도 불구하고 소통을 위해 암묵적으로 약속된 어떤 구조가 있다는 것은 이해하고, 그 위에 자신만의 스타일로 논문을 쓰는 것이 필요합니다.

제12장에서는 우선 연구를 세상에 내놓는 두 가지 길로서 학술대회 발표 및 논문 투고에 대해 자세히 이야기합니다. 여기서는 학술적인 내용보다는 실천적인 조언이 중심이 됩니다. 다만 실천적 조언이라고 해서 무슨 손쉬운 팁이 아니라 학계의 관행과 문화, 그리고 상호 기대에 대한 이야기입니다. 이어서 이 장에서는 연구자로서 살아간다는 것에 대해 이야기합니다. 이 부분은 일반적으로 책에서는 거의 다루어지지 않는 부분입니다. 그러나 저는 연구 역시 삶의 일부이고, 이제 시작하는 연구자들이라면 연구라는 결과물을 생산해내야 하는 연구자라는 삶을 어느 정도 이해하는 것은 의미가 있다고 생각합니다. 어떤 삶을 사느냐는 어떤 연구가 세상에 나오느냐와도 밀접하게 연결되어 있습니다. 다소 낯선 시도이지만, 어쨌든 제 자신 학생으로서의 경험과, 많은 학생들과 대화를 나누어 본 경험에 비추어 여러분과 공유하고 싶은 이야기를 전달해봅니다.

임제 스님은 "부처를 만나면 부처를 죽이라"고 했답니다. 여러분들은 이 편을 읽고 여러분만의 스타일을 다듬어나가면 되겠습니다.

제11장

논문의 작성

이 장에서 이야기하고자 하는 것은 연구설계, 자료 수집, 분석을 모두 마치고 연구의 결론을 내린 후, 이 모든 것을 모아 실제로 논문을 작성하는 방법에 대한 것입니다. 논문이라는 장르의 글이 요구하는 특성이 독특한 면이 있기 때문에 기본적인 사항을 알아둘 필요가 있습니다. 하지만 이 장에서 다루는 논문작성법의 취지는 논문이 아닌 다른 형태의 연구 보고에도 참고가 될 수 있습니다. 결국 자신이 수행한 연구의 무엇을 어떻게 전달할 것이냐의 문제이니까요. 논문 작성에 대해서는 연구자의 배경에 따라 조금씩 다른 조언들을 합니다. 이 책도 그런 다양한 목소리들 가운데 하나라고 이해하고 읽어주시기 바랍니다.[1]

---

[1] 논문작성법에 대한 강의나 책은 적지 않습니다. 인터넷을 통해 여러분이 직접 검색해서 여러분에게 맞는 자료를 찾아보실 수 있습니다. 참고로 이런 목적의 몇몇 책들을 소개해드리자면 다음과 같습니다. 이 책과 유사한 관점이 있다면 그것은 중요하다는 의미일 것이고, 이 책과 상이한 관점이 있다면 그것은 여러분이 자유롭게 판단해도 좋다는 암시일 수 있겠습니다. 박규상 지음. 2014. 『처음 쓰는 논문쓰기』. 샌들코어. 김용찬 지음. 2020. 『논문, 쓰다: 대화하는 논문』. 컬처룩. Rudestam, Kjell E. and Rae R. Newton. 2007. *Surviving Your Dissertation: A Comprehensive Guide to Content and Process.* Thousand Oaks: Sage Publications. Polonsky, Michael J. and David S. Waller. 2011. *Designing and Managing a Research Project: A Business Student's Guide.* Thousand Oaks: Sage Publications. 다들 제목이 인상적입니다.

11.1. 좋은 연구와 좋은 논문

우선 여러분은 논문이라는 글이 과연 어떤 글인지, 그리고 잘 쓴 논문이란 어떤 글인지에 대해 이해해야 합니다. 우리는 좋은 사진을 볼 때 감탄하게 되지요. 이때 두 가지 질문을 던지게 됩니다. "어떤 기교와 장비를 쓰면 저런 사진을 찍을 수 있을까"하는 질문과, "저 사진은 왜 좋게 느껴지는 것일까"하는 질문입니다. 제 생각에, 전자의 질문에 해답을 얻는다 해도 소위 "쨍한" 사진은 찍을 수 있어도 반드시 좋은 사진을 찍을 수 있는 것 같지는 않습니다. 반면 후자의 질문에 해답을 얻으면, 사진의 질은 조금 나쁠지 몰라도 메시지가 있는 사진을 찍을 수 있을 것입니다. 연구도 마찬가지입니다. 깔끔한 연구 설계와 방법은 논문의 기본적 미덕이지만, 그 모든 논문이 학계에서 "좋은" 논문이라 평가되지는 않습니다. 그 기준이 뭐냐 하는 소모적 논쟁은 차치하고라도, 재미있게 읽을 수 있는 논문, 우리의 삶에 무언가를 주는 논문이 좋은 논문이라고 할 수 있지 않겠습니까. 이 문제는 앞서 제4장에서 좋은 연구문제를 이야기할 때 다루었습니다.

이제 이 장에서 덧붙이자면 좋은 연구와 좋은 논문은 또 다릅니다. 좋은 논문은 당연히 좋은 연구에 기반하여 쓰여진 글입니다. 좋은 연구 없이 좋은 논문이 나올 수는 없습니다. 그러나 좋은 연구가 반드시 좋은 논문으로 귀결되지는 않습니다. 여러분이 일상에서 강렬한 경험을 하고 SNS에 글이나 사진을 올릴 때, 경험을 충분히 잘 담아내지 못하면 호응을 얻기 어렵듯이, 좋은 연구는 기본이지만, 좋은 논문은 좋은 연구에 더하여 이루어져야 할 무언가입니다. 즉 여러분은 좋은 연구자(researcher)임과 동시에 좋은 작가(writer)여야 합니다. 이 장에서는 바로 이 문제를 다루고자 합니다.

11.2. 좋은 논문은 어떤 논문인가

이 질문에 명확한 답이란 있을 수 없습니다. 저마다의 기준이 있고, 학문 분야마다 스타일이 다르기에 특정한 답이 있지 않습니다. 그럼에도 불구하고 많은 저널의 편집장들은 이따금 해당 저널이 기대하는 논문들은 어떤 논문인지를 설명하는 글을 낼 때가 있습니다. 그리고 저널에 투고된 논문들을 심사하는 동료평가에 참여한 경험을 돌아보면 좋은 논문에 대한 대략 합의된 기준이 있습니다. 이렇게 보편적으로 인정되는 기준들을 보면 다음과 같습니다.

첫째, 이 책의 서두에서도 강조했다시피, 재미있는 논문입니다. 연구문제가 참신하고, 그 답이 궁금하고, 읽다 보면 빨리 다음 쪽으로 넘어가고 싶게 만드는, 그리고 논문이 끝나갈 때쯤이면 마음이 막 아쉬워지는 그런 논문이 있습니다. 재미있는 논문입니다. 우리가 재미있다고 느끼는 영화와 똑같습니다. 사실 시작하는 연구자의 입장에서는 연구방법을 가다듬는 데에 많은 힘을 쏟게 되는 것이 사실입니다. 기존의 학계도 이 연구자(학위논문작성자)가 연구방법론의 기본을 익혔는지 확인하는 것이 해야 할 일이기도 하구요. 그러나 논문의 진정한 가치는 사람과 세상에 대해 얼마나 새로운, 도전적인, 직관적인, 깊이 있는 관점을 보여주느냐에 달려 있다고 할 수 있습니다.

둘째, 글 자체가 훌륭한 논문입니다. 일단 전하려는 내용이 분명해야 합니다. 독자의 입장에서 "무슨 말인지 모르겠다"는 문장이나 주장이 없어야 합니다. 번역서를 생각하면 이해가 쉬울 것입니다. 내용이 어려워서 이해하기 어려운 경우는 어쩔 수 없지만, 잘 못 쓰여서 어려운 것은 곤란합니다. 그리고 간결해야 합니다. 이 책은 목적상 군더더기 내용들을 의도적으로 삽입해 놓았습니다만, 논문은 가뜩이나 짧은 글인데다, 최근에는 저널들이 그 분량을 제한하는 정책을 많이 도입하였습니다. 따라서 간결성은 좋은 글로서의 논문의 중요한 조건입니다. 그러나 간결함과 부실함을 혼동해서는 안됩니다. 논문의 간결함은 군더더기가 없다는 의미이지 있어야 할 내용을 넣지 않았다는 의미가 아닙니다. 모든 내용이 들어가 있되, 간결한 글, 바로 압축된 글입니다. 좋은 영화들은 스토리 뿐 아니라 배우들의 연기, 소품들, 음악 등에 주제와 연결된 많은 상징들을 넣어두면서 굉장히 많은 내용이 압축되어 있습니다. 이렇게 영화처럼 압축된 논문에는 단어 하나를 통해, 그림 하나를 통해, 인용된 문헌 하나를 통해 많은 내용들이 들어가 있습니다. 여러분 가운데는 어떤 논문에 대해 "읽을 때마다 새롭다"라고 느끼는 경우가 있을 것입니다. 그런 논문이 보통 압축된 논문입니다. 읽을 때마다 압축된 내용이 하나씩 풀려나오기에 새롭다고 느껴지는 것이지요.

셋째, 친절한 논문입니다. 논문이 간결해야 하다 보니, 자칫 독자들에게 불친절한 논문이 될 수 있습니다. 친절한 논문은 최소한 세 가지 요건을 갖춘 논문입니다. 우선 개념들이 정확히 정의되어 있는 논문입니다. "현대 베버주의 관료제 논의에서 충분히 다루어지지 않은 주제 중 하나는 일선 관료들의 심리적 안전감과 윤리적 행동 간의 관계이다"라는 진술이 있다고 합시다. 여러분은 이 문장의 의미를 이해하셨나요? 현대는 도대체 어떤 시기이며, 베버주의 관료제는 무엇이고, 심리적 안전감이니 윤리적 행동이니 다 무엇인가라는 질문이 들 수 있습니다. 이런 질문들이 해소되어야 친절한 논문입니다. 즉 여러분이 구사한 핵심 개념들은 논문의 어디선가 설명이 되어있어야 하는 것이지요.

다음으로 논문의 친절함은 연구방법에 대한 서술에서 특히 중요합니다. 모든 독자들이 모든 방법에 익숙한 것은 아닙니다. 여러분이 설문 조사를 했다면 설문 조사의 대상, 시기, 조사방식, 문항 등 자세한 정보를 제공해야 합니다. 여러분이 실험을 했다면 실험의 온갖 세부사항들을 정확히 설명해야 합니다. "우리 서로 다 알지"라는 마음은 곤란합니다. 누구라도 여러분의 실험을 재현해보고 싶을 때, 그럴 수 있도록 주어진 분량 하에서 가능한 한 자세히 기술한 논문이 친절한 논문입니다.

논문의 친절함은 또한 반복과 요약을 통해 확보할 수 있습니다. 제8장에서 말했듯이 논문에서 연구의 주제와 핵심 발견이 초록, 서론, 본문, 결론에서 반복되는 것은 아무 문제가 없습니다. 그리고 이렇게 반복되는 과정에서 서로 다른 요약을 적절히 활용하면 논문은 더더욱 친절해지는 것입니다.

마지막으로 좋은 논문은 스토리가 명확한 논문입니다. 스토리가 명확한 논문이라는 것이 무슨 소설처럼 기승전결로 구성된 논문을 의미하는 것은 아닙니다. 그보다는 우리가 어떤 문제에 직면해있고, 어떤 지식이 필요하며, 이 논문은 그래서 무엇을 한 논문이라는, 논문의 맥락이 독자의 머리 속에 한번에 들어올 수 있다면 좋은 논문일 것입니다. 그리고 여러분 머리 속에 이렇게 하나의 스토리가 있어야 좋은 논문을 쓸 수 있습니다. 특히 여러분이 학위논문 심사 과정에서 구두심사를 받을 경우 종종 "이 논문을 한 문장으로 요약해 보세요"라는 도전을 받습니다. 이때 쉽게 답하지 못하는 경우를 봅니다. 논문을 요약하는 능력이 부족한 것이 아니라, 명확한 스토리라인, 내가 이 논문에서 한 일이 무엇이라는 그 자의식이 부족한 경우입니다. 여러분이 만일 학술대회에 참석했는데 오가는 길에 우연히 글에서 본 학자를 만났다고 합시다. 그가 여러분의 연구에 관심을 가지고 "무슨 연구를 하시냐"고 물었을 때, 여러분은 과연 어떻게 반응하겠습니까. 그 순간 여러분은 여러분 자신에 대한 이야기꾼이 되어 있어야 할 것입니다.

11.3. 논문을 구성하는 방법

11.3.1. 제목과 초록

우선 초록의 작성법에 대해서는 앞서 선행연구 분석을 다룬 장에서 설명했으므로 여기시는 생략합니다. 초록을 읽어내는 법을 그내로 작성법에 적용하시면 될 것입니다.

제목은 여러분이 논문에서 약간의 멋을 부릴 수 있는 부분입니다. 다만 논문이라는 글에 멋을 부리는 이유가 중요합니다. 그것은 바로 어떤 주제의 글을 탐색하고 있는 사람들의 눈길을 끌기 위함입니다.[2] 즉, 멋을 부리든 덤덤하게 달든, 제목에 신경을 써야 하는 이유는 사람들이 제목만 보고도 여러분의 논문이 어떤 논문인지 파악하도록 돕기 위함입니다. 여러분 자신도 생각해보면 제목을 보고 그 논문을 읽을지 판단하는 경우가 많죠?

제목을 다는 법이 따로 있는 것은 아니지만, 기존의 논문들이 사용한 제목들을 가만히 보면 대략 다음과 같은 유형들이 있습니다.

첫째, 단순한 제목입니다. "Collaborative governance in theory and practice" 같은 제목입니다.[3] 제목만 보아서는 정확히 무슨 작업을

---

2 눈길을 끈다고 해서 가짜뉴스들처럼 선정적인 제목을 달라는 의미가 아닙니다. 최근 논문의 제목은 담담하지만 그 논문을 소개하는 언론의 과학기사의 경우 다소 선정적인 제목을 다는 경우들이 늘고 있습니다. 이런 부분에서도 우리는 과학적 지식과 사회의 관계를 들여다볼 수 있습니다.

3 Ansell, Chris and Alison Gash. 2008. Collaborative Governance in Theory and Practice. *Journal of Public Administration Research and Theory* 18: 543–571.

한 논문인지 잘 파악이 안 됩니다. 그럼에도 불구하고 "collaborative governance"라는 주제에 관심있는 사람이라면 지나치기 어려운, 간결함 속에 주제어가 강조된 제목입니다. 다른 예로는 "Antecedents of public service motivation"입니다.[4] 경험적 연구인지 개념적 연구인지는 모르겠으나 일단 어떤 동기에 영향을 미치는 선행요인들에 대한 연구라는 것을 알 수 있지요. 구구절절 쓰기보다는 "antecedents"라는 단어 하나로 깔끔하게 요약한 좋은 제목입니다.

둘째, 제목에 설명적 요소를 첨가한 제목입니다. 예를 들어 "한국 지방정부의 재난 회복탄력성 영향요인 분석: 자연재해 가운데 호우를 중심으로" 같은 경우입니다.[5] 제가 설명을 덧붙이지 않아도 무엇을 연구한 논문인지 알 수 있습니다. 또 다른 예는 "Measuring and explaining policy paradigm change: The case of UK energy policy"라는 논문입니다.[6] 제목에 자신이 무엇을 한다(measuring and explaining)는 것을 밝혔고, 그 대상이 정책 패러다임의 변화이며, 사례는 영국의 에너지 정책임을 알 수 있습니다. 이런 제목은 무난하고 친절합니다.

셋째, 어떤 연구자는 아예 논문의 연구문제를 제목으로 삼습니다. "Absenteeism in the public and the private sector: Does the public sector attract high absence employees?"라는 논문이 그러합니다.[7] 이 또한 좋은 전략입니다. 더욱이 이러한 제목을 활용하려면

---

4 Perry, James L. 1997. Antecedents of Public Service Motivation. *Journal of Public Administration Research and Theory* 7: 181−197.

5 이대웅. 2019. 한국 지방정부의 재난 회복탄력성 영향요인 분석: 자연재해 가운데 호우를 중심으로. 한국행정학보 55(1): 253−283.

6 Kern, Florian, Caroline Kuzemko and Catherine Mitchell. 2014. Measuring and Explaining Policy Paradigm Change: The Case of UK Energy Policy. *Policy & Politics* 42: 513−30.

연구자가 매우 분명한 연구문제를 스스로 정의하고 있어야 합니다. 따라서 연구문제를 제목으로 삼는 경우는 독자들에게 그 연구가 무엇에 대답한 것인지를 분명히 전달하는 장점이 있습니다.

넷째, 키워드를 조합한 제목입니다. 첫 번째 경우와 유사하지만 키워드를 충실히 넣으면서 내용을 이해하기 좀더 유리합니다. "지방정부의 제도변화와 행위자: 지속가능발전과 저탄소녹색성장 정책 사례를 중심으로"와 같은 논문입니다.[8] 설명적이지는 않지요. 그러나 키워드가 다량 들어 있어 이 논문이 다루는 구체적인 내용들을 한눈에 파악하기는 좋습니다. "Rational and compassionate information processing: A conceptual framework for authentic dialogue"의 경우는 논문의 제목이 논문의 결과물에 대한 정보를 담고 있습니다.[9] 즉 이 논문은 이상적인 대화에 대한 개념틀을 제시하는 논문임을 알 수 있습니다. 그리고 그 개념틀이 제시하는 이상적 대화의 구체적인 내용은 합리적이면서 공감적인 정보처리일테구요.

마지막으로 어떤 제목은 본제만 있고, 어떤 제목은 본제와 부제가 있습니다. 부제는 위에서 보듯 콜론(:) 표시 이후에 붙어있는 부수적 제목입니다. 본제와 부제를 적절히 활용하는 방법도 생각해보기 바랍니다. 본제에는 보통 논문의 핵심적인 내용을 제시하고, 부제에는 사례, 방법, 결과 등을 제시합니다.

---

7 Mastekaasa, Arne. 2020. Absenteeism in the Public and the Private Sector: Does the Public Sector Attract High Absence Employees? *Journal of Public Administration Research and Theory* 30: 60–76.

8 임현정·권기태. 2019. 지방정부의 제도변화와 행위자: 지속가능발전과 저탄소녹색성장 정책 사례를 중심으로. 한국행정학보 53(1): 197–221.

9 Choi, Taehyon. 2014. Rational and Compassionate Information Processing: A Conceptual Framework for Authentic Dialogue. *Public Administration Review* 74(6): 726–735.

11.3.2. 서론의 구조

서론에는 전형적인 구조가 있습니다. 물론 논문이란 여러분 본인의 글이니 어떤 식으로 쓰든 여러분의 자유입니다.[10] 다만 전형적인 구조에 대한 지식은 출발선으로서 참고가 되는 의미가 있다고 하겠습니다. 서론의 구조는 대략 순서에 따라 연구 주제의 배경을 설명하는 부분, 기존 연구의 부족한 부분을 지적하고 연구의 필요성을 제시하는 부분, 연구의 목적과 연구문제를 기술하는 부분, 연구방법 등 필요한 사항의 요약 및 심지어 결과를 기술하는 부분, 그리고 논문의 전체 구조를 간략하게 기술하는 부분으로 구성됩니다. 어떻게 배치하든 서론에서 독자들이 기대하는 내용은 위와 같다고 하겠습니다. 서론의 내용이 이러하다보니 서론은 논문을 쓰기 시작할 때 쓰기도 하지만, 논문에서 가장 마지막으로 완성되는 부분이기도 합니다.

여기서 한 가지 덧붙일 것은 서론의 첫 문단, 그러니까 논문 전체의 첫 문단의 중요성입니다. 사람에게 첫인상이 중요하듯 논문도 첫 문장, 첫 문단이 중요합니다. 초록이 있음에도 불구하고 말이죠. 보통 첫 문장은 연구의 배경을 설명하는 첫 문단을 끌어내는 역할을 하지만, 논문에 따라서는 아예 도전적으로 첫 문장에 연구문제나 연구의 목적을 제시하기도 합니다. 그리고서 연구의 배경으로 들어가는 것이지요. 우리가 영화의 첫 장면을 기억하듯이 논문의 첫 문단을 기억해 주는 독자는 없겠지만, 최소한 논문을 읽고 싶게 만들거나, 논문을 읽는 동안에는 기억해야 할 정보를 첫 문단에 넣는 것은 좋은 방법입니다.

---

10 여기서 다시 "부처를 만나면 부처를 죽여라"라는 불교의 가르침을 상기합시다.

11.3.3. 이론적 배경: 논쟁화하기

서론에 이어서 보통 이론적 배경을 제시합니다. 이 부분이 바로 제 8장에서 설명한 선행연구 분석 결과를 함께 제시하는 부분입니다. 따라서 구체적인 내용은 해당 장을 참고하면 됩니다. 다만 여기서 지적할 것은 이론적 배경 부분이 단지 기존 연구들을 소개하고 자신의 가설을 제시하는 데서 그쳐서는 아쉽다는 것입니다. 그보다 여러분은 의식적으로 이론적 배경을 논쟁의 장으로 자리매김할 필요가 있습니다. 예를 들어 여러분이 제시하고자 하는 가설이 "밀레니얼 세대일수록 경제적 보상보다 워라밸을 중요시할 것이다"라고 합시다. 좀 당연하다 싶죠? 그런데 여러분은 내심 아닐 수도 있다는 의심을 강하게 품고 있다고 합시다. 그 의심을 다른 사람들도 품도록 만들어야 합니다. 기존의 연구가 부족하다거나, 단순한 자료나 방법에 의존했다거나 하는 비판을 통해 독자의 의심을 불러일으켜야 합니다. 혹은 여러분도 이 가설이 맞을 것이라 믿는다고 합시다. 그렇더라도 왜 굳이 이를 확인하고자 하는지 독자를 설득해야 합니다. 즉 독자로 하여금, 이 가설이 당연하다고 생각하는 것은 선입견이 아닐까, 세상에 경제적 보상을 싫어하는 사람이 어디 있겠는가, 그렇다면 밀레니얼 세대도 별다르지 않을 수 있지 않은가, 우리 사회가 밀레니얼 세대를 전형화하고 있는 것은 아닌가라는 의심을 품게 만들어야 합니다. 이런 작업을 위해서는 기존 연구의 내용을 단순히 요약해서 열거하는 것이 아니라 자신의 관점에 따라 문헌들을 재조합하여 비판적으로 요약하는 수준의 글쓰기를 해야 합니다. 앞서 말했듯이 재미있는 논문은 우리의 경험을 새롭게 바라보게 인도하는 논문입니다.

보통 저널에 게재되는 논문에서는 이론적 배경 부분에서 가설을 제시하는 경우가 많습니다.[11] 즉 비판적 요약이 이루어지고 바로 이어서 그에 기반하여 도출되는 가설을 제시하는 것입니다. 이론적 배경 부분에서 가설을 제시한다는 것은 그 논문이 제기한 연구문제의 잠정적 답을 이론적 근거에 따라 독자들에게 제시한다는 의미입니다. 이렇듯 가설을 제시한다는 목적으로 기존 연구 검토 결과를 정리한다고 이해하면 이론적 배경 부분을 구성하기가 보다 쉬울 것입니다.

11.3.4. 선행연구 분석 부분 작성하기

이제 열심히 공부한 선행연구들을 정리할 차례입니다. 선행연구 분석 부분을 작성할 때, 특히 학위논문에서 흔히 저지르는 아쉬운 글쓰기 방식은 자신이 찾은 논문들의 내용을 본문에서 주욱 나열하는 것입니다. 예를 들면 아래와 같이 쓰는 것이지요.

> 최금영(2014)은 우리나라 지역공동체에 대한 사례연구에서 지역공동체의 뿌리가 조선의 향약으로 거슬러 올라갈 수 있음을 발견하였다. 민정호(2015)는 우리나라 지역공동체가 경제활동 중심의 실리적 측면이 강하다고 주장하였다. 서장금(2017)은 지역공동체의 형성과 유지에 있어서 지방의 유림 세력과 중앙에서 파견된 관리들 간의 갈등과 협력이 어떤 영향을 미쳤는지를 광범위하게 분석하여 오늘날 지방자치에 던지는 함의를 제시하였다.

완전히 가상의 예이긴 하지만 이런 스타일의 글은 자주 보입니다. 문장 하나하나를 보면 의미있는 정보들이 담겨 있습니다. 그러나 문단 전체로 놓고 볼 때 뭔가 내용이 파편화되어 있다는 느낌을 지울 수 없습니다. 이렇게 되면 여러분이 기본적인 문헌을 조사했다는 것은 알

---

11 학위논문에서는 연구방법 부분에서 가설을 제시하기도 합니다.

수 있지만, 그것들을 충분히 소화하고 글을 썼다는 확신은 주기 어렵습니다.

선행연구를 분석할 때 여러분은 아래 중 하나의 전략을 활용할 수 있습니다.

첫째, 시간 순서대로 정리하는 것입니다. 이는 주로 연구의 발전 과정을 보여주기 위함입니다. 위에서 든 가상의 사례를 보면 독자에 따라서는 그럴듯하다 느꼈을지도 모르겠습니다. 네, 최소한 시간 순서로 정리를 했기 때문입니다. 만일 서장금, 민정호, 최금영 순으로 내용을 제시했다면 훨씬 중구난방같은 느낌이 강했을 것입니다. 그나마 시간 순서대로 정리하니 최금영의 연구를 민정호가 부분적으로 비판한 것이 보이며, 서장금은 공동체 뿐 아니라 정부의 역할로 연구 범위를 확대한 것이 어렴풋이 보입니다. 즉 시간 순서대로 정리하는 것은 연구의 흐름을 보여주는 의도가 있을 때 취하는 방법입니다.

둘째, 주제별로 정리하는 것입니다. 여러분의 연구 주제와 관련된 문헌이 방대할 경우 여러분은 아마도 일단 세부 주제들을 파악하고, 각 주제별로 문헌들을 묶어서 정리하고 싶을 것입니다. 예를 들면, 일단 향약 중심의 연구, 경제활동 중심의 연구, 그리고 관청 중심의 연구들로 묶고 그 안에서 다시 시간 순서대로 정리할 수 있겠지요.

셋째, 논란이 되고 있는 이슈별로 정리하는 것입니다. 이는 주제별 정리와 유사하지만, 주제별 정리가 해당 분야의 보다 표준적인 흐름을 따르는 것이라면 이슈별로 정리하는 것은 본인의 연구 목적에 따라 의도적으로 문제를 부각시키는 데 의미가 있습니다. 위의 예를 다시 보자면 여러분은 향약의 의미를 긍정하는 문헌과 비판하는 문헌으로 나누어 정리할 수도 있습니다. 이렇게 이슈별로 정리하는 장점은 저자가 논문에서 주장하고자 하는 바가 보다 선명하게 드러난다는 점입니다. 향약의 의미에 대한 논쟁을 정리하고 나면 당연히 저자는 자신의 입장을 밝히고 그 증거를 제시하는 식으로 논문이 진행되지 않겠습니까?

넷째, 많이 쓰이지는 않지만 때로는 연구방법별로 정리할 수도 있습니다. 특정 주제에 대한 연구들이 채택한 연구방법이 다양하고, 초점이 방법론적 문제인 경우 유용할 수 있습니다.

요컨대, 선행연구 분석 부분도 어떤 스토리가 있어야 한다는 점을 유의하면 됩니다. 그 스토리를 엮어낼 때 시대순이냐, 주제별이냐, 이슈를 부각할 것이냐를 자신의 목적에 가장 잘 봉사하도록 활용하기 바랍니다.

좋은 논문을 쓰기 위해서는 선행연구 분석을 잘 마무리해야 합니다. 도대체 많은 고생을 해서 선행연구 분석 부분을 정성껏 작성하는 최종 목적이 무엇일까요? 그것은 바로 여러분의 연구문제를 부각시키는 것입니다. 연구문제는 서론에서 강조할테지만, 그것만으로는 독자들을 설득하기에 부족합니다. "그렇게 중요한 문제면 벌써 누군가가 연구해놓지 않았을까?"하는 의문을 독자는 가지겠지요. 여러분은 선행연구 분석을 통해 지금까지의 연구를 보여주고, 이제 마지막으로 "봐라, 내 연구문제는 아직 충분히 답을 얻지 못한 상태다"라고 주장을 해야만 선행연구 분석의 화룡점정이 되는 것입니다. 따라서 선행연구 분석 말미에는 가급적 짧게라도 요약을 작성하면서 기존 연구에 대한 존중을 표함과 더불어 여러분만의 연구문제의 신선함을 다시 강조하는 부분을 넣으시기 바랍니다.

11.3.5. 연구방법

연구방법 부분은 경험적 논문의 경우 어떤 자료를 어떻게 수집했는지, 변수들의 조작적 정의는 어떻게 했는지, 그 자료를 어떤 방법으로 분석했는지를 상세히 알려주는 부분입니다. 즉 이 부분에서는 제10장에서 논의한 자료의 수집과 연구설계의 모든 내용을 담아야 합니다. 설문 조사나 인터뷰라면 조사 대상, 규모, 조사 시기, 조사방식 등 내용을 소개해야 하고, 실험이라면 실험집단과 통제집단 모집 방법, 배치 방법, 처치 방법, 측정 방법 등 세부적인 설계를 소개해야 합니다. 문서 자료를 수집했다면 어디서 입수했는지, 누가 생산한 문서인지, 어떤 방법으로 수집했는지 등을 설명해야 합니다. 이 과정에서 내용이 길어질 수도 있는데, 이때는 가장 핵심적인 내용만 본문에 소개하고 나머지는 부록으로 돌리기도 합니다.

자료 수집에 대한 설명 이후에는 변수를 다룰 경우 변수의 조작적 정의와 측정을 위한 자료에 대한 정보를 제공해야 합니다. 예를 들면 "사회자본을 측정하기 위해 어느 종합사회조사의 어느 설문 항목을 사용했다"거나 "행정안전부가 제공하는 해당 기초자치단체의 지역안전지수를 사용했다"는 정보입니다.

마지막으로 연구방법 부분에서는 자료의 분석 방법을 소개합니다. 코딩이 필요했다면 코딩 방법, 이후 회귀분석, 경로분석, 분산(변량)분석, 시계열분석, 내용분석 등 자료의 형태에 맞는 분석 방법을 서술합니다.

11.3.6. 분석틀

분석틀은 논문을 쓸 때 논문이 상정한 인과관계에 대한 효과적인 소통과 관련된 문제입니다. 분석틀은 간단히 말해 연구에서 설정한 원인들과 결과들을 열거하고 그들간의 관계를 표시한 도표입니다. 분석틀은 여러분의 연구의 개요를 시각화하여 보여주는 좋은 요약이라고 할 수 있습니다. 아래 <그림 11-1>은 분석틀의 예입니다.

그림 11-1 분석틀의 예

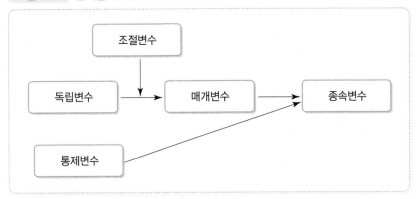

출처: 저자 작성.

위의 예에서 보듯이 분석틀에는 연구에서 고려하는 개념들 혹은 변수들이 포함되어 있습니다. 그리고 그들 간의 관계가 직선 혹은 화살표로 표시되어 있습니다. 그리고 이를 통해 독자는 무엇이 원인이고 무엇이 결과인지를 알 수 있습니다. 여기서 중요한 것은 분석틀에 표기된 화살표들은 패러다임 1에서는 보통 가설을 의미한다는 것입니다. 즉 분석틀에 표기된 화살표 하나하나가 변수와 변수 간 관계의 진술인 가설로 치환될 수 있고, 논문의 작성에서 그 작업을 해야 한다는 것입니다.

위의 <그림 11-1>에서 일반적으로 독립변수가 연구자가 가장 관심을 가지고 있는 원인에 해당하고, 종속변수가 연구자가 관심을 가지고 있는 결과에 해당합니다. 통제변수는 경쟁가설들을 제공하는 기존에 알려진 변수들로, 연구자의 관심은 아니지만 독립변수와 종속변수 간 인과관계 추론의 타당성을 위해 고려해야 할 변수들입니다. 이외에도 매개변수는 독립변수가 종속변수에 직접적인 영향을 미치지는 않으나, 해당 변수를 통할 때 인과관계가 성립하는 경우 중요하게 다루어지는 변수입니다. 어떤 마을의 치안이 악화되면 그 마을의 소득수준이 반드시 낮아질까요? 아마도 치안이 악화되면 그 마을을 떠날 수 있을만한 경제적 여유가 있는 사람들이 주로 이사를 가면서 결과적으로 마을의 평균 소득수준이 낮아지는 현상이 발생할 수 있다고 본다면, 치안과 소득수준의 사이에 매개변수가 있다고 가설을 세우는 것입니다. 조절변수는 독립변수가 종속변수에 미치는 영향의 방향이나 강도를 바꾸는 작용을 하는 변수입니다. 변혁적 리더십이 구성원들의 조직헌신에 영향을 미치는데, 구성원의 성별에 따라 그 효과가 달라진다면 성별이 조절변수의 예가 됩니다. 어떤 변수가 조절변수나 매개변수로 의미가 있는지는 이론적 근거와 통계적 분석을 통해 알 수 있습니다.

　분석틀의 가치는 논문의 본문을 일일이 읽지 않아도 연구자가 무슨 현상들 간의 어떤 관계를 분석하고자 했는지를 독자가 한 눈에 알 수 있게 도와준다는 점입니다. 분석틀을 보면 주요한 변수들을 알 수 있고, 주요한 가설들을 짐작할 수 있습니다. 바로 이러한 점 때문에 패러다임 1에 속한 연구들은 분석틀을 많이 활용합니다. 그리고 독자 입장에서도 경험적 연구의 핵심 내용을 한눈에 파악하고 싶다면 분석틀부터 찾아서 검토해보는 것도 좋은 방법입니다. 경험적 연구 뿐 아닙니다. 개념적 논문의 경우에는 경험적 검증이라는 부담이 없기 때문에 훨씬 복잡한 이론을 제시하면서 그것을 화려하고 정교한 분석틀로

시각화하는 경우가 많습니다.[12]

여러분도 가급적 독자에게 친절한 분석틀을 그려 논문에 포함시키기 바랍니다. 만일 여러분이 정확한 분석틀을 그리는 데 어려움을 겪는다면 그것은 여러분이 아직 연구의 목적과 내용을 명확히 정하지 못했다는 것을 의미할 수 있습니다. 이런 점에서 분석틀은 연구의 명확성에 대한 자기 점검의 가치도 지니고 있습니다.

11.3.7. 시각화

이제 논문은 분석 결과로 넘어갑니다. 분석 결과를 제시하는 것은 연구설계 방식마다 어느 정도 표준화된 형식이 있습니다. 이는 선행연구를 보면 쉽게 파악할 수 있습니다. 여기서는 분석 결과를 제시하는 부분에서 중요한 한 가지만 언급하고자 합니다. 그것은 바로 시각화입니다.

오늘날 시각화는 대중화되어 있습니다. 그러다 보니 기존에는 정형화된 표나 막대그래프, 선그래프, 산포도 등을 주로 사용하던 논문이라는 글에서도 다양한 그래프를 활용한 시각화를 강조하는 시대가 되었습니다. 다만 논문에서 시각화는 언론 기사나 웹사이트에서처럼 화려한 도표를 활용해야 하는 것은 아닙니다. 논문은 아직까지 기본적으로 흑백의 종이 위에 찍혀 나오는 글이니까요. 다만 기술적으로 가능하다면 시각화를 적극적으로 활용하는 것이 좋습니다.[13]

이 책 역시 현재의 다양하고 화려한 시각화 기법을 활용한 사례를

---

12 제8장에서 소개한 *Academy of Management Review*에 수록된 논문들을 찾아보세요.

13 그래서 최근 저널들은 논문과는 별도로 저널 웹사이트에 보조자료를 올릴 수 있는 부분을 만들어서 이러한 시각화 자료를 따로 제공하기도 합니다.

담기에는 매체의 성격에 한계가 있습니다. 꼭 그럴 필요도 없는 시대이구요. 대신 여러분은 이 책을 잠시 접고 "gapminder.org"라는 웹사이트를 방문해보기 바랍니다. 이는 한스 로슬링이라는 작고하신 스웨덴의 의사이자 데이터과학자가 구축한 데이터 시각화 웹사이트입니다. 물론 이 웹사이트의 목적은 이 세계에 대한 데이터에 기반한 이해입니다만, 좋은 시각화의 예들을 볼 수 있습니다.[14] 또한 "R Graph Gallery"라는 웹사이트(https://www.r-graph-gallery.com/)를 지금 방문해 보시기 바랍니다. R 혹은 다른 툴로 여러분이 그릴 수 있는 다양한 그래프들을 볼 수 있습니다. 이 외에도 다양한 시각화 기법들을 설명하는 책들을 통해 여러분에게 필요한 시각화 기법과 그래프를 찾아 그것을 구현하는 방법(자료정리, 프로그래밍, 인쇄 등)을 익혀보시기 바랍니다.[15]

전통적 시각화든 최신의 시각화든 논문에서 결과를 제시할 때 시각화의 요점은 독자들이 본문을 읽지 않은 상태에서도 논문의 분석결과를 한눈에 파악할 수 있는 그림이나 표를 제시하는 것입니다. 예를 들면 여러분이 회귀분석같은 통계 분석을 수행했다면 잘 요약된 표를 제시하고, 주요 변수들의 한계효과를 다루는 그림을 함께 넣을 수 있습니다. 여러분이 실험을 통해 상호작용효과를 분석했다면 단순

---

14 관련하여 다음의 책을 참고하세요. 한스 로슬링 지음. 이창신 옮김. 2019. 『팩트풀니스: 우리가 세상을 오해하는 10가지 이유와 세상이 생각보다 괜찮은 이유』. 김영사.

15 두 책을 참고로 소개합니다. 하나는 Evergreen, Stephanie D.H. 2019. *Effective Data Visualization: The Right Chart for the Right Data*. Thousand Oaks: Sage Publications.이고, 다른 하나는 Yau, Nathan. 2011. *Visualize This: The Flowing Data Guide to Design, Visualization, and Statistics*. Indianapolis: John Wiley & Sons.입니다. 후자의 저자는 이 분야 대중화의 개척자로 꼽히는 사람입니다.

히 숫자보다는 직선이 교차하는 그림 등을 통해 상호작용효과를 시각
적으로 보여줄 수 있습니다. 시뮬레이션 연구의 경우 방대한 인공적
자료가 산출되는데, 적절한 시각화는 방대한 자료의 요약으로서 매우
중요합니다. 이 외에도 지도를 활용한 공간정보, 사진, 복잡한 인과관
계를 보여주는 경로모형, 네트워크 등 적절한 시각화가 논문의 질을
향상시키는 경우는 많습니다. 여러분도 분석 결과를 제시할 때 이렇게
잘 요약된 시각화 그림과 표를 제시하고, 본문은 그 그림과 표를 친
절하게 설명하는 자세로 작성하면 독자들과 보다 잘 소통할 수 있을
것입니다.

11.3.8. 토론의 중요성

분야에 따라 다르지만, 어떤 논문들은 "토론(Discussion)"이라는 소
제목이 붙은 부분이 분석 결과 부분에 이어 등장하면서 제법 중요한
분량을 차지하고 있습니다. 그런데 의외로 적지 않은 논문들에서 분석
결과 부분에 이어 바로 "요약 및 결론"이 등장합니다. 이것이 의미하
는 바는 분석 결과에 대한 토론이 빠져 있거나 결론 부분에서 간략하
게만 다루어진다는 것입니다. 분석 결과에 대한 토론이란 분석 결과의
요약 및 재확인, 해석, 기존 경험적 연구 결과와의 대조, 이론적 함의,
그리고 실천적 함의를 포함하는 것입니다. 이런 것들은 결론에서 간단
히 다루기에는 너무도 중요한 요소들입니다.

실제적 상황을 한 가지 예로 들어봅니다. 학위논문 심사를 할 때면
학생들에게 강조하는 것이 있습니다. 특히 실무를 경험하고 대학원 과
정에 오는 분들이 많아지는 요즘, 실무자들로서 학위과정을 밟는 분들
은 논문을 통해서 평소에 답답했던 제도를 개혁하는 방안을 제시하고
싶어합니다. 그러나 일반적으로 이해되는 과학적 연구란 처방에 우선

적 초점이 있는 것이 아니라, 적절한 처방을 하기 위해 우선 현상에 대한 정확한 지식을 생산해내는 데 초점이 있습니다. 현상을 모르고 처방부터 한다는 것은 의사가 환자를 진단도 하기 전에 약을 처방하는 것과 같은 것이지요. 그런데 이렇게 말하면 어떤 분들은 좀 답답해하고, 논문이라는 글이 현실과 동떨어져있다고 생각할 수도 있습니다. 논문은 현실과 동떨어진 것이 아니라 현실에 근거한 것입니다. 그리고 여러분이 발견한 현실과 처방을 이어주는 부분이 바로 토론 부분입니다. 논문의 대부분은 현상에 대한 정확한 분석으로 구성되어야 합니다. 그러나 논문을 마무리하기에 앞서 마지막 남은 작업이 바로 본인이 발견한 현상에 기반하여 우리는 과연 무엇을 알게 되었고, 그렇다면 이제 무엇을 해야 하는가를 논의하는 토론 부분입니다. 여기서 여러분은 상대적으로 자유롭게, 그러나 여러분이 발견한 현상에 근거하여, 마음껏 토론을 할 수 있습니다. 그리고 해야 합니다. 토론 부분은 본인의 발견과 다른 이들의 발견을 이어주고, 학문의 영역과 실천의 영역을 이어주는 다리가 되는 부분입니다. 이렇게 의미있는 부분을 정작 후다닥 마무리해버리는 경우를 보면 안타까울 때가 많습니다. 여러분은 한 연구의 마지막 열정을 토론의 작성에 쏟아보시기 바랍니다.

11.3.9. 결론의 구조

토론을 마치고 나면 이제 논문은 결론 부분에 도달합니다. 과장해서 말하면 결론 부분은 결론을 내리는 부분이 아닙니다. 연구의 결론은 이미 앞에서 제시되었고, 결론 부분은 다시 연구의 목적, 방법, 발견과 함의를 포함하는 연구 전체의 요약을 제시하고, 연구의 한계를 간략히 언급하고, 향후 연구 방향을 제시하는 것으로 구성됩니다. 연구 전체의 요약은 결코 쉽지 않습니다. 특히 자신이 많은 것을 발견

했다고 생각할 경우 어떻게 이 부분을 압축적으로 작성할지 고민이
될 수 있습니다. 이때 요약에서 가장 중요한 것은 많은 말을 하는 것
이 아니라 그 논문이 제시한 연구문제에 대한 답을 간략히 제시하는
것입니다.

연구의 한계는 처음 논문을 작성하는 연구자들이 곤혹스러워하는
부분 중 하나입니다. 어떤 이들은 이 부분을 너무 겸손하게 작성하여
열거하지 않아도 될 문제점들을 길게 열거하기도 합니다. 반대로 어떤
이들은 연구의 결정적인 문제점을 연구의 한계로 당당하게 제시해버
리고 알아서 판단하라는 듯한 태도를 취하기도 합니다. 연구의 한계는
연구의 문제점을 정당화하는 면죄부를 주거나 연구자로서 자신의 부
족함을 고백하는 부분이 아니라, 독자들에게 자신의 연구를 읽을 때
그 결론에 대해 어떤 부분에서 주의를 해야 하는지를 일러주는 부분
입니다. 예를 들어 여러분이 기존에 수집된 패널 조사 자료를 활용하
여 연구했다고 합시다. 여러분의 연구의 한계는 "중간에 탈락한 표본
등 데이터에 마모가 존재하여 분석 결과에 어떠어떠한 편향이 존재할
가능성이 있다"는 것이지 "연구자 스스로 자료를 수집하지 못한 한계
가 있다"는 것이 아닙니다. 여러분의 연구의 한계는 "부산이라는 하나
의 대도시만을 대상으로 한만큼 다른 대도시나, 특히 농촌과 인접한
중심소도시들에 대해 추론하기에는 한계가 있"는 것이지, "한국의 주
요한 모든 도시를 다루지 못했"다는 것이 아닙니다. 여러분의 연구가
"양적 자료만을 다루었기 때문에 인터뷰 등을 통해 인간을 깊이 이해
하지는 못하였"던 것은 아닙니다. 즉, 여러분은 하나의 연구, 하나의
연구설계가 다룰 수 있는 범위를 명확히 이해하고, 하나의 연구에 기
대되는 질을 충족했는지를 스스로 점검하여, 연구의 타당성 측면에서
부족했던 부분을 지적함으로써 독자들에게 연구 결과 해석에 있어서

주의할 점을 환기하는 것입니다.

마지막으로 결론은 보통 향후 연구주제의 제시로 마무리됩니다. 이는 동료 연구자들에게 "만일 이 주제가 흥미로웠다면 당신은, 우리는, 앞으로 이러저러한 주제를 더 다루어봄으로써 보다 체계적인 지식을 쌓아나갈 수 있다고 생각합니다"라는 메시지를 전달하는 것입니다. 향후 연구주제는 연구의 한계와 함께 다룰 수도 있습니다. 즉 어떤 경우는 향후 연구주제 제시의 형식을 빌어 연구의 한계를 다루기도 합니다. 반대로 연구의 한계들을 지적하면서 각 한계들을 보완할 수 있는 향후 연구를 제시하기도 합니다. 어느 경우든 여러분이 선행연구에서 이 부분을 보고 연구문제를 발견하듯이, 여러분도 여러분의 후학들이 여러분 논문의 이 부분을 보고 연구문제를 발견할 수 있도록 도울 수 있습니다.

📖 책갈피

연구의 한계, 연구의 편향

학술논문들은 대개 연구의 "한계"를 결론에 언급한다. 보통은 자료와 분석기법의 한계, 조작화의 한계, 내생성 통제의 한계, 일반화의 한계같은 방법론적 한계들이 언급된다. 대부분의 논문들은 수용할만한 한계를 충실히 보고하지만, 나 자신 포함해 그 논문의 편향의 한계를 고백한 논문은 거의 보지 못했다는 점을 문득 깨닫는다. 예를 들면, "모든 방법론적 이슈에 대한 저자 나름의 고려에도 불구하고 이 논문에서 거버넌스의 이해는 크게 보아 다원주의(혹은 맑스주의) 정치이론의 범위를 넘어서지 못했음을 지적하고자 한다" 혹은 "결과에 대한 해석은 저자가 속한 사회집단, 즉 중년 남성으로서의 문화적 인지적 편향으로부터 결코 자유롭다고 할 수는 없다" 와 같은 고백이다. 이런 고백이 없는 것은 당연하다. 누가 인식하지도 못한 스스로의 신념이나 전제를 "한계"라고 이름짓겠나. 논문이란 기술적 전문성에 기반한 보고서이지 자기 성찰의 장은 아니니까. 또한 엄밀한 연구 방법을 따름으로써 이러한 문제로부터 상대적으로 자유로워질 수 있는 연구 주제도 있다.

그럼에도 불구하고, 즉 굳이 논문에 언급할 한계는 아니라고 하더라도, 그것이 한계인 점은 제3자의 관점에서는 분명하다. 논리실증주의적 접근의 한계, 관념론적 접근의 한계, 가부장적 정책접근의 한계, X이론적 인간관의 한계... 어느 수준이 되었든, 대척점에 있는 패러다임이 존재하는 한, 어떤 연구의 편향은 분명 존재한다.

앞으로 출간할 논문에서는 이런 시도를 한 번 해볼까 싶기도 하다. 내 연구의 방법론적 한계를 넘어, 내 연구는 사회 연구 전체의 구조 속에서 어떤 편향을 내포하고 있는지 마지막으로 되짚어 보는 것이다. 물론 모든 논문이 이런 작업을 요구하지는 않는다. 그러나 퍼즐풀이형 논문이 아니라 무언가를 쟁점화하는 논문일 경우는 이런 작업이 의미가 있을 것이다.

11.3.10. 참고문헌

논문의 진정한 마지막 부분은 참고문헌목록의 제시입니다. 이 또한 소홀히 할 수 없는 부분입니다. 본문에 언급된 참고문헌이 이 목록에 없거나, 이 목록에 있는 참고문헌이 본문에 언급되어 있지 않거나, 참고문헌목록에 들어있는 논문들의 서지정보 형식이 제각각이거나, 참고문헌들이 가나다순으로 정리되어 있지 않으면 논문의 전반적인 완성도를 쓸데없이 의심받게 됩니다. 여러분이 면접을 볼 때, 모든 질문과 답변을 준비했는데 세수를 하지 않고 가는 것을 상상할 수 없듯이, 참고문헌목록도 마지막에 잘 정리해야 합니다.

굳이 이 이야기를 하는 이유는 참고문헌목록 정리가 녹록지 않기 때문입니다. 본문을 몇 차례 읽으면서 꼼꼼히 확인해야 하는 작업도 그렇고, 요구하는 서지정보 형식이 저널마다 다르기 때문입니다.[16] 한 저널에 투고했다가 거절을 당했을 경우 다른 저널에 투고할 때 해야할 일 중 하나가 바로 이 서지정보 형식을 수정하는 일입니다. 그래서 서지정보를 관리해주는 프로그램을 활용하는 것이 한 방법입니다.

최근 저널들이 온라인으로 논문을 공유할 때 한 논문에 인용된 문헌들을 한 번의 클릭만으로 열어볼 수 있도록 링크를 제공하는 경우가 많아지면서, 참고문헌과 서지정보의 정확성에 상당히 신경을 쓰고 있습니다. 참고문헌목록의 깔끔한 제시는 가장 마지막에 하는 작업이지만 결코 소홀히 할 수 없는 작업입니다.

11.4. 퇴고, 퇴고, 퇴고

논문은 한번에 쓰는 글이 아닙니다. 물론 일필휘지하는 분들도 있을 수 있지만 대부분의 연구자들은 부분적으로 완성하는 단계를 거쳐, 전체 초안이 나온 후에도 퇴고를 거듭하여 완성합니다. 이렇게 완성된 논문도 심사를 거치는 과정에서 몇 번이고 수정을 하게 되고, 심지어 게재가 확정되거나 학위논문의 통과가 확정된 뒤에도 마지막 제출할 때까지 퇴고를 하게 됩니다. 그러고도 인쇄된 논문이 나오면 읽다가 가슴을 치게 됩니다. 여전히 아쉬운 표현이나, 수정하지 못한 오탈자가 보이기 때문입니다. 여러분이 좋은 논문을 쓰고자 한다면 반복적 퇴고를 두려워해서는 안됩니다.

퇴고를 통해 여러분은 논문의 약점들을 보완해갈 수 있습니다. 처음 쓴 초안은 다소 성긴 부분들이 많습니다. 이때 빠진 부분들을 메꾸고, 부정확한 표현들을 정확하게 다듬고, 논리적이지 않은 문단의 흐름을 수정하여 재배치하는 등의 작업이 퇴고를 통해 이루어져야 합

---

16 제8장의 <그림 8-3>을 참고하세요.

니다.

퇴고는 또한 단순히 오류를 수정하고 약점을 보완하는 절차만이 아닙니다. 앞서 좋은 논문은 간결하고 압축된 논문이라고 하였습니다. 압축은 한번에 이루어지는 작업이 아니라 일단 풍성한 내용이 있고, 그 내용을 기반으로 이루어지는 다음 단계의 작업입니다. 퇴고는 바로 이러한 작업의 일환입니다. 우선 여러분이 쓰고 싶은 내용을 풍부하게 담아 놓고, 퇴고를 통해서 이를 압축하는 것입니다. 처음부터 짧게 쓰면 압축이라는 작업이 불가능하겠지요. 압축할 것이 없으니까요.

퇴고는 또한 논문의 한계를 스스로 인식하는 작업입니다. 처음에는 바닷가의 어린아이처럼 뛰어다니듯 신나게 논문을 쓰지만, 퇴고 과정을 거치면서 이 논문이 말할 수 있는 부분과 말할 수 없는 부분을 스스로 알게 되고, 그에 따라 논문을 정제하게 됩니다.

퇴고 작업이 이렇게 중요하지만 그렇다고 무작정 논문을 "붙들고" 있는 것은 좋은 전략은 아닙니다. 어느 정도 완성이 되었다 생각되면 이제 놓아주어야 합니다. 어차피 논문은 여러분이 완성했다고 생각한다 해서 완성되는 것이 아닙니다. 심사 과정을 거쳐야 완성됩니다. 따라서 여러분이 퇴고를 거듭하다가 놓아줄 때는, "이 정도면 내가 목표로 하는 저널의 심사위원들이 '한 번 더 보자'는 판단을 내려줄 정도는 되겠구나" 싶을 때일 것입니다.

주요 개념들

결론	독립변수	매개변수
본제	부제	분석틀
서론	서지정보	선행연구 분석
시각화	압축	연구의 한계
이론적 배경	제목	조절변수
종속변수	좋은 논문	참고문헌
처방	토론	퇴고
향후 연구주제		

열 줄 요약

1) 좋은 논문은 재미있고, 글 자체가 간결하고 압축적으로 쓰였고, 친절하고, 스토리가 명확한 논문이다.

2) 제목은 사람들이 그것만 보고도 논문의 주제를 대략적으로 파악하도록 도와줄 수 있어야 한다.

3) 서론은 연구의 배경, 기존 연구의 부족한 부분, 연구의 필요성, 연구의 목적 및 연구문제, 연구방법, 연구 결과, 논문의 전체 구조에 대한 요약으로 구성된다.

4) 논문의 이론적 배경 부분은 선행연구들을 시기순, 주제별, 이슈별, 연구방법별, 혹은 이들을 조합하여 체계적으로 정리하여 흥미로운 가설을 도출하기 위한 논쟁의 장으로 활용해야 한다.

5) 논문의 연구방법 부분에서는 어떤 자료를 어떻게 수집했는지, 변수들은 어떻게 조작화했는지, 자료의 분석방법은 무엇인지를 상세히 기술해야 한다.

6) 분석틀은 연구에서 설정한 원인들과 결과들을 열거하고 그들간의 관계를 시각적으로 표시한 도표이다.

7) 분석 결과를 제시할 때 시각화의 요점은 독자들이 본문을 읽지 않은 상태에서도 그림이나 표를 통해 논문의 분석 결과를 한눈에 파악할 수 있도록 하는 것이다.

8) 토론은 분석 결과의 요약 및 재확인, 해석, 기존 연구 결과와의 대조, 이론적 및 실천적 함의에 대한 논의를 포함한다.

9) 논문의 결론 부분에서는 연구 전체의 요약을 제시하고 연구의 한계 및 향후 연구주제를 제시한다.

10) 논문은 거듭된 퇴고를 통해 간결해지고, 압축되고, 완성된다.

🗣 더 생각해보기

1) 나의 논문을 한 문장으로 요약할 수 있는가? 어떻게 요약할 수 있는가?

2) 이 논문의 제목이 최선인가?

3) 나는 분석 결과와 충분히 씨름하였는가?

4) 나는 한 번 더 퇴고를 하였는가?

제12장

연구, 그리고 연구자의 삶

연구는 '일'일 뿐 아니라 '삶의 과정'이기도 합니다. 따라서 사회 연구방법이란 단순히 학술적인 기준에서 제시하는 연구방법에 대한 이야기뿐 아니라 그러한 연구를 하기 위해 삶을 꾸려가는 길도 포함하는 것이라 생각됩니다. 이 장에서는 연구자로서 살아간다는 것에 대한 이런저런 단상을 공유하고자 합니다. 따라서 이 장은 이 책 전체의 분위기와는 다소 다르다는 점을 우선 언급하고자 합니다. 마치 부록같지만 본문 안에 있는 부록이라고 할까요. 여러분은 이 장만은 도서관이 아닌 까페에서 커피 한 잔 마시면서 가볍게 읽어도 좋을 것 같습니다.

12.1. 자신의 연구 세상에 내놓기 1: 학술대회 발표

이 절에서는 여러분이 전문 학술대회에서 발표할 때 참고가 될만한 사항들에 대해 이야기하고자 합니다.[1] 국내 학술대회든, 국제 학술대회든, 연구자들이 모이는 학술대회에서 여러분의 연구를 잘 발표하는 것은 매우 중요한 일입니다. 학술대회에는 장래에 여러분이 일하고 싶을 대학에 있는 교수들, 자신들이 편집하는 저널에 수록할 좋은 논

---

1 이 주제에 대해서는 앞서 제11장에서 소개한 폴론스키와 왈러의 책 제3부에서도 여러 도움을 얻을 수 있을 것입니다.

문감을 찾아다니는 편집자들, 여러분의 연구와 유사한 흐름에서 연구하고 있는 과정생들, 그리고 여러분의 연구에 좋은 지적을 기꺼이 해줄 동료들이 모여 있습니다. 학술대회는 이들에게 여러분의 존재와, 여러분의 연구를 널리 알릴 수 있는 좋은 기회입니다. 학술대회에서 여러분이 동료들에게 좋은 인상을 남기는 발표를 하는 것은 여러분에게 보이지 않는 많은 기회들을 가져다줄 수 있습니다.

실무에 종사하는 분들에게도 학술대회는 여러분의 활동과 관련된 다양한 학술적 아이디어와 주제들이 저널에 비해 훨씬 자유로운 형태로 공유되고 논의되는 자리로서 의미가 있을 것입니다. 만일 여러분이 연구를 수행하여 논문을 작성했다면 학술대회 발표는 실무가 아닌 연구의 관점에서 여러분의 논문을 한층 다듬는 데에 아주 좋은 기회입니다.

그럼에도 불구하고 적지 않은 연구자들이 학술대회에 참여하는 것을 두려워하거나 학술대회에서의 발표 준비에 미흡하여 이런 기회를 십분 활용하지 못하는 경우를 봅니다. 전자는 바꾸어야 할 생각입니다. 학술대회는 법정이 아닙니다. 자신의 연구를 심판받는 장이 아니라는 것입니다. 학술대회 참가의 목적은 심사자가 지적할 법한 사항, 독자들이 기대할 법한 사항을 동료들을 통해 미리 점검하는 것입니다. 저 역시 학술대회에서 발표를 잘 하는 법에 대해 특별히 배운 적은 없기에 아마도 여러 기회를 놓치며 살았으리라 생각됩니다. 그래서 이 절에서는 제 개인적인 경험과, 그동안 제가 여기저기서 받았던 조언들을 모아 이 책을 읽는 여러분과 공유하고자 합니다.

12.1.1. 발표 시간의 준수

우선 가장 강조하고 싶은 것은 주어진 발표 시간을 준수하는 것입니다. 학술대회에서 진행자들이 가장 신경쓰는 것은 발표자나 토론자가 자신에게 주어진 시간을 넘기지 않는 것입니다. 학술대회의 시간은 한정되어 있기 때문에 여러분이 여러분에게 주어진 시간보다 길게 발표한다는 것은 여러분이 다른 발표자들의 시간을 빼앗는 셈이 됩니다. 그럼에도 불구하고 적지 않은 이들이 자신의 연구를 완벽하게 전달해야 한다는 일념에 자신에게 주어진 시간을 넘겨 발표를 이어가는 것을 봅니다. 이는 절대 하지 말아야 할 일입니다. 여러분은 여러분이 청중이라면 시간을 넘겨 길게 발표하고 있는 발표자에게 집중할 수 있을까요? 청중들은 여러분의 발표에 집중하기보다는 자신의 랩탑을 들여다보며 발표가 끝나기만을 기다릴 것입니다.

발표 시간을 지키면서 효과적인 발표를 할 수 있는 방법 중 하나는 지나치게 많은 양을 발표 자료에 담지 않는 것입니다. 20분의 시간이 주어졌는데 발표 슬라이드를 30장 분량으로 만들었다면 어떤 일이 벌어지겠습니까. 한 장 당 1분을 할애해도 30분입니다. 더욱이 이런 식으로 열심히(?) 준비하는 사람이라면 한 장에 담긴 내용 역시 많을 것입니다. 이래서는 도저히 발표 시간을 조절할 수 없습니다. 발표 슬라이드는 간략하게 만들어야 합니다. 20분의 시간이 주어졌다면 10장을 넘지 않도록 만들어보기 바랍니다.

둘째로, 이렇게 슬라이드를 간략하게 만든다는 것은 여러분이 내용을 주로 구두로 전달한다는 것을 의미합니다. 그리고 이를 성공적으로 수행하려면 연습을 반복하는 수밖에 없습니다. 이따금 학생들이 저에게 발표 전에 연습을 얼마나 하는지, 영어 발표를 위해 발표문을 통째로 암기하는지 묻습니다. 20분 분량의 발표라면 1시간만 연습해도 세 번을 반복할 수 있지요. 그럼 세 번을 반복하면서 여러분은 자연스럽게 내용과 표현을 가다듬고 대략 암기까지 할 수 있습니다. 만일 여러분이 국제 학술대회에 참가하기 위해 비행기를 탄다면 길게는 14시간이 주어집니다. 이 중 3시간만 연습을 해도 거의 10번을 반복하게 됩니다. 발표 전날 숙소에서 1시간만 할애해도 세 번을 더 연습하는 셈이구요.

셋째로, 불행히도 여러분이 20분에 맞추어 발표 준비를 했다고 해도, 여러분보다 먼저 어떤 (이 책을 읽지 않은!) 발표자가 30분을 소비해버렸다면 청중은 아마도 여러분의 발표가 15분 정도이기를 기대할지도 모릅니다. 심지어 사회자가 10분 안에 발표를 마무리해달라고 요구할 수도 있습니다. 여러분 스스로 10분 안에 마치겠다고 할 수도 있구요. 이것은 여러분이 20분짜리 발표 뿐 아니라 그보다 짧은 발표도 준비해야 한다는 것을 의미합니다. 정말로 이런 상황에 처했을 때 여러분이 발표를 짧게 하는 것은 전혀 아쉬워할 필요가 없습니다. 만일 이런 상황에서 여러분이 성공적으로 간결한 발표를 한다면 아마도 모든 청중이 앞서 30분짜리 발표가 아니라 여러분과 여러분의 연구를 기억할 것입니다.[2] 그리고 이렇게 짧은 발표를 준비할 경우, 공식 세션이 아니라 그저 서로 어울리는 자리(social hour)에서 처음 보는 사람에게 여러분의 연구를 이야기할 때도 쓸 수 있다는 장점이 있습

---

2 미국 아브라함 링컨 대통령의 유명한 게티즈버그 연설이 떠오릅니다. 당시 행사에서 링컨보다 먼저 연설을 한 정치가이자 연설가인 에드워드 에버렛은 2시간짜리 연설을 준비하였습니다. 그리고 이어서 당시에 대통령이었던 링컨은 불과 2 - 3분짜리 연설을 하였습니다. 그러나 오늘날 우리가 기억하는 게티즈버그 연설은 에버렛의 연설이 아니라, 링컨의 연설, 그 유명한 "국민의, 국민에 의한, 국민을 위한 정부"라는 표현이 등장한 연설입니다.

니다.

12.1.2. 발표와 질의응답 간 균형

다음으로, 보통 학술대회 세션은 발표 시간과 질의응답(토론) 시간으로 구분되어 있습니다. 이는 여러분이 대학이나 연구기관에서 자리를 잡기 위해 수행하는 이른바 연구발표(job talk)의 경우도 마찬가지입니다. 아마도 많은 이들은 발표 시간에 여러분의 최선을 다 보여주어야 한다는 강박에 휩싸여 발표 준비를 할 것입니다. 그러나 이때 청중의 입장에서 생각해 볼 필요가 있습니다. 청중은 여러분의 연구를 처음 접할 것입니다. 그렇다면 짧은 시간동안 여러분이 많은 내용을 담아서 발표할 경우,[3] 그들이 아무리 전문가들이라 해도 발표를 이해하기도 힘들고 발표에 집중하기도 힘듭니다.

제가 들었던 의미깊은 조언은 이것입니다. "발표는 자신의 재능을 보여주는 시간이 아니라 청중과 소통하는 시간이다. 청중이 누구든, 어느 수준이든, 발표는 최대한 쉽고 간결해야 한다. 너의 재능을 마음껏 보여줄 시간은 질의응답 시간이다." 이를 위해 여러분이 할 일은 발표 내용과 질의응답 내용을 적절히 배분하는 일입니다. 여러분이 발표를 간략히 하면 당연히 여러 질문들이 따라나옵니다. 혹은 여러분이 발표 중에 전략적으로 그런 질문이 나오도록 유도할 수도 있습니다.[4] 그리고 질문이 나왔을 때 여러분은 보다 깊이있는 이야기를 자유롭게, 마음껏 시작할 수 있습니다. 준비가 되어 있다면 말이죠.

저는 많은 이들이 발표는 깔끔하게 잘 했는데 질의응답에서 적절

---

3 본인에게는 여전히 "적게" 보이겠지만요.
4 예를 들어 "이 부분은 혹시 궁금하시면 나중에 질문을 해주시면 보다 상세하게 말씀드리겠습니다"라고 말하는 것입니다.

히 답변하지 못하거나, 머뭇거리거나, 심지어 감정적으로 격해지는 경우를 보았습니다. 발표와 질의응답 모두를 잘 하기는 쉽지 않습니다. 실력과 존중이 부족하면 미리 준비할 수 있는 발표는 잘 할 수 있을지 몰라도, 질의응답에서 그 실력과 인성이 드러납니다. 실력만 믿고 준비를 부족하게 하면 질의응답은 순발력 있게 넘길지 몰라도 발표를 망치기 쉽습니다. 반대로 지나치게 의욕이 넘치면 발표와 질의응답 모두에서 자기중심적 모습만을 보일 가능성이 있습니다. 연구자들의 세계에서 겸손함이 없으면 발표와 질의응답을 아무리 잘 한 것 같아도 청중에겐 불쾌감 말고는 남는 것이 없습니다.

질의응답 시간을 위해서 여러분이 할 일은 세 가지입니다. 첫째, 청중이 제기할 것으로 예상되는 질문들을 꼼꼼하게 점검하고, 이를 설명하기 위한 대답을 구상하고, 필요하다면 슬라이드를 부록에 만들어 놓는 것입니다. 청중이 난데없는 질문을 할까봐 걱정하는 이들이 많은데, 사실 청중은 여러분의 연구를 처음 듣는 것이기 때문에 그렇게 예상에서 벗어나는 질문이 잘 나오지는 않습니다.[5] 그래서 일반적인 학술대회에서 여러분이 예상치 못한 질문을 받는다는 것은 여러분이 가능한 질문에 대해 충분히 준비하지 않았다는 의미가 될 수 있습니다. 가능한 질문을 잘 생각해두고, 답변을 할 때 도움이 될 표나 그림, 주요 어구를 슬라이드에 넣어 두는 것이 좋습니다. 둘째, 질문자를 존중하는 마음입니다. 어떤 발표자는 청중의 질문을 자신의 연구에 대한 공격이라 받아들이고 감정적으로 반응하는 경우가 있습니다. 이는 금물입니다. 무슨 질문을 받든, 아무 질문도 받지 않는 것보다 낫

---

5 여러분이 직장을 얻기 위해 대학에서 인터뷰를 하는 경우라면 이야기가 좀 다르긴 합니다. 이때는 정말 생각지도 못했던 질문들을 받아낼 마음의 준비를 해야 합니다.

고, 그것은 감사해야 할 일입니다. 누군가가 여러분에게 질문을 던진다는 것은 여러분의 연구에 관심이 있다는 의미이고, 여러분을 도와주고 싶다는 의미이기 때문입니다. 설령 여러분의 연구를 단지 비판하고 싶어서 던지는 질문이라는 생각이 들 때조차, 여러분은 그 동기를 제하고 내용에만 초점을 두는 것이 스스로에게 도움이 되는 길입니다. 셋째, 솔직해지는 것입니다. 대답할 수 있는 질문은 대답하고, 대답하기 어려운 질문은 솔직하게 잘 모른다는 점을 인정하면 됩니다. 미처 생각해보지 못한 부분을 지적해 준 것에 감사를 표시하고, 그 지적을 반드시 논문에 반영하겠다고 약속하는 것입니다. 이러한 대응은 전혀 문제될 것이 없고, 아마도 질문을 한 참가자는 세션이 끝나고 여러분에게 다가와 더 많은 이야기를 해줄지도 모릅니다.[6]

12.1.3. 수업이 아니다

발표자로서 청중의 질문이나 조언을 대하는 태도에 대해 이야기할 때 생기는 한 가지 오해나, 석사 혹은 박사과정 학생으로서 학술대회에서 발표할 때 가지는 바람직하지 않은 자세는 '학생의 입장에서' 발표에 임하는 것입니다. 마치 수업을 받으면서 교수의 강의를 들을 때처럼 청중의 발언을 들을 때 학생처럼 듣는 것입니다. 반대로 질문이나 의견이 있는데도 다른 사람의 발표에 대해 감히(?) 의견을 개진할 자격이 없다고 생각하는 것입니다.

그렇지 않습니다. 학술대회는 모든 참가자들이 평등한 한 명의 연구자로서 서로의 연구를 소개하고 토론하는 자리입니다. 다른 사람의 조언을 감사히 받아들이라는 것은 그가 주는 도움 자체가 고마운 일

---

6 이렇게 인연이 된 연구자와는 서로 연락처를 교환하고 학술대회가 끝난 이후 간단한 감사의 이메일을 보내는 것도 하나의 에티켓입니다.

이고, 그것을 통해 논문을 더 개선할 수 있기 때문이지, 여러분이 학생이고 그 사람이 교수이어서가 아닙니다. 특히 박사과정 학생이라면 단순히 학생이 아니라 독립적인 연구자로서 스스로를 인식할 필요가 있습니다.[7] 여러분도 박사과정 중에 저널에 논문을 게재할 것입니다. 이것이 의미하는 바는 여러분도 대등한 연구자라는 것입니다.

12.2. 자신의 연구 세상에 내놓기 2: 논문 투고

세상의 모든 글은, 아마도 일기를 제외하고는, 아니 심지어 일기조차도, 대화를 위한 것입니다. 이 책도 저 혼자 독백을 위해 쓴 책이 아니죠. 여러분과의 대화를 위한 책입니다. 여러분의 논문도 마찬가지입니다. 학생이자 연구자의 입장에서 실수할 수 있는 자세는, 공부를 하면서 연구를 하다 보니 외부를 향해 말하기보다는 자기 자신을 가르치는 듯한 마음으로 글을 쓰게 되는 것입니다. 그런 마음의 겸손함은 훌륭하지만, 논문을 쓰는 작업 자체는 일종의 대화임을, 그것도 매우 까다로운 동료들과의 대화임을 인식해야 합니다. 지도교수 등과의 대화는 그 시작이며, 학술대회 참석은 중요한 진전이고, 저널에 논문을 제출하는 것은 가장 결정적인 순간이며, 논문이 게재된 후에도 독자와의 대화는 평생 이어질 일입니다.

여러분이 하나의 연구를 수행하고, 논문을 작성하고, 심사를 받고, 출간되어 세상에 나오기까지는 처음 생각했던 것보다 더 긴 시간이 걸릴 것입니다. 더욱이 만일 여러분이 직업적 연구자라면 그 시간동안 그 하나의 연구만 하는 것이 아니라 최소한 서너 가지 다른 연구들을 병행해야 합니다. 나아가 여러분은 하나의 연구가 시작되어 끝나는 사

---

7 다음 12.3절을 참고하세요.

이에도 새로운 직장을 얻기도 할 것입니다. 즉 삶의 변화를 겪어야 한다는 것입니다. 많은 사람들이 논문, 특히 박사학위논문이 출간되어 나오는 것을 아이를 출산하는 것에 비유합니다. 감히 비교가 되겠느냐마는 보통 박사과정을 밟는 연구자들이나 막 교수로 임용된 연구자들이 생애주기상 아이를 출산하는 시기와 겹치는 경우가 있다 보니 이런 말이 생겨난 것 같습니다. 그만큼 하나의 연구를 마무리하고, 그것을 글로 옮기고, 심사를 받고, 출간하는 과정은 지난한 인내의 과정입니다.

논문이란 어떤 주장 하나를 위해 A4용지 한 면에 꽉 들어찬 활자로 된 30쪽 가까운 글입니다. 거기에는 사람들의 이목을 끌면서도 자신의 주장을 예술적으로 요약해야 하는 제목과 초록, 일관된 서론과 결론, 광범위하고 깊은 기존 문헌 토론, 그리고 연구방법에 대한 상세하고 투명한 기술과 분석결과의 일목요연한 전달이 요구됩니다. 그리고 겨우 짜놓은 자신의 틀이 심사를 통해 수정되어야 하는데, 그 수정된 결과 역시 논리정연해야 하는 상황까지 수용할 수 있어야 합니다.

어떤 논문은 불과 몇 개월만에 세상에 나오기도 하지만, 어떤 논문은 심사에서 결정까지만도 3년 이상 걸리기도 합니다. 나쁜 경우 여러분이 한참 연구하고 있는 와중에 여러분의 연구와 유사한 연구가 유명한 저널에 논문으로 출간되어 당황할 수도 있습니다. 여러분의 논문이 한 두 군데 저널에서 거부당하면, 그때부터는 적당한 다른 저널의 선택지도 좁아지고, 논문의 내용이나 참고문헌도 시간적으로 뒤처지기 시작하고, 논문을 다시 고치자니 새로 쓰는 것만큼이나 에너지가 필요해지는 등, 출간을 기약할 수 없는 시간이 시작될 수도 있습니다. 그러나 그 무엇보다 고통스러운 현실 중 하나는 논문 심사가 계속 늦어지기만 하는 것입니다. 편집장에게 연락을 취해도 조금만 기다리라 거나, 답이 없는 경우도 있습니다. 그래도 심사결과를 받아보는 순간 은, 판정이 무엇이든, 반가운 순간입니다. 어쨌든 다음 단계로 나아갈 수 있기 때문입니다.[8]

심사자의 심사평을 반영하여 논문을 수정하는 일은 만만치 않습니 다. 심사가 익명으로 이루어지기 때문에 여러분은 진심으로 여러분의 논문을 반가워하는 심사평부터, 익명성을 백분 활용하여 지나친 언사 를 구사하는 심사평까지 다양한 심사평을 받아볼 것입니다. 어떤 심사 평은 너무도 친절한 말투로 논문의 약점들을 하나하나 지적해주어 진 심으로 감사를 자아내기도 하고, 도저히 어떻게 고쳐야 할지 모를 정 도로 근본적인 지적들을 가득 해주어 연구자를 행복하게(?) 좌절시키 기도 합니다. 이런 심사평들은 아프지만 감사한 심사평입니다. 더 좋 은 논문이 되도록 이끌어주기 때문입니다.

문제는 여러분이 생각하는 논문의 완결성입니다. 여러분은 나름대 로 여러분의 논문이 완결성을 갖추었다고 판단했기에 논문을 투고했 을 것입니다. 그러나 심사자들은 심사자들의 관점이 있기에 여러분이 보기에는 논문의 일관성을 저해한다고 생각되는 상세한 수정 요청을 합니다. 또한 보통 2–3명의 심사자가 위촉되기 때문에 때로는 서로 상충하는 심사평을 받아 이를 어떻게 조화시켜야 할지 고민되는 상황 도 직면할 수 있습니다. 이 과정을 거쳐 게재가 확정되었을 때 처음 제출했던 논문과 비교해보면 매우 다른 논문이 되어 있는 경우도 있 습니다. 이 책에서 무슨 기교를 말씀드릴 수는 없고, 이 모든 상황에 서 최선은 심사자의 심사평을 최대한 존중하는 자세라는 말씀을 드리

---

8 여러분도 심사자가 되거든 꼭 심사기한을 지키시기 바랍니다.

고자 합니다. 심사자의 관점은 결국 일반 독자들의 관점일 것입니다. 따라서 심사자의 평을 충실히 논문에 반영하는 것은 여러분의 논문을 '여러분만의 글'에서 '모두의 글'로 만드는 작업입니다. 크게 보아 과학 공동체는 이러한 동료평가를 통해 엄밀하고 신뢰할만한 지식을 축적해왔습니다.

📖 **책갈피**

보고 싶은(?) 심사자

이따금 리뷰를 받아보면 리뷰어가 논문의 취지와는 다소 거리가 있거나 동의하지 않지만 도움이 될 수 있는 코멘트를 주고자 하는 마음이 느껴지는 그런 경우가 있다. 이런 느낌을 주는 리뷰는 그저 아쉬울 뿐인 "불성실한 리뷰"와는 다르다. 오히려 논문에 대한 판정을 떠나 성실한 리뷰에서 이런 느낌을 받게 된다. 그리고 이런 리뷰에 나는 감사하다. 첫째, 리뷰어가 완전히 소화해내지 못하는 논문이라면 분명 새로운 기여의 가능성이 있다는 반증이 될 수 있다. 그것은 연구자에게 보람과 약간의 지적 허영심을 충족시켜준다. 둘째, 리뷰어가 납득하지 못하는 논문이라면 일반 독자들 일부는 더더욱 그러할 수 있다는 점에서 논문을 재구성할 좋은 기회를 제공해준다. 이 기회는 무엇과도 바꿀 수 없는 귀한 기회이다. 셋째, 이런 리뷰를 읽고 있으면 내가 외롭지 않다는 느낌이 든다. 동의하기 어려운 논문은 그 리뷰어가 그냥 무시하고 리젝을 해도 저자에겐 방법이 없다. 그런데 굳이 이런저런 이야기를 던져준다는 것은 그 리뷰어가 논문의 가치를 기본적으로 인정했고, 더 나은 논문이 되기를 진심으로 바라고 있다는 의미이다.

이런 때면 블라인드 리뷰고 뭐고 논문이 안 나와도 좋으니 그분을 불러 함께 식사하면서 밤 깊이 이야기를 나누고 싶어진다. 아마도 그 대화를 녹음해서 글로 옮기면 훨씬 훌륭한 논문이 될텐데. 제도상 불가능한 꿈이지만.

마지막으로는 논문이 출판된 후 독자들과의 대화가 있습니다. 여러 분의 연구의욕을 북돋는 데 도움이 될까 싶은 제 경험을 하나 공유하고자 합니다. 제가 제 논문의 독자로부터 받은 최고의 반응은 감사하게도 "당신의 논문을 읽고 눈물이 났다"였습니다. 논문은 차갑고 딱딱하기만 한 글이 아닙니다. 마치 거칠기 짝이 없는 껍질 안에 시원한 과즙이 가득한 코코넛처럼, 글 자체는 그런 모습을 지녔을지 몰라도 중요한 것은 논문의 내용, 즉 논문이 담아낸 이 세상과, 이 시대와, 사람들의 모습일 것입니다.

12.3. 학생에서 연구자로

한 은사님께 들었던 이야기를 저도 종종 학생들에게 합니다. 그것은 좋은 학생과 좋은 연구자는 다르다는 것입니다. 대학에서 학생들을 지도해본 제 경험에 비추어 봐도 확실히 좋은 학생과 좋은 연구자는 다릅니다. 굳이 구분하자면 학생은 답을 배우는 사람이고, 연구자는 답을 찾는 사람입니다. 학생 시절은 기존 지식의 빠르고 정확한 습득, 15쪽 안팎의 기말보고서, 시험 정도가 학생에게 기대되는 성과의 수준입니다. 반면 연구자는 30쪽 안팎 분량의 글을, 그것도 빡빡한 내용의 글을, 꾸준히 쓰고, 이름모를 동료들의 지적을 견뎌내어야 성과라고 불릴 것이 생겨납니다. 양자의 차이는 생각보다 훨씬 큽니다.

저는 적지않은 재능있는 '학생'들이 연구자로의 문턱을 쉽게 넘지 못하는 것을 봅니다. 학생으로서의 그들의 재능이 연구자로서의 재능으로 이어지지 않을 이유가 딱히 없음에도 불구하고 그런 경우들을 보면서 몇 가지 이야기를 나누고자 합니다.

우선 한 가지는 사고의 연습입니다. 즉 30쪽 가까운 빡빡한 글에 담아낼 수 있을 정도의 사고를 평소에 꾸준히 해야 하는 것입니다. 논문처럼 빡빡하고 정격적인 글을 쓰는 것은 상당히 인위적인 사고력을 요하는 일입니다. 이것은 평소 훈련이 필요한 작업입니다. 그리고 여기에 포함될 수 있는 것이 세상에 대한 문제의식입니다. 좋은 문제의식 없이 좋은 사고가 있을 수 없습니다. 그러나 인간과 사회에 대한 진실을 꿰뚫는 촌철살인같은 문제의식만으로는 짧은 저널리즘적 글에는 강력할지 모르지만 논문이라는 글에는 결코 충분하지 않습니다.

다음은 글쓰기의 연습입니다. 트윗이나 페이스북 분량의 글은 적당한 정보와 논리, 감정을 섞어 적당한 분량으로 쓸 수 있는 글입니다. 반면 논문은 제11장에서 보듯 정해진 스타일과 방법이 있습니다. 단순히 문장만이 아니라 정해진 틀의 표, 그림, 참고문헌 목록을 포함해야 합니다. 그것은 자유로운 글만 쓰던 학생들에게는 굉장히 고통스러운 일이 될 수 있습니다. 거기에 익숙해지고, 그러한 스타일이 요구되는 이유를 납득하는데는 시간이 걸립니다. "학위과정"이란 이러한 일이 이루어져가는 시간이기도 합니다.

또 하나는 대학교에 있는 목적이 배움이 아니라 지식의 생산에 있다는 사실을 기억하는 것입니다. 굳이 뭘 세상에 주장하려고 연구자가 되려는 것이 아니라 그냥 생각하는 것이 좋고 배움이 좋아서 학생이 되려는 이들이 있습니다.[9] 연구자들 중에 내성적이고 수줍음 많은 사람들이 많다는 것을 생각하면, 연구자들이란 원래부터 사람들에게 내보이는 글쓰기를 좋아하는 사람들이 아닐 가능성이 높다는 의문을 던질 수 있습니다. 옆사람과도 대화를 아끼는 이들이 세상에 대고 말을 하는 것이 익숙한 일은 아닐 것입니다. 만일 학생의 성향이 이러하다

---

9 제 경우도 그러했던 것 같습니다.

면 당연히 좋은 학생이지만 좋은 연구자로 전환되기 쉽지 않을 가능
성이 높아집니다. 이를 극복해야 합니다.

📖 **책갈피**

박사과정

1. 연구실 석사 한 명이 박사과정에 합격했다. 지식에 대한 순수한 열망
과 사랑을 누구라도 발견할 수 있는 그런 학생이기에, 제도적 문턱을 넘은
그에게 내가 아는 더 넓은 세계를 보여주고 싶다.

2. 박사과정이란 참 특별한 여정이다. '군대와 박사과정 중 뭘 한 번 더
할래?'라는 우스갯소리가 있기도 하지만, 나는 박사과정 시절이 좋았다. 하
루하루가 지적 모험이었고, 학기학기가 경력적 모험이었다. 누구도 신경쓰
지 않고 나의 길을 가면 되는 시간이었다. 모델링에 빠지면 하루가 어떻게
갔는지, 일주일이 어떻게 갔는지 모르게 지나간 시간이 좋았고, 그렇게 며
칠을 기숙사 골방에 있어도 아무도 찾지 않는 그런 상황이 좋았다. 이 문
을 열면 조직이론의 현자들이 반기고, 저 문을 열면 사회심리의 현자들이
반기고, 또 다른 문을 열면 협력의 구루들이 나를 반겼다. 그리고 나를 그
들에게 인도해준 스승들이 있었다.

3. 나는 대단한 학자는 아니다. 누구나 주눅이 들만한 그런 초엘리트나
누구나 아는 연구를 하는 그런 이들와는 거리가 멀다. 다만 내가 해줄 수
있는 것은 박사과정이라는 기나긴 여정이 너무 힘들지는 않게 도와주는
것일게다. 나를 인도해준 스승들처럼.

12.4. 실무자에서 연구자로

이 절에서는 이 책의 또다른 독자들일 실무에 종사하는 분들과 나
누고 싶은 이야기를 하고자 합니다.

제가 만나본 실무자들은 대략 몇 가지 유형으로 구분됩니다. 첫째,

'공부'를 하고 싶은 이들입니다. 하고 있는 일이 실무적인 일일 뿐, 이들은 연구자의 지적 호기심을 고스란히 가슴에 품고 있는 이들입니다. 이런 이들은 대학원에 와서도 매우 진지하게 학업에 임하고, 학위논문을 작성할 때도 굳이 어려운 길을 마다하지 않는 이들입니다. 이런 이들은 과학적 연구방법을 잘 밟아나감으로써 실천과 연구가 결합된 훌륭한 논문을 쓸 수 있습니다.

둘째, 대학원에 와 있기는 하지만 학문적 지식을 다소 불신하는 이들입니다. 이들은 자신들이 현장에서 습득한 경험과 그에 기반한 지식에 대한 확신이 과하여 퍼즐풀이형 지식 혹은 규범적 연구의 "유용성 부족"을 비판합니다. 그런 부분도 분명 있습니다. 이렇게 실무자들의 경험에 기반한 지식을 우리는 국지적 지식(local knowledge)이라고 부르기도 합니다. 국지적 지식의 특징은 때로 일반적 지식을 무력하게 만든다는 것입니다. 왜냐하면 어떤 지식이든 그것이 적용될 때, 맥락의 영향을 받게 마련이기 때문입니다. 맥락적 미세조정 없이 일반적 지식이 적용되기는 어렵습니다. 반대로 국지적 지식에만 매몰될 경우 그보다 큰 맥락을 놓치게 됩니다. 우리가 정부에서 부처할거주의나 소통의 부재, 정책 조정의 부재와 실패같은 공적 조직의 자아과잉을 자주 경험하는 이유는 보다 큰 그림을 외면하는 국지적 관리자들이 적지 않기 때문입니다. 이는 우리 사회 전체로 볼 때 큰 손실입니다. 우리는 더 많은 대화가 필요합니다. 그리고 이분들도 그 실천성에 대한 갈증을 기반으로 훌륭한 연구를 할 수 있을 것입니다.

셋째로, 제가 만나본 실무자들 가운데는 지식을 무기로 자신의 조직, 혹은 사회를 변화시키고 싶어하는 이들이 있습니다. 이들은 공식적인 정책과정에 관여하는 공무원이나 정치인들, 그리고 사회운동단체에서 활동하는 활동가들을 포함합니다. 이들은 반드시 학자적 호기심에 기울어진 것도 아니고, 그렇다고 과학적 방법과 지식을 불신하는 것도 아닙니다. 이들의 관심은 실천에 있으나, 그 실천의 효과성을 강화하기 위한 전략적 도구로서 과학적 지식을 대하는 것입니다. 이들역시 그 연구문제의 질과 분명한 초점 등을 기반으로 아주 의미있는 연구를 수행할 가능성이 있습니다.[10]

실무자로서 연구에 관심있는 분들에게는 몇 가지 장점이 있습니다. 첫째, 연구문제가 상대적으로 명확하고 구체적인 현실에 근거한 경우가 많다는 것입니다. 둘째, 아무래도 제가 만나는 분들은 대학원에 와서까지 공부를 하고자 하는 분들이다보니 동기부여가 확실한 경우들이 있습니다. 셋째, 조직에 속한 이들은 그 조직의 외부에 있는 연구자들이 접근하기 어려운 양질의 자료를 활용할 수 있다는 점입니다.

실무자로서 연구에 임할 때 지적될 수 있는 것은 결국 글쓰기의 호흡일 것입니다. 실무자들도 연구를 위해서는 어느 정도 엄밀한 방법에 따라 연구를 수행하고, 논문이 아니더라도 그것을 체계적으로 보고하는 적당한 분량의 글을 쓸 수 있어야 합니다. 특히 실무자로서 논문을 작성하는 분들 가운데 자주 발견할 수 있는 문제점은 '평가적'인 언어를 사용한다는 것입니다. 즉 어떤 문제에 대해 연구자 본인에게 이미 가치판단이 서 있어서, 그것을 중심으로 벌어진 일들을 분석할 때 "치명적인 실수였다"거나 "과도한 개입" 등 가치판단적 언어들을 다수 사용하는 것입니다. 이러한 글쓰기는 주의를 요합니다. 연구자로서 할 일은 분석 결과를 정확하게 제시하는 것이고, 그에 대한 가치판단은 독자의 몫으로 남겨두는 것입니다. 이는 글쓰기의 순서에도 반

---

10 이렇게 공동체의 여건을 개선하고 사회를 변화시키는 데 초점을 둔 연구 접근에 대해서는 Stoecker, Randy. 2005. *Research Methods for Community Change: A Project-Based Approach*. Thousand Oaks: Sage Publications.를 참고하세요.

영될 수 있습니다. 우선 규범적 주장을 하고, 그것을 뒷받침하는 경험적 발견을 제시하는 것은 경험적 발견을 체계적으로 제시하지 못하도록 만드는 글쓰기가 될 수 있고, 결국 사실의 짜깁기로 평가될 수 있습니다. 이보다는 엄격한 연구방법에 따라 경험적 발견을 조리있게 제시하고, 거기서 실천적 함의들을 끌어내는 순서의 글쓰기가 바람직합니다.

다만 이는 연구 결과의 제시라는 관점에서 그러하다는 것일 뿐입니다. 여러분의 글쓰기가 연구의 목적이 아니라 정치적 변화의 목적에서 사람들의 인식 변화를 이끌어내기 위한 것이라면 글의 형식은 얼마든지 다를 수 있습니다. 특히 저널리즘적 글쓰기는 학문적 글쓰기에 비해 보다 자유로울 수 있습니다. 생산된 지식을 어떤 장르의 글로 담아낼지는 실무자로서 여러분의 선택입니다. 여기서 드리고 싶은 말씀은 과학적 연구 결과의 제시로서 글쓰기는 여러분이 생각하는 것보다 훨씬 딱딱하고, 정제되고, 겸손한 글쓰기여야 한다는 점입니다.

요컨대 실무자이면서 연구를 하는 이들에게는 대학이라는 조직에 속해 있는 이들이 가지지 못한 분명한 장점이 있습니다. 바로 그들 자신이 세상을 직접적으로 바꿀 수 있는 위치에 있기 때문에, 그들이 습득하고 생산하는 지식의 실천성이 강하다는 것입니다. 따라서 만일 이 책을 읽고 있는 여러분이 실무자라면 이러한 장점을 살릴 수 있는 연구 주제와 자료, 연구방법을 가지고 연구를 해보기 바랍니다. 그리고 아마도 대학의 연구자들과 끊임없이 교류함으로써 이 세상에 더 많은 공헌을 할 수도 있을 것입니다.

12.5. 연구자의 길을 걸을 이들에게

저는 한때 수도사가 되고 싶다고 생각했습니다. 결국은 수도사와 가장 가까운 세속적 직업이라 생각된 교수를 선택했지만요. 연구자의 길은 구도자의 길과 유사하다고 생각했습니다. 그리고 구도자의 길은 두 가지 등불에 의해 인도된다고 생각했습니다. 진리와 훈련/절제 (discipline)입니다. 이런 관점에서 연구자의 길을 걸을 여러분들과 나누고 싶은 두 가지 이야기를 건네봅니다.

12.5.1. 무엇을 연구할 것인가

연구 주제를 선정하는 일은 이데아의 세계에서 이루어지지만은 않습니다. 그보다는 연구자 개인의 관심, 연구자가 속한 공동체, 연구자의 삶, 학계의 유행, 그리고 직장의 형태 등 상당히 많은 현실들과 연결되어 있습니다. 여러분이 대학에 속해 있다면 상대적으로 자유롭게 연구 주제를 선정할 수 있겠지만, 국책연구기관에 속해 있다면 꽤 많은 시간을 주어진 연구 과제의 수행에 투입해야 할 것입니다. 여러분이 박사과정에 있다면 학계의 동향, 이른바 "잡마켓(job market)"을 염두에 두지 않을 수 없을 것입니다. 특히 이는 사실 연구 주제보다는 시장이 선호하는 연구방법의 선택에 영향을 미치는 것 같습니다. 또한 여러분의 지도교수가 수행하고 있는 연구 주제 역시 여러분의 연구 주제에 대한 하나의 길잡이이자 제약일 수 있습니다.

어떤 이들은 이런 말을 하기도 합니다: "하고 싶은 연구는 정년보장을 받은 이후에 하라." 학계의 이슈들을 다루는 *Times Higher Education*의 한 기사는 소장 연구자들에게 "젊은 연구자가 학제적 연구를 하는 것은 자살행위와 같다"고 하는 옥스퍼드 대학의 한 교수의 현실적 조언을 인용하였습니다.[11] 왜냐하면 전통적으로 이름있는 저널들은 굉장히 특화된 영역을 다루고, 학제적 연구가 이런 저널에 게재되기는 매우 어렵기 때문이라는 것입니다. 이 말은 오늘날 대학이 심지어 조교수가 되어도 자신이 원하는 연구를 하기에 제한이 없지 않은 제도적 환경이라는 것을 시사합니다. 함부로 일반화할 수는 없지만 저는 반드시 그렇지는 않다고 생각합니다. 이 책을 읽고 있는 분들에게 드리고 싶은 말씀은, 학문이라는 길이 우리에게 허락하는 자유를 스스로 너무 제한하지는 말자는 것입니다. 학문의 길, 그 초엽에 있는 박사과정만 해도 길고 지난합니다. 그 과정은 본인이 행복하지 않으면 성공적으로 끝내기 어려운 길입니다. 그런 길을 가는데, 본인이 원하지도 않는 연구를 한다면 과연 행복한 삶이라고 할 수 있을까요? 과연 그 길을 끝마칠 수 있을까요? 연구방법을 논하는 책에서 이런 이야기를 하는 것이 어울릴런지 모르지만, 이 절은 이런 이야기에 조금 할애해 보았습니다.

📖 책갈피

좁은 길

어제는 한국행정이론학회의 동계학술대회가 열렸습니다. 상대적으로 작은 규모인 이 학회는 그 분위기와 주제 때문에 개인적으로 무척 좋아하는 학회입니다. 어제의 주제는 "한국행정사"였습니다. 발표는 조선의 유교관료제에 대한 연구와 중평마을공동체에 대한 연구였습니다.

발표와 토론이 이어지고, 분위기는 대략 이렇게 흘러갔습니다. 1) 이런 연구가 더 많아져야 한다, 2) 단순히 "과거에 그랬다"가 아니라 그것이 외국과 어떻게 다른지, 구한말과 일제를 거치며 어떻게 변했는지 등도 알아

---

11 *Times Higher Education*. "Multidisciplinary Research 'Career Suicide' for Junior Academics. 2016년 5월 3일자 기사.

야 한다, 3) 개념이 좀더 명확해야 한다, 4) 어쨌든 좋은 연구이다. 네, 좋은 발표였고, 좋은 의견들이 개진되었습니다.

사실 시간과 기회가 부족하여 제시하지 못한 의견이 하나 있었습니다 (비대면이기도 하고). 그것은 바로, "이런 연구가 더 많아지기 위해" 학계 차원에서 해야 할 일이 무엇이냐는 것입니다.

우선 지금 학계의 젊은 연구자들 중 과연 누가 행정사를 자신의 전공으로 선뜻 선택할까요. 논문을 많이 써야 하고, 전공도 어느 정도 시장성이 있어야 한다고 하는 상황에서, 가물에 콩나듯 쓸 수밖에 없고 뽑는 학교나 국책연구원도 많지 않을 행정사 연구를 선뜻 택할 수 있을지는 의문입니다.

여기엔 또 다른 현실이 있습니다. 사정이 이러해도 사실 한국에서는 지도교수가 행정사 연구를 하면 자기도 어쨌거나 행정사 연구를 하겠다고 생각할 수도 있습니다. 그러나 문제는 한국에서 행정사 연구를 지도해줄 수 있는 교수가 결코 많지 않다는 것입니다. 이런 상황에서는 박사학위논문심사위원회를 꾸리기도 만만치 않을 것입니다.

그렇다면 지금 조교수나 부교수 급인 젊은 학자들은 어떨까요. 교수는 "철밥통"이니 이제 행정사 연구를 시작할 수 있을까요. 아마도 아닐 것입니다. 애초에 행정사 연구로 훈련받지 않은 상황에서라면 그리 쉽게 연구를 시작하기 어렵습니다. 그리고 오늘의 대학은 조교수든, 부교수든, 정교수든 연 단위로 연구업적을 계속 내야 합니다. 새로운 영역을 개척하기 위해 2~3년의 공백을 감수하면서 그렇게 쉽게 자신의 연구 방향을 틀긴 어려울 것입니다.

사실 이런 고민은 우리만의 것이 아닙니다. 2008년 미국 뉴욕주 시라큐스에 모였던 젊은 미국 행정학자들은 테뉴어 시스템에 매몰되어 젊은 학자들이 도전적 연구를 할 수 없게 되어버린 미국 행정학계를 비판하는 "아주 작은" 목소리를 내었습니다. 그때도 아마 중견·원로들은 그런 상황을 인정하고 변화가 필요하다고 했을 것 같습니다. 지금은 테뉴어에 대한 압박이 아마 그때보다 더하면 더했지 덜하지 않은 상황인 것 같습니다.

한 분야의 연구라는 것이 한 두 명의 대가나 몇 편의 '기억나는' 저작으로 되는 일이 아닙니다. 행정사 연구를 통해 정말 우리가 무언가를 조금이라도 알게 되었다고 생각할 수 있으려면 요즘 나오는 조직행태나 협업 연구논문의 양만큼 꾸준히 나와줘야 가능한 일입니다. 그러나 연구의 성격상 그 정도로 양산될 수 있는 것도 아니고, 지금부터 시작해도 한 세대는 지나야 될테니, 녹록지 않은 이야기입니다. 그리고 그 "세대" 자체가 구성될 수는 있을까를 생각해보면 어제 우리의 바람은 이루어지기 쉽지 않아 보입니다. 역설적이게도 아마 그래서 어제 더 분위기가 좋았는지도 모르겠습니다. 고맙고 반가워서 말입니다.

12.5.2. 미리 알았더라면

마지막으로 연구자의 길을 걷고자 하는 분들에게 조심스레 아래와 같은 말씀을 드리고자 합니다. 제가 아래 내용에 따라 살아왔다기보다는 일종의 "그때 미리 알았다면 좋았을 것들"이라고 이해하시면 되겠습니다. 이는 주로 제게 연구자의 길에 대해 물어온 학생들과 나누었던 대화입니다.

첫째, 인생의 연구문제를 품었는지를 생각해보세요. 주변의 동료 연구자들을 보면 몇 부류가 있습니다. 그냥 공부가 제일 쉬워서 학자까지 된 사람, 다른 길을 모색하던 중 학교를 선택한 사람, 다른 일을 하다가 여러 이유로 학교로 온 사람, 그리고 하고 싶은 연구가 있었던 사람. 연구자도 하나의 직업이라고 할 때 네 번째 유형이 가장 행복한 삶을 사는 것 같습니다. 이는 연구자로서의 성공과는 다른 문제입니다. 본인이 풀고 싶은 연구문제가 있다면 그런대로 보람있는 삶을 기대해도 좋을 것 같습니다.

둘째, 박사과정은 지적, 정신적, 사회적 역량을 동시에 기르는 시기여야 합니다. 박사과정에 있는 사람들이 저지르기 쉬운 착각은 학문적 역량만 쌓으면 된다고 생각하는 것입니다. 그렇지 않습니다. 박사과정 역시 삶의 일부일 뿐입니다. 정신적으로 성숙하고, 어울릴 수 있는 사람으로 자신을 만들어가는 것 역시 박사과정에서 할 중요한 일입니다.

흔히들 실력이라는 말을 학문적 역량으로만 좁게 이해하는데, 그렇지 않습니다. 대학이라는 집단에서도 가톨릭에서 사용하던 "colleagiality" 라는 개념을 통해 동료 간의 관계를 강조하고, 연구뿐 아니라 사회를 향한 봉사 역시 강조합니다. 실력 있는 연구자가 된다는 것이 좋은 사람이 되는 것과 별개인 것은 아닐 것입니다.

셋째, 빨리 넓게 읽고, 오래 깊이 파야 합니다. 박사과정 초기에는 여러 영역을 공부하는 것이 좋습니다. 그러나 대략 1년 안에는 잠정적인 자신의 전공을 찾아야 합니다. 그래야만 2년차 혹은 3년차부터 논문을 쓸 수 있기 때문입니다. 3년차에 쓰는 논문만 해도 벌써 여러분이 졸업하기 전에 세상에 나온다는 보장이 없습니다. 그리고 특히 강의를 듣는 동안 기말보고서같이 논문의 기초가 될 글을 써야 하는 과제는 실제로 논문을 쓴다는 생각으로 최선을 다해 작성해두는 것이 좋습니다. 그것들이 언젠가는 실제 논문으로 세상에 나올 것입니다. 실제로 박사과정 중 논문을 쓰는 이상적인 과정은 매 학기 기말보고서를 충실히 작성하고, 그것을 토대로 아이디어를 발전시켜 학술대회에서 발표하고, 다시 수정보완하여 저널에 투고하는 것입니다.

넷째, 학계의 현실을 직시해야 합니다. 흔히들 학자는 진리를 추구하는 사람이라고 합니다. 그러나 현실은 그렇지만은 않습니다. 학계라는 곳도 사람들의 집단입니다. 연구자는 결국 연구로, 그리고 사람으로, 알려지고, 받아들여지고, 때로는 배척되는 것입니다. 세상에는 왜 이다지도 많은 저널들이 있는지 의아할지도 모릅니다. 여러분이 여러 기준에서 좋은 논문을 썼다고 해서 모든 학계가 그 논문을 반길 것이라 기대할 수는 없습니다. 학자들은 저마다 인간과 사회에 대한 자신만의 신념을 가지고 있습니다. 학자도 인간인 이상 자신의 신념에 부합하는 연구를 좋아하고, 그러한 연구를 저널이 반기겠지요. 혹은 반대로 자신의 신념을 아주 깔끔하게 깨주는 연구를 역설적으로 더 좋아하기도 합니다.

마지막으로, 적지 않은 학생들이 자신의 나이를 염려하는 것을 봅니다. 괜찮습니다. 늦고 빠르고는 중요하지 않습니다. 학문의 길을 걷기로 한 이상, 학위를 받고 직장을 잡는 것이 늦고 빠르고는 생활에 있어서는 중요한 측면이지만 최소한 연구의 관점에서는 크게 중요하지 않습니다. 연구를 하고 있는 것이 중요합니다. 연구자에게는 학부, 석사과정, 박사과정에서 습득한 모든 것이 결국 연구와 강의를 위한 자신의 자산이 됩니다. 빨리 학위를 끝내고 자리를 잡는 것은 삶을 살아가야 하는 한 사람으로서는 물론 좋은 일이지만, 먼 길을 가야 하는 연구자로서는 길 위에 있는 자체로 의미가 있습니다. 이 또한 학문의 길이 주는 매력인 것 같습니다.

책갈피

내가 만난 박사후보들

교수 노릇을 하는 동안 다양한 그룹의 제자들 중 의외로 각별한 느낌의 그룹은 내가 심사위원으로 참여하여 박사논문을 심사했던 이들이다. 처음에는 이들이 각별하게 느껴질 이유는 없었다. 그런데 이 사람들은 묘하게 자주 기억이 난다. 왜일까.

1) 이들은 내가 교수로서 가장 치열하게 의사소통했던 사람들 가운데 하나이다. 출석 점수부터 시작해서 온갖 학생 평가를 하는 가운데, 가장 엄격한 잣대를 적용해 온 것은 바로 박사논문 심사였다. 심사위원으로서 내가 할 역할은 논문의 통과 판단 여부보다는 더 좋은 논문을 쓸 수 있도록 도와주는 것이라고 생각했다. 그렇다고 너무 많은 것을 요구할 수는 없었다. 달랑 박사논문만 들고 나갈 수는 없는 달라진 세상에 적응하여, 박사논문과 다른 소논문 작업들 간에 최적의 자원 할당을 생각하라는 말을 자주 했다. 사실 더 밀어붙이고 싶은 순간들이 많았으나, 내 마음처럼 되는

일은 아니었다. 주어진 수정 시간, 다른 일들, 지도교수의 큰 그림, 그리고 다른 심사위원들의 코멘트와의 조화 등을 생각하면서 조절해야 했다.

2) 논문만은 아니다. 세 번 혹은 네 번에 걸쳐 박사논문 심사를 하다보면 후보자의 학문적 역량, 연구주제와 데이터로 나타나는 후보자의 연구 전망, 의사소통 능력, 학자로서의 자세와 인성, 그리고 때로는 그 사람의 고된 인생마저도 보인다. 그렇기 때문에 박사논문 심사는 단지 해당 논문만의 심사가 아니라 그 연구자의 총체적 역량과 자세에 대한 관찰이 된다. 그리고 마지막 심사가 끝나는 순간, 이러한 나의 관찰은 새로 박사가 된 그 이에 대한 깊은 유대감으로 전환될 때가 있었다.

3) 한 가지 고마운 때는 후보자가 이 치열한 줄다리기의 시간 동안 내가 했던 비판들을 자신을 성장시키는 계기로 전환시키는 성숙함을 보일 때였다. 나의 의도가 좋았다 해도, 그것이 전달되는 방식이나 맥락에 따라 심사를 받는 입장에서는 괴로울 수 있음에도 불구하고 그것을 잘 소화하고 감사까지 표시하는 이 사람들을 기억하지 않을 수는 없는 것이다. 어떤 경우는 저 사람이 왜 나를 괴롭히나 하고 속으로 생각하는 듯한 느낌을 받을 때도 있었다. 그러면 나도 결국 코멘트를 아끼게 된다. 어차피 논문에 진심으로 반영되지 않을 것을 알기 때문이다. 그러나 1심, 2심이 지나면서 논문을 수정해오는 것을 보면 알 수 있다. 진심인지 아닌지. 진심이라고 느껴지면 더 많은 요구를 하게 된다. 후보자는 힘들겠지만, 그러한 요구가 잡마켓에 나가 공개적으로 비판을 받고 실패하는 것보다는 쉬운 것이라는 점을 이해하기를 바랐다.

4) 나는 유학을 갈 생각이 없었다. 여러 이유가 있었지만, 그 중에는 "이제는 국내 박사도 열심히만 하면 충분히 경쟁력을 인정받을 수 있는 시대가 올 것이다"라는 생각이 있었다. 당시가 인터넷을 통해 정보접근성이 막 폭발하던 시기였다. 다른 이유로 유학을 하긴 했지만, 내가 논문심사로 접한 이들에게 기대를 품게 되는 것이 사실이다. 그들의 싸움과, 그들의 고뇌와, 그들의 좌절과, 그들의 성취가 나에겐 의미가 있다.

못난 나는 졸업하는 후배들에게 해줄 수 있는 게 코멘트밖에 없었다. 그래도 어딘가에 자리잡아 잘 하고 있는 이들을 보면 기분이 좋아진다. 건승을 기원한다.

주요 개념들

국지적 지식	글쓰기	논문 투고
독자	발표	시간
실무자	심사평	연구자
저널리즘적 글쓰기	지식의 실천성	질의응답
학문적 글쓰기	학술대회	

열 줄 요약

1) 학술대회 참가는 자신의 논문에 대해 심사자가 지적할 법한 사항, 독자들이 기대할 법한 사항을 좋은 동료들과의 만남을 통해 미리 점검하는 기회를 제공한다.

2) 학술대회에서 발표할 때는 주어진 시간을 엄수해야 한다.

3) 발표와 질의응답의 준비는 각각의 목적에 맞추어 전략적으로 이루어져야 한다.

4) 논문을 쓰는 작업은 까다로운 동료들과의 대화임을 인식하면서 이루어져야 한다.

5) 논문 투고시 심사자의 심사평을 최대한 존중하는 수정을 통해 논문은 자신만의 글에서 모두의 글로 완성되어간다.

6) 좋은 학생과 좋은 연구자는 배움이냐 지식의 생산이냐 하는 목적과, 사고 및 글쓰기의 요청 면에서 차이가 있다.

7) 실무자이면서 연구를 하는 이들은 연구의 동기와 그들이 생산하는 지식의 실천성을 통해 특별한 기여를 할 수 있다.

8) 지난한 학위와 연구의 과정을 행복하게 지나기 위해서는 본인만의 인생의 연구문제를 품고 연구를 해나가는 것이 중요하다.

9) 박사과정은 지적, 정신적, 사회적 역량을 동시에 기르는 시기이다.

10) 연구를 하고 있다면 나이는 중요하지 않다.

더 생각해보기

1) 나를 사로잡는 연구문제는 무엇인가?

2) 나는 발표 준비만큼 질의응답 준비를 했는가?

3) 나는 심사자의 심사평에 하나하나 대응했는가?

4) 나는 학생인가, 연구자인가?

5) 실무자로서 내가 생산한 지식을 세상에 내놓는 최선의 글쓰기 방식은 무엇일까?

6) 연구를 하고 있는 나는 지금 행복한가?

제 **5** 편

사회 연구의 사회적 의미

이제 이 짧은 마지막 편에서는 사회 연구의 과정과 결과에 담겨 있는, 혹은 영향을 미치는 사회적 의미에 대해 이야기를 나눕니다. 오랜 시간 동안 과학의 순수성을 강조하는 문화가 있어 왔고, 여전히 많은 과학적 지식들의 순수성을 긍정할 수 있지만, 사회 연구에는 사회적 의미들이 실핏줄처럼 얽혀 있음을 강조하는 이들이 점점 늘어가고 있습니다. 이는 과학적 지식의 순수성을 포기하거나 상대주의화하자는 것이 아니라, 지식이 어떻게 형성되고 활용되는지를 직시함으로써 오늘날의 사회에서 과학적 지식의 의미를 보다 정확히 이해할 필요가 있다는 것입니다.

우선 제13장에서는 연구윤리의 문제를 다룹니다. 예전에는 상당히 비인간적인 방법도 과학적 연구의 이름으로 정당화되던 역사가 있었으나, 이제는 연구방법 자체가 과학공동체의 자체적 규범뿐 아니라 사회가 인정하는 윤리적 기준을 따라야 한다는 규범이 정립되었습니다. 제14장에서는 과학과 민주주의의 관계에 대해 과학적 지식의 소통과 정치적 의사결정의 문제를 중심으로 다룹니다. 숙의민주주의가 강조되는 오늘날 시민과 전문가 간 과학적 지식의 소통은 올바른 정치적 의사결정에 중요한 영향을 미치기 때문입니다. 마지막으로 제15장에서는 이 책의 저자인 제 개인적 맥락과 새로운 경향에 대해 간략히 이야기합니다. 제 개인적 맥락을 드러내는 이유는 이 책의 내용이 무슨 보편적 전범이 아니라 특정한 맥락에 놓여 있는 연구자가 바라본 연구방법 논의임을 여러분이 이해하는 것이 중요하다고 생각되기 때문입니다. 낯선 시도이지만 연구의 사회적 의미를 생각해보는 데에 도움이 될 것으로 기대합니다.

제13장

연구윤리

사회 연구는 인간과 사회를 대상으로 하는 연구입니다. 사회 역시 인간들의 집합체이니만큼 사회 연구는 인간을 대상으로 하는 연구라고 해도 무방합니다. 인간을 '대상'으로 하는 연구라고 하는 표현이 예전에는 별 문제가 없었으나, 오늘날에는 이를 '대상'이라고 해도 좋은지 의문이 들 정도로 연구에서 윤리적 측면을 중요시하는 시대가 되었습니다.[1] 또한 오늘날에는 역사, 위해물질, 경제정책, 기후변화 등 어떤 연구의 결론 자체가 타당성과 함께 윤리성의 측면에서 사회적 논쟁의 대상이 되는 경우가 많아지고 있습니다. 이런 흐름에서 오늘날에는 연구윤리가 매우 중요한 논의의 영역이 되었습니다. 이 장에서는 최근 연구윤리의 쟁점들에 대해 간략히 논의하고자 합니다. 연구윤리 역시 이 장에 담겨있는 내용보다 훨씬 복잡한 쟁점들이 있습니다. 이 장은 여러분에게 하나의 길잡이로서 역할을 수행하기를 기대합니다.

13.1. 연구참여자의 보호

연구윤리의 가장 중요한 규범은 연구참여자의 보호입니다. 1971년 스탠포드 대학의 필립 짐바르도 교수는 유명한 감옥 실험을 수행했습니다.[2] 이 실험에서는 연구에 참여하기로 자원한 대학생들을 두 집단

---

1 최근에는 '연구참여자'라는 용어를 주로 사용합니다.

으로 나누어 한 집단에게는 죄수의 역할을, 다른 집단에게는 간수의 역할을 맡기고 영화를 찍듯이 감옥 세트장을 만들어 학생들을 투입하였습니다. 놀랍게도 서로가 서로의 역할에 빠르게 익숙해졌고, 불과 몇 시간만에 간수들은 죄수들을 '실제로' 학대하기 시작했습니다.

요즘 같으면 불가능한 연구입니다. 연구참여자가 없어서가 아니라 사람이 참여하는 연구에 적용되는 윤리 기준이 지난 시대동안 강화되어 왔기 때문입니다. 감옥 실험에서는 정신적 고통을 호소하는 참여자들이 나오면서 결국 실험이 중단되었습니다. 실험 참여자들의 이러한 고통은 오늘날에는 용인할 수 있는 것이 아닙니다. 그것이 인류의 복지를 위해서라는 아무리 거창한 동기가 있더라도 말입니다. 연구참여자의 신체적·정신적 안전을 보호하는 것은 연구윤리의 기초입니다.

연구참여자의 보호와 관련하여 사회가 변화해감에 따라 최근 들어 논란이 되는 문제 중 하나는 동물 실험입니다. 여러분들은 우리가 소비하는 약품의 효능을 어떻게 확인하는지 아실 것입니다. 주로 실험용 쥐와 같은 동물들을 대상으로 하는 임상시험 과정을 거칩니다. 백신을 개발하기 위해서는 원숭이를 사용하기도 하고, 심리 연구를 위해 다양한 유인원 종을 사용하기도 합니다. 여러분은 이 문장에서 쓴 '사용'이라는 표현에서 혹시 불편함을 느끼지는 않았나요? 그랬다면 여러분은 아마 아무리 인간을 위해서라지만 지능과 감정이 있음을 알 수 있는 동물에 고통이나 제한을 가하는 실험에도 불편함을 느낄 가능성이 있습니다. 이 역시 향후 사회적 합의가 변화해갈 가능성이 있는 연구윤리의 문제입니다. 나아가 동물 실험을 거치고 나면 결국 인간을 참여자로 하는 마지막 임상시험 과정을 거쳐야 합니다. 여기에는 위험성이

---

2 인터넷에서 찾아보시면 다양한 동영상들을 찾을 수 있습니다.

남아있기 때문에 단순히 참여자에게 주는 보상의 크기 문제를 넘어서는 윤리의 문제가 고려되어야 합니다.

또한 연구참여자의 익명성 보장과 개인정보 보호도 중요합니다. 여러분이 참여관찰을 통해 자료를 수집했다고 합시다. 비록 여러분이 모든 사항을 익명처리하여 논문을 썼으나 일반인이 보기에 논문에 등장한 사람이 누군지 알 수 있는 경우가 생기면 연구참여자의 익명성을 보장해주지 못한 경우에 해당합니다. 이는 인터뷰도 마찬가지입니다. 논문에서 특정 인터뷰 내용을 인용할 때, 일반 독자가 누가 그 말을 했는지 알 수 있는 경우 이는 인터뷰 참여자의 개인정보를 보호해주지 못한 것입니다. 이 외에도 설문 조사 등에서 불필요한 인적 사항을 수집하거나, 수집된 자료를 연구 목적 외에 사용하는 것도 연구윤리에 위반됩니다. 이렇듯 연구에 참여한 개인의 정보에 대한 철저한 보호 역시 연구윤리의 기초입니다.

아울러 연구참여자에게 연구의 목적과 절차를 충실히 설명하고 자발적 동의를 구하는 것 역시 매우 중요한 연구윤리의 기초입니다. 여러분이 교사이면서 연구자라고 합시다. 여러분이 효과가 있을 것으로 판단하는 교수 기법을 당연히 여러분 학급의 학생들에게 적용해보고 싶을 것입니다. 그런데 학생들 가운데는 군이 그 연구에 참여하고 싶지 않지만 선생님이 하는 연구라고 하여 형식적으로 동의하는 학생이 있을 가능성이 있습니다. 더욱이 어떤 학부모들은 보충수업 형태로 진행되지 않는 한, 실험적인 새 교수법보다는 전통적인 교수법으로 자녀들이 학습하기를 기대할 수 있습니다. 문제는 교사라는 여러분의 지위가 참여자들의 자발적 동의에 영향을 미칠 가능성을 배제하기 어렵다는 것입니다. 또다른 상황으로 여러분이 참여관찰을 수행하는데 여러분의 눈에 '기록되기'를 원하지 않는 사람들이 있을 수 있습니다. 이때 여러분들은 모종의 조치를 취하지 않을 수 없습니다. 물론 연구설계에 따라서는 서면에 의한 명시적 동의를 받는 것이 어려울 수도 있습니다. 또한 자발성을 의심하자면 한이 없습니다. 연구참여에 대한 보상의 규모도 자발성에 영향을 미칠 수 있습니다. 요는 충실한 설명과 이해에 기반한 동의의 자발성을 최대한 보장하는 방식으로 연구를 설계해야 한다는 것입니다. 이에 대해서는 연구의 가치와 연구참여자의 보호를 함께 고려하여 연구공동체(생명윤리위원회 같은 기구)가 평가하여 진행됩니다. 각 대학에 설치된 생명윤리위원회는 다양한 전공의 교수들과 민간 전문위원들이 모여 연구의 윤리적 사안들에 대해 점검하고 연구자들에게 조언하는 기능을 담당하고 있습니다. 아래 <그림 13-1>은 연구참여자에게 설명해야 할 사항들의 체크리스트이며, <그림 13-2>는 동의를 받는 양식의 한 예입니다.

그림 13-1 연구 설명 체크리스트 예

- ☑ 이 연구의 목적은 무엇입니까?
- ☑ 얼마나 많은 사람이 참여합니까?
- ☑ 만일 연구에 참여하면 어떤 과정이 진행됩니까?
- ☑ 각자의 연구 참여 기간은 얼마나 됩니까?
- ☑ 참여 도중 그만두어도 됩니까?
- ☑ 부작용이나 위험요소는 없습니까?
- ☑ 이 연구에 참여시 참여자에게 어떤 이득이 있습니까?
- ☑ 연구 참여를 거부할 때 불이익이 있습니까?
- ☑ 참여자의 모든 개인 정보는 어떤 방식으로 비밀이 보장됩니까?
- ☑ 이 연구에 참가하면 사례가 지급됩니까?
- ☑ 추가적인 문의는 누구에게 할 수 있습니까?

출처: 서울대학교 생명윤리위원회 모집문건 표준양식을 참고하여 재구성.

그림 13-2 동의서 양식 예

동 의 서

연구과제명:

연구책임자명:

1. 나는 이 설명서를 읽었으며 담당 연구원과 이에 대하여 의논하였습니다.
2. 나는 이 연구로 인한 위험과 이득에 관하여 들었습니다.
3. 나는 연구와 관련한 모든 질문에 대해 만족할 만한 답변을 얻었습니다.
4. 나는 언제라도 이 연구의 참여를 철회할 수 있고 이러한 결정이 나에게 어떠한 해도 되지 않을 것이라는 것을 압니다.
5. 나는 연구를 수행하는 중에 녹음이 진행되는 것에 동의합니다.
   동의함 (   ) 동의하지 않음 (   )
6. 나는 이 연구에서 얻어진 나에 대한 정보를 현행 법률과 생명윤리위원회 규정이 허용하는 범위 내에서 연구자가 수집하고 처리하는 데 동의합니다.

나는 이 연구에 자발적으로 참여합니다. 나의 서명은 이 동의서를 받고 이해하고 동의했다는 것을 뜻하며 나와 동의받는 연구원의 서명이 포함된 동의서를 연구 참여가 끝날 때까지 보관하겠습니다.

연구참여자 성명   /서명   / 날짜

연구자 성명   /서명   / 날짜

연구책임자 성명   /서명   / 날짜

출처: 서울대학교 생명윤리위원회 동의서 표준양식을 참고하여 재구성. 인터넷에서 다양한 위원회에서 활용하는 서로 다른 양식들을 더 찾아볼 수 있습니다.

나아가 모든 동의가 이루어졌다 해도 연구자가 개입함으로써 연구
참여자들에게 어떤 변화를 일으키는 현상 역시 연구윤리 차원에서 고
려되어야 합니다. 위의 예에서 보면 새로운 교수법이 효과가 없거나
너무 효과가 좋아도 문제가 될 수 있습니다. 무작위로 통제집단과 실
험집단을 나눈 경우, 새로운 교수법이 효과가 있다면 이를 적용하지
않은 통제집단에 속한 학생들에게는 사후적으로 불만이 생길 수 있기
때문입니다. 이것이 국가 정책의 수립을 위한 실험이었다면 더더욱 문
제가 발생합니다. A구의 주민들을 무작위로 나누어 한쪽에는 바람직
한 효과가 있을 것으로 생각되는 정책을 시행해보고 다른 쪽에는 시
행하지 않았는데 실제로 바람직한 효과가 발생했다면, 혹은 바람직하
지 않은 효과가 발생했다면 여러 가지 윤리적 문제들이 제기될 수 있
는 것입니다. 이런 때에는 상대적으로 부정적 위치에 처한 집단에게
보상해줄 수 있는 조치를 고려해 두는 것이 필요하기도 합니다.

더욱이 어떤 연구방법을 택하든 연구참여자와 연구자는 상호작용을
하게 됩니다. 인간과 인간(심지어 상당한 지능을 지닌 동물)의 상호작용
인 만큼, 연구 과정에서 서로가 서로에게 직접적 영향을 미치게 됩니
다. 특히 취약한 참여자들을 대상으로 하는 연구의 경우 연구자가 연
구참여자에게 미치는 영향이 연구윤리상 중요합니다. "호손연구"라 불
리는 고전적인 연구에서 공장의 노동자였던 연구참여자들은 낯선 연
구자들이 자신들을 관찰하고 있다는 것을 알아채고서 불리한 상황에
서도 더 열심히 일하는 방식으로 그들의 행동을 바꾸었습니다. 사회적
으로 고된 상황에 처한 이들을 연구하고자 그들에게 다가가려 할 때,
연구자는 그들의 심리와 생계, 안전에 영향을 미치게 될지도 모릅니
다. 어떤 연구자는 참여관찰 과정에서 정책결정자와 상호작용하면서
알게모르게 정책의 내용에 영향을 미치게 됩니다. 이런 모든 상황들은

모두 중대한 연구윤리적 함의를 지니고 있습니다.

　연구참여자의 보호는 연구참여자가 사회적으로 취약한 계층일수록 중요해집니다. 미성년자, 노년층, 난민, 환자, 그밖에 사회적으로 소외된 계층을 대상으로 하는 연구들은 위의 연구참여자 보호에 있어 더욱 엄격한 기준이 적용됩니다.[3] 구체적인 기준들은 위의 <그림 13-1>과 <그림 13-2>의 내용을 미루어 생각하면 됩니다. 다만 미성년자의 경우 법정대리인의 동의가 필요하며, 환자의 경우 연구가 이루어지는 공간에 의학적인 안전이 확보되어야 하며, 난민과 같은 경우는 면담 장소의 보안 등 보다 철저한 개인정보 보호조치가 마련되어야 하며, 일부 취약계층 참여자에 대해서는 연구의 목적을 보다 상세하게 설명하거나, 참여자가 직면할 수 있는 위험을 고려할 때 연구의 가치가 충분히 커야 하는 등의 추가적인 조건이 필요합니다.

13.2. 연구의 투명성

　학위논문을 작성하는 학생들 중에서는 가설을 검정하는 데 통계적으로 유의한 결과가 나오지 않는다고[4] 모형을 조금씩 수정하여 무언가 유의한 결과가 나올 때까지 무작정 "돌려보는" 이들이 있습니다. 이를 넘어 보다 전략적으로 원하는 결과를 얻기 위해 연구설계를 조작하는, 일반적으로 'p-해킹'이라고 불리는 행동은 상당한 논란의 대상입니다. 연구의 투명성도 재현가능성도 낮은 것입니다. 나아가 절박

---

3 노숙자들을 위한 시민단체의 안형진 활동가는 2021년 1월 13일 방송기자연합회에 기고한 "고통과 불행의 현상학, 그리고 아무것도 없었다."라는 글에서 "빈곤자의 고통과 불행을 자세히 묘사하고 폭로하려 드는 이른바 '고통 취재'"를 비판하였습니다. 연구도 취재도 참여자와의 상호작용에서 유사한 윤리가 고려되어야 하는 것입니다.

4 흔히들 "별이 뜬다"는 표현을 쓰지요.

한 심정에 자료를 살짝 조작할 수도 있습니다. 대놓고 조작하는 것은 말할 나위도 없지만, 예를 들어 치우친 관찰값을 근거없이 삭제한다거나, 몇몇 샘플들을 제외한다거나 하는 방식으로 자료 자체를 수정하는 것입니다. 이는 정당한 자료의 정리와 비윤리적인 자료의 조작 사이를 넘나드는 행위가 될 수 있습니다.

이런 이유로 논문을 작성할 때 연구방법을 가능한 한 투명하게 기술할 필요가 있습니다. 자료나 결과를 조작하지 않는 것은 말할 나위도 없으며, 만일 선의 혹은 필요에 따라 학계가 인정하는 기준으로 일부 자료를 다듬었다면 그 과정을 명확하고 투명하게 논문에서 기술하고, 그러한 작업을 한 근거 논리를 제시해야 합니다. 숨기는 것은 윤리의 문제이고, 투명하게 제시하는 것은 설득의 문제입니다.

13.3. 동료의 아이디어에 대한 존중

우리나라에서 고위공직자에 대한 인사청문회가 실시되면서 연구윤리가 대중적으로 유명해지기도 했습니다. 학자 출신 장관후보자들 중 일부, 혹은 심지어 연예인 중에서도 일부가 논문을 표절했다는 의혹을 받았습니다. 이 역시 연구윤리의 문제입니다. 왜 이 문제가 윤리적 문제인지, 인용이 왜 중요한지에 대해서는 앞서 선행연구 분석을 다룬 장에서 언급하였습니다.

또다른 문제가 있습니다. 여러분이 어느 학술대회에 참여했다고 합시다. 여러분은 학생 입장에서 떨리는 마음으로 만나는 사람마다 여러분의 톡톡 튀는 연구 아이디어를 열심히 설명했습니다. 그리고 돌아와 몇 개월 후, 자신이 말한 연구 아이디어가 고스란히 논문으로 나온 것을 발견합니다. 그리고 그 저자가 몇 개월 전 여러분이 대화를 나누었던 사람이라는 것을 발견합니다. 또는 여러분이 동료들과 학술스터디를 합니다. 그러면서 자연스럽게 자신이 고민하는 주제를 이야기합니다. 그리고 얼마 후 스터디에 함께 했던 다른 동료들이 따로 그 주제를 가지고 논문을 작성한 사실을 알게 됩니다. 어떤 상황이든 여러분에게는 당시 이들에게 해당 아이디어가 전혀 없었다는 확신이 있습니다. 이는 연구 아이디어의 도용이며, 이 역시 연구윤리의 문제입니다. 이런 문제는 판단하기도 어렵고 통제장치도 뚜렷하게 없기 때문에 연구자로서 동료를 존중하는 자발적 윤리가 더더욱 강조되어야 하는 경우입니다.

📖 **책갈피**

연구 아이디어의 존중

연구윤리에서 잘 언급되지는 않지만 중요한 논점 중 하나는 연구 아이디어 도용의 문제이다. 연구 내용을 도용하는 것은 표절이라고 불리고 잘 알려져 있지만 연구 아이디어의 도용은 딱 집어 말하기 어렵기 때문에 별로 논의되지 않는다. 그러나 내가 보기에 연구자들, 특히 새로운 연구가 굉장히 빨리 진행되고 있는 신흥 영역의 연구자들이나 서로 활용하는 자료가 빤한 영역의 연구자들은 내심 상당히 신경을 쓰고 있는 모습을 듣기도 하고 보기도 했다.

연구 아이디어의 도용 역시 도용이다. 학술대회든, 세미나든, 강의에서든, 아직 '논문'의 형태를 갖추지 못한 누군가의 연구 아이디어를 듣거든 그의 아이디어를 먼저 논문으로 쓰는 일은 자제해야 한다. 특히 신진학자들의 경우 아이디어는 많으나 시간과 자원이 상대적으로 부족하다. 이 경우 공개된 장소에서 (학문적 열정 때문이든, 자기 PR의 동기 때문이든, 강의 중에서든) 언급된 아이디어가 인력과 자료 등 랩이 잘 갖춰진 다른 연구자에 의해 먼저 연구로 구현될 가능성이 없지 않다. 심지어 저널 논문 심사 단계에서도 이런 일은 발생할 수 있다. 리뷰를 늦게 회신하거나 아예 리젝을 주고 그 아이디어와 유사한 논문을 재빨리 써버린 오래된 스캔들도 있다. DNA 이중나선 발견에 얽힌 이야기는 대중에게도 알려졌다.

연구 아이디어 도용은 비윤리적이다. 아무리 상대의 아이디어가 자신의 최근 연구관심과 유사하고, 그 아이디어를 금방 논문으로 만들어낼 인프라를 갖추고 있다고 해도, 정당한 연구자라면 아이디어 소유자가 스스로의 아이디어를 논문으로 낼 수 있도록 도와줘야 한다. 좋은 연구의 가장 중요한 요소는 좋은 연구문제이다. 따라서 타인의 (그로부터 실제로 듣지 않았다면 연구하지 않았을 그런) 연구문제를 도용한다는 것은 논문 전체를 도용하는 것에 다름 아니다. 몇 줄 베낀 것과는 비교할 수 없다. 몇 줄 베낀 것은 눈에도 잘 띄고 차라리 그 사람의 무능함을 보여줄 뿐이지만, 연구 아이디어의 도용은 타인의 명예와 땀을 훔치는 행위이다.

연구 아이디어의 도용을 판단하는 것은 사실 어렵다. 제3자가 판단하기도 어렵거니와 도용자 스스로도 이것이 원래 내가 생각하던 아이디어인지, 듣고서 형성된 것인지, 어느 정도로 유사한지, 판단하기 쉬운 것은 아니다. 그렇기 때문에 더 엄격한 자기 윤리가 요구되는 것이다. 객관적 기준이 나름 존재하는 표절과는 다르다.

다행인지 이런 문제를 개인적으로 겪은 적은 없다. 그러나 이런 문제가 내가 속한 공동체에 전혀 없다고 보기는 어려울 것이다. 행정학도 1990년대 이후 연구가 폭발적으로 증가하면서 연구가 유사하고 점증적이 되어왔으며, 자료의 선점이 중요한 분과가 되어왔다. 더욱이 대표 저널의 경쟁은 전례가 없는 수준이다. 따라서 혁신적인 연구 아이디어는 점점 가치가 상승하고 있다.

가정적 사고실험을 해보자. 즉, "과연 나 혼자서 저 연구문제를 떠올릴 수 있었을 것인가?" "과연 내가 저 연구를 원래부터 이렇게 간절히 하고 싶은 마음이 있었던 것인가?" 둘 중 하나라도 '아니'라고 답하게 된다면 그 공유자를 어떻게 존중할 것인지 윤리적 고려의 단계를 밟는 것이 옳을 것이다. 결국 모든 것은 동료 연구자에 대한 존중의 문제이다.

13.4. 연구 주제의 사회적 의미

마지막으로 상당히 조심스러운 문제로서 연구 주제의 사회적 의미가 있습니다. 제가 방청했던 어떤 국제학술대회 세션에서는 한 연구자가 유색인종일수록 거짓말을 더 쉽게 한다는 식의 연구결과를 발표하여 발표장에 있던 모든 연구자들을 아연실색하게 만든 적이 있습니다. 연구 설계도 약점이 많았지만, 문제는 연구의 주제였습니다. 그 연구자는 그러한 연구를 그다지 문제삼지 않았던 시대에서 타임머신을 타고 현재로 온 것인지 그 연구의 윤리적 문제를 전혀 인식하지 못하는 듯한 반응을 보였습니다.

연구자의 의도나 가설의 추론, 실험 설계, 그리고 결과의 해석 등에는 매우 미시적이고 민감한 부분들이 없지 않고, 거기에는 어떤 시대정신에 따른 윤리적 기준이 작용합니다. 이 부분은 사실 어려운 점이 있습니다. 윤리적 기준은 역사적이고, 과학적 지식은 초월적이라는 관점이 있기 때문입니다. 당시 발표를 듣던 연구자들이 아연실색하기는 했지만 비판은 주로 실험 설계가 잘못되었다, 처치상 유색인종 참여자들에게 불리하게 설계되었다, 발표가 너무 길다 등 절차적 측면에 대한 비판이었습니다. 이 장면은 연구윤리라는 것이 따로 정답이 있는 것이 아니라 연구공동체가 학문의 자유를 보장하면서 함께, 자발적으로, 합의에 기반하여 찾아나가는 것이라는 점을 보여주는 것 같습니다.

특히 이와 관련하여서 해당 연구가 특정한 정치색이 강한 스폰서 혹은 연구 결과가 이윤과 직결되는 기업의 지원을 받은 경우 연구윤리의 문제가 보다 명확해집니다. 따라서 보통 외부의 재정적 지원을 받은 연구는 저널에 논문을 제출할 때 이를 의무적으로 밝히고 이해충돌의 문제가 없음을 저자가 선언하도록 제도화되어 있습니다.

13.5. 정 리

기본적으로 학계에서 연구윤리를 다룰 때는 그 연구의 내적 윤리를 주로 다룹니다. 위의 1절부터 3절까지의 내용인 것이죠. 그러나 어떤 연구들은 연구가 발표되는 순간 그 사회적 의미로 인해 윤리 차원의 담론에 휩쓸리게 되는 것도 현실입니다. 우리는 한국의 근현대사를 둘러싼 연구결과에 대한 사회적 논쟁, 거시경제정책이나 조세정책의 예상되는 효과에 대한 연구결과를 둘러싼 정치이데올로기적 논쟁들을 심심찮게 접할 수 있습니다. 어쨌든 연구윤리는, 누구도 상하게 하지 않는다는 원칙과, 투명하게 소통한다는 원칙, 동료들의 신뢰를 저버리지 않는다는 원칙, 그리고 과학자로서 순수한 동기에서 연구한다는 원칙으로 요약될 수 있습니다. 여러분은 공부를 해나가는 과정에서 여러분이 속한 분야에 수립된 윤리기준을 습득하고 그것을 준수해 나가면 되겠습니다.

주요 개념들

감옥 실험	개인정보 보호	동물 실험
동의	생명윤리위원회	시대정신
연구 아이디어 도용	연구윤리	연구참여자 보호
이해충돌	익명성 보장	자발성
취약한 참여자	투명성	p-해킹

열 줄 요약

1) 연구참여자의 신체적·정신적 안전을 보호하는 것은 연구윤리의 가장 중요한 규범이다.

2) 연구의 전 과정과 연구 마무리 이후에도 연구참여자의 익명성이 보장되어야 하고, 개인정보가 보호되어야 한다.

3) 연구자는 연구참여자에게 연구의 목적과 내용, 절차를 충실히 설명해야 하고, 이에 기반한 자발적 동의를 얻어야 한다.

4) 연구자가 개입함으로써 연구참여자들의 삶이나 공적 의사결정에 변화를 일으키게 되는 부분이 연구윤리의 관점에서 고려되어야 한다.

5) 사회적으로 취약한 계층의 연구참여자에 대해서는 그 특성에 따라 추가적인 윤리적 고려가 요구된다.

6) 논문을 작성할 때 연구방법을 가능한 한 투명하게 기술하는 것은 연구윤리의 측면에서도 중요하다.

7) 타인의 연구 내용과 더불어 연구 아이디어에 대해서도 최대한 존중해야 한다.

8) 연구자의 의도나 가설의 추론, 연구설계, 그리고 결과 해석의 미시적 부분들에도 시대정신에 따른 윤리적 기준이 작용할 수 있다.

9) 어떤 연구가 특정 단체의 지원을 받을 경우, 논문을 투고할 때 이해충돌의 가능성을 저널에 보고해야 한다.

10) 어떤 연구들은 연구가 발표되는 순간 그 사회적 의미로 인해 의도치 않게 윤리 차원의 사회적 담론에 휩쓸리기도 한다.

더 생각해보기

1) 나는 연구참여자를 충분히 존중하고 있는가? 그러한 존중을 어떤 방식으로 연구설계에 담고 있는가?

2) 나는 동료 연구자를 충분히 존중하고 있는가?

3) 나의 연구에 참여하는 참여자는 특별히 고려해야 할 사회적 취약성을 지닌 부분이 있는가? 이에 대해 어떤 방식으로 연구설계에 고려해야 하는가?

4) 나의 연구에 참여하는 참여자의 자발성을 의심할 여지는 없는가?

5) 이 연구는 연구 자체의 가치와 별개로 사회적으로 어떻게 읽히게 될 것인가? 이 연구는 이러한 고민이 필요한 연구인가?

제14장

과학과 민주주의: 시민, 전문가, 그리고 과학적 지식

14.1. 사회 연구의 특성

이 책에서는 전반적으로 사회 연구가 생산하는 지식의 독특한 성질에 대해 강조해왔습니다. "열 길 물 속"을 다루는 자연과학과 달리, "한 길 사람 속"을 다루는 사회 연구는 자연과학에 비해 엄밀한 인과관계에 대한 지식을 얻기 어렵고, 그러한 인과관계에 관심이 없는 학문공동체도 존재합니다. 인간 자체가 자유의지를 지녔느냐 아니냐에 대한 논쟁이 끝없이 전개될만큼 연구의 대상이 되는 존재 자체가 불확정적인, 혹은 의지적인 존재입니다. 심지어 연구자 자신도 그러한 존재입니다. 기본적 관찰 단위인 인간이 이렇게 불확정적이다보니 이를 기반으로 전개되는 전체적인 이론과 그에 기반한 연구가 확정적인 지식을 생산하기 어렵거나, 그러기 위해 인간을 단순화하는 논쟁적인 출발선에 서기도 합니다.

그럼에도 불구하고 사회연구자들 역시 이 세상의 법칙에 대한 가능한 한 보다 확실한 지식, 사람에 대한 보다 깊은 이해를 얻기 위해 노력을 경주합니다. 연구방법을 세련되게 가다듬고, 더 좋은 질의 자료를 수집하며, 동일한 주제에 대해 수많은 각도에서 연구를 축적하여 오고 있습니다. 따라서 사회 연구의 불확정적인 특징은 과학적 연구활동의 부정이 아니라 이를 오히려 촉진하는 것이라고 보아야 합니다.

자연과학도 마찬가지이지만 사회 연구를 통한 지식에는 또다른 복잡한 측면이 있습니다. 이는 그 지식이 인간에 대한 통제를 위해 활용될 가능성이 높다는 점입니다. 그 지식이 타당성이 있어서 효과적으로 인간을 통제할 수 있다면 그것은 그것대로 문제일 수 있고, 그 지식이 타당하지 않아서 인간을 통제하는 데 실패한다면 그것은 논란의 여지도 없는 문제입니다. 국민들이 타 집단을 혐오하도록 유인하는 정치공학적 수단을 인간행동에 대한 과학적 연구로부터 끌어냈다고 합시다. 또 최근 우리나라의 저출생 문제를 해결한다고 쏟아부었던 거액의 예산이 가져온 미미한 효과를 생각해 봅시다. 두 경우 모두 바람직하다고 하기는 어려운 결과일 것입니다.

사회 연구를 통한 지식의 또다른 특징은 제1편에서 논의했듯 사실과 가치가 긴밀하게 연결되어 있다는 점입니다. 그러다보니 어떤 과학적 지식도 윤리적 가치판단에서 완전히 자유롭지 않습니다. 패러다임 2에서는 사실조차 특정한 가치를 지닌 연구자에 의해 구성되는 것이라는 관점을 취하기도 할 정도입니다. 자연과학적 지식도 마찬가지입니다. 분자가 원자와 전자로 구성되었다는 지식은 특정한 가치로부터 상대적으로 자유롭지만, 지구의 평균기온이 상승하고 있다는 지식은 그 평균기온을 측정하는 방식부터, 언제부터 추산해야 하는지, 과연 지속적 상승인지 순환인지, 무엇이 평균기온의 상승 혹은 순환을 야기하는지에 대해 수많은 논쟁과 관련되어 있습니다. 그리고 이러한 논쟁은 순전히 사실에 대한 논쟁이 아니라 어떤 사실을 발견할 것인지, 그리고 그것을 어떻게 해석할 것인지에 대한 논쟁을 암암리에 내포하고 있습니다. 심지어 과학의 본질에 대한 논쟁으로까지 확대되기도 합니다. 다시 강조하자면, 어떤 사실을 발견하고 나서 그것을 해석하는 단계에서만 논란이 일어나는 것이 아니라, 어떤 사실을 발견할 것인지, 그것이 사실인지부터 논란이 있다는 것입니다. 이는 사실에 대한 존재론 차원의 논의를 넘어서는 '사회적' 문제입니다. 과학공동체 내에서는 이런 문제와 거리를 두고 싶어할지 모르지만, 이 사회와 정치는 결코 그러하지 않습니다.

14.2. 사회 연구가 생산하는 지식의 정치적 의미

우리가 인정해야 할 한 가지는 사회 연구를 통한 지식은 결코 무균실에서 발견하는 진리가 아니라는 것입니다. 인간과 사회에 대한 지식은, 지식의 생산과정 자체는 엄밀한 과학적 방법을 따른다 해도, 그 태생부터 사회 전체의 가치체계 및 권력체계와 유리될 수 없습니다. 예전 같으면 이런 관점은 과학을 부정하는 것으로까지 치부될지도 모를 일이지만,[1] 오늘날에는 과학의 본질에 대한 성찰과 과학학 같은 학문 영역의 등장으로 과학적 지식이 어떻게 사회의 가치체계 및 권력체계와 관계를 맺게 되는지에 대해 연구를 하는 시대가 되었습니다. 이는 과학적 지식의 가치를 부정하는 것이 아니라 그것을 더 정확히 이해하고자 하는 시도입니다.

과학적 연구의 순수성의 가치는 강조되어야 합니다. 이 책이 현장에서 활동하는 분들도 염두에 두다 보니 연구의 사회적 맥락을 강조하였지만, 연구활동 자체는 사회적 의미가 아니라 오로지 엄격한 규칙에 의해 수행되고 평가됩니다. 연구자가 어떤 연구를 하기로 할 때는 본인의 양심과 호기심, 그리고 자발적 윤리에 따라 학문의 자유를 기

---

1 1990년대 중반의 "과학전쟁(Science War)"부터 오늘날까지 이어지는 논쟁을 찾아보기 바랍니다.

반으로 결정하는 것이지, 사회적 논란에 좌우되는 것은 아닙니다. 이 책에서 사회적 의미를 강조하는 것은 어떤 연구가 이 세상과 관계맺는 현실을 강조하는 것이지, 연구의 규칙과 순수성에 대한 타협을 의미하지 않습니다.

우리나라는 2017년 원자력발전소 건설을 둘러싸고 이 사회가 어느 쪽으로 나아가야 할지에 대해 공론조사라는 특이한 실험을 하였습니다. 무작위로 선정된 시민 500명을 대상으로 원자력 발전 정책을 지지하는 입장의 전문가들과, 반대하는 입장의 전문가들이 논쟁을 벌이고, 시민들은 이를 학습하여 자신의 견해를 구성하는 정치적 실험이었습니다. 여러분은 어떻게 생각하십니까? 이러한 정책은 전문가들에게 맡겨야 할까요 아니면 시민 혹은 정치가 관여해야 할까요? 원자력발전의 이해에 기술적 전문성이 필요한 것은 분명합니다. 원자력발전이 얼마나 안정성이 있는지는 과학적으로 논의할 수 있습니다. 그럼 그것으로 충분할까요? 당황스럽게도 원자력발전의 안정성과 가치에 대해 전문가집단 내 논쟁이 존재하였습니다. 그리고 아무리 안정성이 높다고 해도, 오늘날의 민주주의 사회에서 최종 의사결정권은 결국 국민들에게 있습니다. 과학기술 관련 논쟁, 정책 관련 논쟁 등 지식의 공적 활용에 대한 논쟁에는 과학적 차원과 정치적 차원이 공존합니다. 실제로 우리나라 뿐 아니라 유럽과 영미계 국가들에서는 다양한 숙의민주주의 제도를 활용하여 미래 과학기술을 포함한 중요한 전문적 사안들에 대해 국민들의 의사를 묻고 있습니다. 모든 과학적 지식이 그러한 것은 아니지만 어떤 지식들은 정치적 논의의 과정 한복판에 놓이게 되는 것입니다.

이 책이 쓰여지고 있는 2021년 현재 멈추지 않고 있는 코로나 팬데믹 상황도 마찬가지입니다. 우리는 훌륭한 과학자들에게 바이러스에 대한 분석, 방역 기법, 치료, 그리고 백신의 개발을 기대하였고, 우리 사회 전체는 이들의 헌신에 기반하여 그럭저럭 싸워나가고 있습니다. 그러나 이 과정에서 다양한 방식의 방역체계 가운데 어떤 것이 효과적일지, 여러 백신 가운데 어떤 것이 안전하면서 효과적인지에 대한 지속적인 논쟁과, 그러한 논쟁에 기반한 지식의 발전이 이루어지고 있습니다. 그리고 이 모든 논쟁의 본질을 보면 단순히 과학적 성격만 지닌 것이 아니라 정치적 성격도 지니고 있습니다. 모든 나라들의 방역체계가 서로 다 다른 것은 우리의 집단적 의사결정이 그만큼 복잡한 기반에 따라 이루어진다는 것을 보여줍니다.

여기서 사회 연구의 중요성이 오히려 부각됩니다. 이렇게 정치와 과학이 얽힌 논쟁을 정리하고, 국민의 의사를 묻고, 최종 정치적 결정을 하는 과정 모두 적절한 관리가 필요합니다. 이렇게 중요한 의사결정을 함부로 자의적인 절차에 따라 할 수는 없는 일이지요. 그 '적절한 관리 절차'를 연구하는 것이 바로 사회 연구입니다. 사회 연구는 인간과 사회에 대한 순전한 지식 뿐 아니라, 그것을 바탕으로 이렇게 인간 간의 상호작용과 사회 제도를 설계하는 데에 활용될 수 있는 지식도 생산합니다.

14.3. 과학적 지식의 소통

민주주의의 시대에 바람직한 과학적 지식은 사회적으로 소통가능해야만 한다는 것이 하버마스를 비롯한 숙의민주주의자들의 주장입니다. 사회적으로 소통가능하다는 것이 정치적 이유로 과학적 결론을 수정하라는 의미가 아니라는 점을 지적하는 것이 중요합니다. 과학적 결론은 과학적 결론이고, 정치적 결론은 모든 것을 포함한 결론입니다. 과

학적 지식의 소통은 과학적 논쟁과 그 결론을 일반 시민들이 이해할
수 있도록 전달하는 것을 의미하며, 이때 일방적 결론이 아니라 다양
한 결론들이 있음 역시 투명하게 전달하는 것을 의미하며, 비록 현재
의 결론은 그러하지만 그것의 한계까지도 투명하게 전달하는 것을 의
미할 것입니다. 일반 시민은 이를 듣고 자기 나름대로 그 의미를 이
해할 것입니다. 그리고 그 과학적 지식이 설명해주는 현상을 보다 잘
이해하고, 그에 기반하여 어떤 정치적 견해를 구성할 것입니다.

전문성이 부족해서 아마도 못할 것이라고요? 이 책을 읽고 있는 여
러분은 시민으로서 자신의 지적 역량에 대해 어떻게 생각하십니까? 스
스로 "나는 아무래도 전문성이 부족해서 감염병 정책이나 식품 안전,
기후변화의 본질에 대한 모든 과학적, 심지어 정치적 판단까지도 전문
가에게 전적으로 위임하겠다"라고 생각하시나요? 우리가 전문성의 부
족을 이유로 판단을 위임한다면 이 사회에서 공적 판단을 할 수 있는
존재는 과연 누구일 수 있을까요? 우리 각자가 과학적 지식의 의미를
음미하고 그에 대해 일정 수준의 판단을 내릴 자격이 있다고 생각하
지 않는다면 민주적 공적 의사결정은 이루어지기 어려울 것입니다.

민주주의 사회는 전문적 지식과 시민들의 판단 사이의 긴장관계를
잘 유지해감으로써 발전할 수 있습니다. 시민들이 과학적 지식의 가치
를 외면하면 안개 속에서 정책을 결정하는 것과 같을 것입니다. 반면
과학자들이 시민들과 소통하지 않는다면 자신의 지식을 금고에 넣어
두는 셈일 것입니다. 더욱이 사회 연구자들이 시민들과 소통하지 않는
다면 고객의 발 크기도 재지 않고 신발을 만드는 제화공과 같을 것입
니다. 앞서 논문 작성에 대해 이야기하는 장에서도 언급했듯이 논문
역시 소통을 목적으로 하는 글입니다. 그 소통이 반드시 동료 연구자
만을 지향할 필요는 없을 것입니다. 이 책 역시 누구일지 모르지만

여러분 같은 시민을 지향한 말걸기입니다. 그것은 더 나은 사회를 바라는 몸짓입니다.

주요 개념들

가치체계	권력체계	과학학
사회적 의미	민주주의	숙의민주주의
코로나	정치	소통
공적 의사결정	전문적 지식	

열 줄 요약

1) 사회 연구의 대상인 인간은 존재 자체가 불확정적인, 혹은 의지적인 존재이다.

2) 사회연구자들은 연구방법을 가다듬고, 더 좋은 질의 자료를 수집하며, 동일한 주제에 대해 수많은 각도에서 연구함으로써 인간을 대상으로 하는 연구의 과학적 신뢰성을 증진해오고 있다.

3) 과학적 지식은 늘 인간에 대한 통제를 위해 활용될 가능성이 있다.

4) 사실과 가치의 논쟁은 순전히 무엇이 사실이냐에 대한 논쟁이 아니라 어떤 사실을 어떻게 발견할 것인지, 그리고 그것을 어떻게 해석할 것인지에 대한 논쟁을 내포하고 있다.

5) 사회 연구를 통한 지식은 무균실에서 발견하는 진리가 아니며, 사회 전체의 가치체계 및 권력체계와 유리되어 있지 않다.

6) 최근 들어 과학의 본질에 대한 성찰과 과학학 같은 학문 영역의 등장으로 과학적 지식이 사회와 맺는 관계에 대한 연구가 증가하고 있다.

7) 정치와 과학이 얽힌 논쟁을 정리하고, 국민의 의사를 묻고, 최종 정치적 결정을 하는 과정을 적절하게 관리하는 지식 역시 사회 연구를 통해 생산될 수 있는 지식이다.

8) 과학적 지식의 소통은 과학적 논쟁과 그 결론을 일반 시민들이 이해하고 더 나은 의사결정을 할 수 있도록 투명하고 친절하게 전달하는 것을 의미한다.

9) 민주주의를 위해서는 시민 각자가 과학적 지식의 의미를 음미하고 그에 대해 일정 수준의 판단을 내릴 수 있다는 생각이 필요하다.

10) 민주주의 사회는 전문적 지식과 시민들의 판단 사이의 긴장관계를 잘 유지

해감으로써 발전할 수 있다.

더 생각해보기

1) 나는 동료 인간을 어떻게 바라보고 있는가?

2) 나는 동료 시민을 어떻게 바라보고 있는가?

3) 과학적 지식과 정치의 관계를 고려하는 것이 과학적 지식의 순수성에 대한 타협인가? 그렇지 않으려면 무엇을 해야 하는가?

4) 과학적 지식의 사회적 성격에 대한 지식은 과학에 어떤 도움이 되는가?

5) 과학적 지식의 사회적 성격에 대한 지식은 세상을 변화시키기 위한 정책이나 활동에 어떤 도움이 되는가?

6) 내가 생산하는 과학적 지식을 일반 시민들에게 투명하게 전달하는 것이 두려운가? 어려운가? 나는 무엇을 할 수 있는가?

제15장

맺는말: 좋은 사회 연구를 위하여

15.1. 저(자)에 대하여: 지식과 그 생산자

이제 이 장에서는 몇 가지 마지막 이야기를 담고자 합니다. 우선 어떤 지식이든 그 지식을 생산하는 사람의 맥락에서 자유롭지 않겠지요. 여러분들도 이 책을 읽으면서 어떤 특이한 '색감'을 느꼈다면, 아마도 그것은 제가 몸담고 있는 분야와 제 관심사라는 맥락이 녹아 있기 때문일 것입니다. 이 책에서는 초등학교 교과서처럼 표준적이고 쟁점으로부터 안전한 내용만을 담으려 하지 않았습니다. 대신 논쟁적인 사안들을 굳이 본문과 "책갈피," 그리고 "더 생각해보기"를 통해 소개하였습니다. 어차피 학계에서 논쟁적인 사안들은 여러분이 공부를 더함에 따라 자연스럽게, 그리고 곧 접하게 될 사안들입니다. 또한 논쟁적인 사안들이 결국 오늘날 과학적 지식의 정치적 성격에 대한 논쟁의 한복판에 있다는 점에서 중요하기 때문입니다.

처음 대학원에 진학할 때 저의 꿈은 조직의 억압으로부터 인간을 보다 자유롭게 할 수 있는 이론과 방법을 연구하는 것이었습니다. 예전에는 '반관료제'라고 불리는 주제였고, 그것이 신자유주의의 시대를 타면서 재량이니, 자율이니, 참여니 하는 주제어를 중심으로 연구되더니, 요즘은 이른바 워라밸, 행복한 조직, 소통의 리더십, 팔로워십 등

으로 흘러가는 것 같습니다. 지금의 저는 조직의 필요성을 이해하고
있습니다. 조직은 억압하기도 하지만 가능하게도 하지요. 그리고 억압
적인 조직이냐, 가능케 하는 조직이냐를 결정하는 것은 결국 그것을
구성하는 사람들이고, 따라서 저는 최근 행정윤리에 초점을 두고 있습
니다.

　저는 행정학자입니다. 이 책에서 가급적 인간과 사회를 둘러싼 다
양한 (가상의) 사례를 들고자 했지만, 가장 익숙한 분야가 행정·정책
학이다보니 이 분야의 예를 좀더 들게 되었습니다.[1] 그러나 보다 중요
한 것은 사례의 분야가 아니라, 행정·정책학 연구가 가지고 있는 처
방성을 여러분들이 이해하는 것입니다. 이 분야의 학자들은 상대적으
로 처방에 일차적 초점을 두지 않는 다른 사회 연구들에 비해 세상을
발견하는 것에서 멈추려 하지 않습니다. 어떻게든 자신들이 생산한 지
식의 사회적, 정책적 의미와 처방까지 논의를 이어갑니다. 심지어 지
나치게 처방적 목적에 이끌려 세상에 대한 충실한 기술에 소홀한 경
우도 있습니다. 어쨌든 이러한 분위기가 지식의 사회적 의미에 대해
끊임없이 성찰하게 만드는 계기를 제공하는 것이 사실입니다. 이 책이
지식의 사회적 의미를 강조하게 된 것은 물론 다른 근거도 많지만 이
런 저의 배경을 볼 때 자연스런 일인지도 모르겠습니다.

　또한 스스로를 행정·정책학자라고 보는 이들은 정치학, 경제학,
법학, 사회학, 사회복지학, 심리학, 경영학, 언론정보학, 공학, 데이터
과학 등 매우 다양한 배경을 지니고 있고, 저널에는 계량경제학적 방
법부터 참여관찰까지 매우 폭넓은 연구방법들에 기반한 논문들이 동

---

1 제가 실제 연구가 아닌 가상의 사례를 든 것은 가급적 '전형적'인 사례가 도움이
　될 것으로 생각해서이기도 하고, 특정 연구에 대해 평가하는 듯한 글이 되게 하고
　싶지 않았기 때문입니다. 이 책에서 다룬 가상의 사례들과 유사한 실제 연구들을
　여러분은 금방 만나게 될 것입니다.

시에 실리고 있습니다. 철학적, 규범적 연구도 마찬가지이구요. 이런 분위기 역시 이 책의 구성에 영향을 미쳤을 것입니다.

저 개인적으로는 행정·정책학의 구체적인 주제들만큼이나 (과학)철학에 관심이 많았습니다. 젊은 시절에는 (왜 아니었겠습니까) 바둑기사가 신의 한 수를 찾듯이 '최선'의 존재론과 인식론이 무엇일까를 고민했고, 그 과정에서 서로 양립하기 어려운, 상당히 대조적인 입장들에 차례로 젖어보기도 했습니다. 이 책에는 아마도 그런 방황이 남긴 색감도 깔려 있을 것입니다. 이 책은 열려 있는 관점을 보여드리고자 했습니다.

여러분이 현재 젊은 연구자라면 아마도 당장의 연구업적 때문에 많은 스트레스를 받고 있을 것입니다. 양적인 업적이 갖추어져야 안정된 연구직을 얻는 데 도움이 될 것이라 생각되기 때문일 것입니다. 그러나 제가 당부하고 싶은 것은 '너무 일찍' 쉬운 길에 안주해 버리지 말라는 것입니다. 과학자라면 자신이 생산하는 지식의 인식론적 본질에 관심을 기울여야 할 것입니다. 이러한 고민은 특정 패러다임에 익숙해지면 그 패러다임이 많은 부분 해결해주기는 하지만, 그것에만 기대는 것은 윤리적이지도 않고, 그래서는 과학의 발전도 없을 것입니다. 제 경우는 반대로 방황이 다소 심했던 것인지도 모르겠습니다만, 그 덕에 이 책의 내용이 좀더 풍성해지고 여러분에게 도움이 된다면 나쁘지 않은 결과일 것 같습니다.

저는 이 책을 읽는 여러분이 자유롭기를 바랍니다. 과학적 연구의 길은 옳고 그른 길만이 있는 것은 아닙니다. 그보다는 옳고자 하는 길, 옳음에 좀더 다가가는 길이 있을 따름입니다. 또 다른 관점에서 보자면 옳고 그른 것보다는 좀더 넓은 길과 좀 좁은 길이 있을 따름입니다. 그른 길이라면 갈 수 없지만, 단지 좁은 길이라면 좁다는 이유만으로 가지 않을 필요는 없습니다. 사람들은 종종 교수의 삶이 굉장히 여유롭다고 생각합니다. 제가 생각하기에 연구자로서의 삶의 특권은 여유가 아니라 자유입니다. 진리는 우리를 기다리기도 하고, 때로는 스스로 드러내기도 합니다. 진리를 발견하기 위해 커피숍처럼 줄을 서서 차례를 기다릴 필요는 없습니다. 자유롭게 여러분의 길을 가기 바랍니다. 이 책에서 연구의 여러 길을 보여주고자 했던 것은 여러 길이 실제로 가능하기 때문이기도 하지만, 이런 마음이 녹아 있기 때문일 것입니다.

15.2. 인간과 자연

위 절에서 이 책에 녹아있는 일종의 '진폭'(패러다임 1과 패러다임 2로 대표되는)에 대해 넌지시 이야기를 했으나, 한걸음 더 떨어져서 보면 이 책은 여전히 보다 정통적인 방법론 이해의 테두리 안에 있습니다. 예를 들어 인과관계의 세 가지 조건이라거나, 자연과학과 사회 연구를 대조하는 접근같은 것입니다. 이 책이 목적상 어느 정도 정돈된 (?) 세계를 보여드린 것은 사실입니다.

그러나 최근에는 상당히 급진적인 관점들이 과학철학과 방법론 분야에 등장해 왔습니다. 한 가지는 대중적으로 '생태론' 혹은 '생태주의'라고 알려진 관점입니다. 일부 독자는 아마도 '신사물론' 같은 흐름을 떠올릴 수도 있겠습니다.[2] 요는, 기존의 과학, 특히 인과관계의 이해는 기계적 혹은 뉴턴식의 세계관에 입각해 있는데, 최근의 철학들은 매우 다른 인과관계에 대한 이해를 제시하고 있다는 것입니다. 여러분은 시간적 선후관계, 공동변화, 그리고 허위적 논리의 배제로 인과관계를

---

2 제2장에 소개된 『인간·사물·동맹』을 참고하세요.

밝힐 수 있다고 생각하시나요? 뭔가 아쉬움을 느낀 적은 없나요? 세상 일이라는 것이 서로 영향을 주고받는 관계 아닌가? 여러 원인들이 따로 따로, 서로 경쟁하면서 어떤 결과를 발생시키는 것이 아니라, 그 모든 원인들이 긴밀히 엮여서 그 결과를 발생시키는 것 아닐까? 그 원인들의 작동 순서가 달라지면 결과도 달라지는 것 아닌가? 심지어 결과조차도 특정 시점에서나 결과로 인식되는 것이지, 그조차 다른 시점에서는 무언가의 원인 아닌가? 아니 이 모든 것들이 그저 인간과 사회의 어떤 '상태'를 묘사하는 것뿐이지 않은가? 이런 질문들을 보다 본격적으로 던지는 이들이 있습니다. 그리고 대안적 인식론을 제시하는 이들이 있습니다.

다른 한 가지는 자연과학과 사회 연구(사회과학)의 대조를 거부하는 흐름이나, 그러한 대조가 큰 의미가 없는 영역의 확장입니다. 예를 들어 심리학, 간호학, 스포츠과학, 데이터과학 등의 영역은 자연과 사회 연구의 구분이 모호한 분야입니다. 또한 숙의민주주의의 옹호자들 가운데서는 과학기술의 사회적 성격에 관심을 두면서 자연과학적 지식과 기술을 분석하는 이들이 있습니다.[3] 반면 자연과학자들 가운데서는 자연과학적 지식의 역사적 변화를 추적하면서 자연스럽게 사회에 주목하는 이들이 있습니다.[4]

여기까지만 하겠습니다. 마치 디즈니 영화에서 마지막에 다들 행복하게 끝나는 줄 알았는데 쿠키 영상에서 서로 싸우고 있는 모습을 보여주는 것 같은 기분이 들 수도 있으니까요. 거인의 어깨 위에서 세상을 본다는 말을 다시 떠올린다면, 여러분은 우선 보다 전통적으로

---

3 *Science, Technology, & Human Values*라는 저널은 이러한 주제의 연구를 주로 다룹니다.
4 다음의 책을 참고하세요. 장하석 지음. 전대호 옮김. 2021. 『물은 H_2O인가? 증거, 실재론, 다원주의』. 김영사.

인정되어 온 방법론 지식을 습득하고 새로운 접근을 공부하는 것이 일반적인 순서일 것입니다. 어차피 새로운 접근들도 많은 부분 기존의 방법론을 재검토하는 작업으로 구성되기 때문에, 새로운 접근을 이해하려면 기존의 접근을 알아야 합니다. 그러나 새로운 접근들이 흥미로운 것도 사실입니다. 길은 열려 있습니다. 연구활동이 주는 매력은 바로 이 자유에 있습니다.

15.3. 자유케 하는 진리

진리란 무엇일까요? 연구자가 되고자 하는 사람은 아마도 이 '진리'라는 말에 매료되었기 때문일 것입니다. 이 책 전반에서 우리는 패러다임 1과 패러다임 2를 다소 인위적으로 구분하면서 인간과 사회를 바라보는 관점, 그리고 그에 따라 연구를 하는 방법이 다소 다르다는 점을 반복해서 지적하였습니다. 이제 결론을 맺는 여기에서 강조하고자 하는 것은, 어떤 방법이든 특유의 지식을 생산한다는 점이고, 이들은 서로 경쟁관계일 뿐 아니라 보완관계에 있다고 볼 수도 있다는 점입니다. 지식의 순수성과 엄밀성을 생각하면 둘 다 맞을 수는 없다고 할 수도 있습니다. 그리고 이것이 각 패러다임의 수호자들의 입장이기도 합니다. 그러나 현실을 살아가는 우리는 양쪽 형태의 지식 모두가 필요합니다.

더욱 강조하고 싶은 것은, 올바른 사회적 지식의 중요성입니다. 물론 '올바른'이라는 수식어가 조금 불편한 분들도 있을 것입니다. 과학적 지식에 '올바른' 같은 도덕적 판단의 수식어를 붙일 필요는 없을지도 모릅니다. 여기서 말하고자 하는 것은 보다 나은 방법에 따라, 보다 신뢰할 수 있는 자료에 근거하여, 명확하게 정의된 연구문제에 대해, 납득할 수 있는 결론을 내린 연구가 생산한 지식이라고 합시다. 그리고 그러한 지식이 사회적 검증까지 거치면서 사람들에게 받아들여진 지식이라고 합시다. 이러한 사회적 지식은 우리가 함께 살아가는 인간과 사회의 본질을 우리에게 가르쳐주는 지식일 것입니다. 그것이 실제적 유용성이 있고 없고를 떠나, 우리가 그 지식을 통해 "아 그렇네! 사람이 그렇지, 사회가 그렇구나. 그럼 나는 이렇게 해볼까?"하는 즐거움을 느낄 수 있게 해주는 그런 지식일 것입니다. 그리고 필요하다면 다른 사람에게 도움이 되고, 자신의 꿈을 이루어나가는 데에 도움이 되고, 집단의 공동 목적을 달성하는 데에 도움이 될 수도 있는 그런 지식일 것입니다.

여러분은 아마도 연구를 하기 위해 이 책을 읽었을 것입니다. 혹은 도대체 연구자들은 어떻게 과학적 지식을 생산하는지 궁금하여 이 책을 읽었을 것입니다. 사실 우리는 모두 연구자입니다. 우리가 경험하는 세상에 대한 호기심, 질문, 그리고 나름의 답을 찾아가는 일상의 몸짓들이 모두 연구라고 할 수 있는 것입니다. 시민으로서, 인간으로서 우리들은 일상에서 받아들이는 지식을 보다 잘 판단하고, 보다 나은 지식을 생산해나가는 즐거움을 누릴 권리가 있습니다. 이 책이 연구를 지향하는 이들에게는 좋은 연구를 위한 길잡이가 되고, 좋은 연구를 기대하는 이들에게는 좋은 연구를 찾아내는 길잡이가 되기를 바라는 마음입니다.

참고문헌

■ 방법론 교과서들

강신택 지음. 2000. 『사회과학 연구의 논리』. 개정판. 박영사.

김광웅 지음. 1996. 『방법론강의: 기초·원리·응용』. 박영사.

김병섭 지음. 2010. 『편견과 오류 줄이기: 조사연구의 논리와 기법』. 제2판. 법문사.

김용찬 지음. 2020. 『논문, 쓰다: 대화하는 논문』. 컬처룩.

남궁근 지음. 2010. 『행정조사방법론』. 제4판. 법문사.

박규상 지음. 2014. 『처음 쓰는 논문쓰기』. 샌들코어.

Evergreen, S.D.H. 2019. *Effective Data Visualization: The Right Chart for the Right Data*. Thousand Oaks: Sage Publications.

Howell, Martha and Walter Prevenier. 2001. *From Reliable Sources: An Introduction to Historical Methods*. Ithaca: Cornell University Press.

Polonsky, Michael J. and David S. Waller. 2011. *Designing and Managing a Research Project: A Business Student's Guide*. Thousand Oaks: Sage Publications.

Rudestam, Kjell E. and Rae R. Newton. 2007. *Surviving Your Dissertation: A Comprehensive Guide to Content and Process*. Thousand Oaks: Sage Publications.

Stoecker, Randy. 2005. *Research Methods for Community Change: A Project-Based Approach*. Thousand Oaks: Sage Publications.

Yau, N. 2011. *Visualize This: The Flowing Data Guide to Design, Visualization, and Statistics*. Indianapolis: John Wiley & Sons.

■ 학술 및 교양서들

글렌 예페스 엮음. 이수영·민병직 옮김. 2003. 『우리는 매트릭스 안에 살고 있나』. 굿모닝미디어.

김웅진·박찬욱·신윤환 편역. 1995. 『비교정치론 강의 1: 비교정치연구의 분석논리와 패러다임』. 한울아카데미.

김환석. 2010. '두 문화'와 ANT의 관계적 존재론. 브루노 라투르 외 지음. 홍성욱 엮음. 2010. 『인간·사물·동맹: 행위자네트워크 이론과 테크노사이언스』. 이음. 제10장.

깁슨 버렐·가레스 모오간 지음. 윤재풍 옮김. 1993. 『사회과학과 조직이론』. 박영사.

대니얼 카너먼 지음. 이진원 옮김. 2012. 『생각에 관한 생각』. 김영사.

데이비드 헤스 지음. 김환석 옮김. 2004. 『과학학의 이해』. 당대.

리처드 도킨스 지음. 홍영남·이상임 옮김. 1993. 『이기적 유전자』. 을유문화사.

마사 누스바움 지음. 박용준 옮김. 2013. 『시적 정의』. 궁리.

매튜 데스몬드 지음. 황성원 옮김. 2016. 『쫓겨난 사람들: 도시의 빈곤에 관한 생생한 기록』. 동녘.

브루노 라투르 외 지음. 홍성욱 엮음. 2010. 『인간·사물·동맹: 행위자네트워크 이론과 테크노사이언스』. 이음.

유리 그니지·존 리스트 지음. 안기순 옮김. 2014. 『무엇이 행동하게 하는가』. 김영사.

이매뉴얼 월러스틴 지음. 유희석 옮김. 2007. 『지식의 불확실성』. 창비.

장하석 지음. 전대호 옮김. 2021. 『물은 H$_2$O인가? 증거, 실재론, 다원주의』. 김영사.

진덕수 지음. 김병섭 편집. 2018. 『대학연의 상/중/하』. 서울대학교출판문화원.

찰스 디킨스 지음. 김옥수 옮김. 2016. 『어려운 시절』. 비꽃.

케런 메싱 지음. 김인아 외 옮김. 2017. 『보이지 않는 고통』. 동녘.

킴 닐슨 지음. 김승섭 옮김. 2020. 『장애의 역사』. 동아시아.

토마 피케티 지음. 장경덕 외 옮김. 2014. 『21세기 자본』. 글항아리.

토머스 쿤 지음. 김명자·홍성욱 옮김. 2013. 『과학혁명의 구조』. 까치.

한스 로슬링 지음. 이창신 옮김. 2019. 『팩트풀니스: 우리가 세상을 오해하는

10가지 이유와 세상이 생각보다 괜찮은 이유』. 김영사.

Coase, Ronald Harry. 1993[1937]. *The Nature of the Firm: Origins, Evolution, and Development*. Oxford University Press.

Merton, Robert K. 1965. *On the Shoulders of Giants: A Shandean Postscript*. New York: The Free Press.

Senge, Peter M. 1990. *The Fifth Discipline: The Art & Practice of the Learning Organization*. New York: A Currency Book.

Williamson, Oliver, E. 1975. *Markets and Hierarchies: Analysis and Antitrust Implications*. New York: The Free Press.

Yankelovich, Daniel. 1999. *The Magic of Dialogue: Transforming Conflict into Cooperation*. New York: A Touchstone Book.

■ 논문들

강선경·최미경. 2020. 남성 마약중독자의 회복활동가로의 생애 연구. 한국사회복지학 72(2): 231-258.

권현정. 2018. 장기요양재가서비스가 노동공급과 여가선호에 미치는 효과: 회귀불연속설계를 이용한 일반등급과 치매등급 분석. 한국사회복지학 70(1): 63-87.

이대웅. 2019. 한국 지방정부의 재난 회복탄력성 영향요인 분석: 자연재해 가운데 호우를 중심으로. 한국행정학보 55(1): 253-283.

임현정·권기태. 2019. 지방정부의 제도변화와 행위자: 지속가능발전과 저탄소녹색성장 정책 사례를 중심으로. 한국행정학보 53(1): 197-221.

최태현. 2019. 公과 共의 사이에서: '작은 共'들의 공공성 가능성의 고찰. 한국행정학보 53(3): 1-27.

최태현·선소원·부성필. 2020. 비결정상태로서 다중흐름의 이론적 모색: 여성정책 의제의 무의사결정 인식을 중심으로. 한국정책학회보 29(1): 177-209.

Almond, Gabriel. A. & Stephen J. Genco. 1977. Clouds, Clocks, and the Study of Politics. *World Politics* 29: 489-521.

Ansell, Chris and Alison Gash. 2008. Collaborative Governance in

Theory and Practice. *Journal of Public Administration Research and Theory* 18: 543-571.

Choi, Taehyon. 2014. Rational and Compassionate Information Processing: A Conceptual Framework for Authentic Dialogue. *Public Administration Review* 74(6): 726-735.

Kahneman, Daniel and Amos Tversky. 1979. Prospect Theory: An Analysis of Decision under Risk. *Econometrica* 47(2): 263-292.

Kern, Florian, Caroline Kuzemko and Catherine Mitchell. 2014. Measuring and Explaining Policy Paradigm Change: The Case of UK Energy Policy. *Policy & Politics* 42: 513-30.

Kim, Kyung Won et al. 2014. Humidifier Disinfectant-Associated Children's Interstitial Lung Disease. *American Journal of Respiratory and Critical Care Medicine* 189(1): 48-56.

March, James G. 1991. Exploration and Exploitation in Organizational Learning. *Organization Science* 2(1): 71-87.

Mastekaasa, Arne. 2020. Absenteeism in the Public and the Private Sector: Does the Public Sector Attract High Absence Employees? *Journal of Public Administration Research and Theory* 30: 60-76.

Perry, James L. 1997. Antecedents of Public Service Motivation. *Journal of Public Administration Research and Theory* 7: 181-197.

Sartori, Giovanni. 1970. Concept Misformation in Comparative Politics. *The American Political Science Review* 64(4): 1033-1053.

Sutton, Robert I. and Barry M. Staw. 1995. What Theory is *Not*. *Administrative Science Quarterly* 40: 371-384.

Thompson, Dennis F. 2008. Deliberative Democratic Theory and Empirical Political Science. *Annual Review of Political Science* 11: 497-520.

Tversky, Amos and Daniel Kahneman. 1992. Advances in Prospect Theory: Cumulative Representation of Uncertainty. *Journal of Risk and Uncertainty* 5: 297-323.

▪ 소개된 간행물들

교육과학사. 교육, 심리, 사회 연구방법론 총서 시리즈.
Academy of Management Review (https://journals.aom.org/journal/amr)
Sage Publications. Little Blue Books.
Science, Technology, & Human Values (https://journals.sagepub.com/home/sth)

▪ 웹사이트들

공공기관 경영정보 공개시스템 웹사이트(http://www.alio.go.kr/statisticsStat1.do).
국회 의안정보검색시스템 웹사이트(http://likms.assembly.go.kr/bill/main.do).
통계청 통계정보시스템 웹사이트(https://kostat.go.kr/understand/info/info_kost/1/index.action).
DBpia(https://www.dbpia.co.kr/)
Gapminder(https://www.gapminder.org/)
Google Scholar(https://scholar.google.com/)
KiSS(https://kiss.kstudy.com/)
R Graph Gallery(https://www.r-graph-gallery.com/)
RISS(http://www.riss.kr/index.do)

▪ 보고서 / 통계들

보건복지부. 연도별. 『전국아동학대현황보고서』.
보건복지부. 2014. 『가습기 살균제 건강피해 사건 백서: 사건 인지부터 피해 1차 판정까지』.
서울대학교 생명윤리위원회 동의서 양식.
서울대학교 생명윤리위원회 모집문건 양식.
서울중앙지방법원. 2019고합142. 2021년 1월 12일.
통계청. 2021. 경제활동인구조사. 청년고용동향.
한국복지패널(https://koweps.re.kr)
한국사회적기업진흥원. 2020. 『공공기관 사회적 가치 사례집』.

한국연구재단. 2021년도 개인기초연구사업 하반기 사업별 신청요강.

한국행정학회. 행정사상과방법론연구회 기획세미나 포스터. 2021년 5월 21일.

환경부. 보도참고자료: 장점마을 주민건강영향조사 최종 발표회 개최. 2019년
    11월 13일.

■ 언론기사들

김재형. 동아일보 2015년 2월 10일자 기사. 경적 많이 울리는 운전자, 사고도
    많아.

안형진. 2021년 1월 13일 방송기자연합회 기사. 고통과 불행의 현상학, 그리
    고 아무것도 없었다.

이영혜. 동아사이언스 2021년 3월 6일자 기사. 가습기 살균제 '무죄 판결' 둘
    러싼 과학적 쟁점들.

Bothwell, Ellie. *Times Higher Education* 2016년 5월 3일자 기사.
    Multidisciplinary Research 'Career Suicide' for Junior Academics.

찾아보기

저자 소개

▪ 최태현

　서울대학교에서 법학사 및 행정학석사를, University of Southern California에서 정책·계획학박사(공공관리 전공)를 취득하고, University of Hawaii at Manoa 교수를 거쳐 현재 서울대학교 행정대학원에서 학생들을 만나고 있습니다. 조직 학습과 의사결정, 협력을 주제로 연구하다가 한국에 돌아와서는 참여적 거버넌스, 행정가치, 행정윤리, 정책결정 등을 함께 연구하고 있습니다. 현재 한국행정학보와 행정논총의 편집이사, 서울대학교 생명윤리위원회 위원을 담당하고 있습니다. 2019년 한국행정학회 학술상(논문부문)을 수상하였습니다.

모두를 위한 사회 연구: 과학, 방법, 민주주의

2021년 9월 5일   초판 인쇄
2021년 9월 15일   초판 발행

저 자　최　　태　　현
발행인　배　　효　　선

발행처　도서출판　法　文　社

주 소　10881 경기도 파주시 회동길 37-29
등 록　1957년 12월 12일/제2-76호(윤)
전 화　(031)955-6500~6 FAX (031)955-6525
E-mail　(영업) bms@bobmunsa.co.kr
　　　　(편집) edit66@bobmunsa.co.kr
홈페이지　http://www.bobmunsa.co.kr
조 판　법 문 사 전 산 실

정가 22,000원　　　　ISBN 978-89-18-91241-7